世界神奇的城堡与宫殿 座

希望探访的魅力建筑·史迹与旅行杂学的全方位解说

World's Fantastic Castles and Palaces

日本《走遍全球》编辑室　编著

中国旅游出版社

德国新天鹅堡 ▶ p.98

目录 CONTENTS

圣迈克尔山（英国）

中欧 | 97 |

🇩🇪 德国

杜布罗夫尼克（克罗地亚）

罗森堡宫（丹麦）

▲蒙塔扎宫（埃及）
◀阿伊特·本·哈杜筑垒村（摩洛哥）

中东与非洲 | 165 |

圣费利佩要塞（哥伦比亚）

Column

万里长城（中国）

本书的使用方法

本书中所记载的信息，原则上以最新的调查结果为依据，但是有可能受新型冠状病毒影响而发生变更。

世界遗产

被列入联合国教科文组织《世界遗产名录》的项目及其登录时间（如为补录项目，则记载批准补录年份）。

字母标识

语种本身采用字母表示的国家·地区分别通过当地语种标注名称。除此之外，其他国家·地区均使用英语名称做出标注。

网站

城堡和宫殿的官方网站或者发布有该地点旅游信息的站点等。

Special Choice 169

"多瑙河的珍珠"——布达佩斯的亮点

布达城堡

Budai Vár
► www.budapestinfo.hu

1987

🇭🇺 匈牙利

皇宫山丘上建造的华丽建筑群

布达佩斯是由多瑙河西侧的布达与东侧的佩斯组成的小镇，高约 165 米的城堡山沿布达一侧的河流屹立，山顶部分便是布达城堡，同时，也是这座小镇的象征。这个地方从 13 世纪时开始便一直建有城堡，长期以来一直是匈牙利的政治中心。城堡内部以王宫为代表，至今依然保留有教堂、防御设施以及地下迷宫等，处处都可以感受到匈牙利的悠久历史。

▲ 从位于多瑙河东岸的佩斯侧看到的布达城堡的古皇宫
▼ 在渔人堡上眺望到的景色

A 现在已经成为博物馆与美术馆
古皇宫 Királyi-palota

自 13 世纪以来，城堡山上便一直建有宫殿，玛丽亚·特蕾西亚于 18 世纪时将其改建成了巴洛克式宫殿，现在展现在世人面前的样貌是在第二次世界大战后修复而成的。古皇宫现已被用作布达佩斯历史博物馆与国家艺术博物馆等。

▲ 国家艺术博物馆展示了从 15 世纪至今的匈牙利艺术作品

132

✏️ 观光信息小贴士：布达佩斯是世界遗产，登录名称为"布达佩斯（多瑙河两岸、布达城堡区和安德拉什大街）"。除布达城堡之外，在安德拉什大街地下运行的地铁 1 号线也被列入了世界遗产。

观光信息小贴士

除了与城堡和宫殿相关的历史知识之外，还会针对部分曾被用作影视剧外景拍摄地的景点，就电影外景拍摄中有趣的插曲做出介绍。

国家名称

国家名称均采用简称或通用名称标示。

B 匈牙利的主要教堂
马加什教堂 Mátyás templom

马加什教堂是一座罗马式教堂，由国王贝拉四世于13世纪建造，后来又经历了各种翻修工程，例如，15世纪时由国王马加什建造了塔楼等，后来，教堂也因此而得名。当布达被奥斯曼帝国征服后，教堂曾被用作伊斯兰清真寺，大约为时150年，然后，再次成为基督教堂。教堂是举行加冕典礼和皇室婚礼的场所，与皇室颇具渊源。

▲彩色瓷砖由该国领先的瓷炉商诺伊制造

C 外形美观的观景塔楼
渔人堡 Halászbástya

马加什教堂南侧的城墙在建造之初只是单纯地用作防御，但是，后于20世纪初改建成了装饰性极强的新罗马式建筑，7座塔楼代表匈牙利祖先马扎尔的七个部落。

看点
从渔夫堡可以俯瞰多瑙河东岸的佩斯一侧。

Access & Advice

🚊 **交通信息**
布达佩斯的中心
　　游客可以从塞切尼链桥附近的克拉克·阿德姆广场乘缆车到达山顶，市内公交也开往该地。

🏰 **观光建议**
城堡可自由出入
　　皇宫山丘并未针对入场游客做出特别限制，也不收取入场费用。坐落于城堡内部的个别建筑物需个人购票。

🍴 **美食信息**
炖牛肉
　　匈牙利炖肉汤，看似辛辣，实则完全没有辣味。

✎ 观光信息小贴士：匈牙利是欧洲领先的温泉强国之一，拥有众多著名温泉设施，其中通晶16世纪奥斯曼帝国占领时期布达佩斯建造的基莱温泉与鲁达斯温泉，除此之外，还有拥有美丽的新艺术风格建筑的盖勒特温泉浴场等。

133

中欧

匈牙利

推荐看点

主要以图片的形式对游客游览期间绝对不能错过的房间装饰、艺术作品以及绝佳的观景点等信息进行简要的说明。

交通信息

主要向游客说明如何使用公共交通工具前往城堡和宫殿，有时也会因为季节等特殊原因停运或减少班次。

观光建议

发布是否可以参观内部、开放季节以及旅游团等信息。信息收集时间截至目前，有可能受新型冠状病毒疫情影响而发生变更。

值得一看的信息

除了当地的特色美食和宫殿内部餐厅等美食信息之外，还有希望游客前往游览的推荐景点等《走遍全球》独家供应的观光信息。

何为城堡？

所谓城堡，是指以保护生命与财产为目的而建造的建筑物或该建筑物附带的整个防御体系。除了拥有坚定稳固的防御能力之外，由于同时还将被用作权力者的居所，因此，城堡内部大多数都会进行奢华绚烂的装修。步入近代以来，随着兵器的发展与进化，城堡的作用被明确划分为防御体系与权力者居所两个部分，前者被称作要塞，而后者则进化成了宫殿这一特殊的形态。

本书中所涉及的城堡种类

城堡的形态因时代与地区差异而千差万别。本书通过所在地与功能进行区分，将城堡划分为以下几类，但是，依然有很多城堡同时具有多种类型的特征。

低地城堡
Lowland Castle

在平地上建造的城堡，因为没有山顶城堡那样的高度优势，所以，往往会通过建造环绕城堡的护城河与城墙或者在湖面与海面建造小岛的方式提升防御能力，水中城堡与海中城堡等城堡类型也属于低地城堡的范畴。步入近代以来，防御目的逐步减弱，低地城堡大多都被改建成了居住更加舒适且装饰性更强的宫殿。

堡垒要塞
Fortress

在所有城堡类型当中，堡垒要塞算得上是最侧重于实战的防御体系。也许从未有人想要将堡垒要塞用作人类居所，此类城堡只是在遭遇战争或危险时被人们用作防备的据点，而非日常生活场地。古代，尤其是在中世纪时期，堡垒要塞大多被厚厚的城墙与众多塔楼环绕，是看似极其厚重的建筑类型。但是，近代以来，大炮等兵器迅速发展进化，人们便把城塞从一个凸多边形变成了凹多边形的棱堡，也就是后来呈现在世人面前的星形要塞（→ p.236）。

山顶城堡
Hill Castle

在丘陵与山脉等高地建造的城堡，利用高低差，达到易守难攻的目的。由于地处高位，因此，还有易于发现敌方的优势。虽然拥有优秀的防御能力，但是，因为地处山脉当中，所以，居住十分不便。随着时代的变迁，王侯贵族等城堡主人开始在平地建造宫殿并逐渐移居。

宫殿 Palace

在所有城堡类型当中，宫殿是王侯贵族度过舒适生活的一种特殊建筑。防御能力在此类建筑中并未得到重视，因此，防御功能相对较弱。宫殿往往被用于迎接外国使节或举办官方仪式等，所以，为了向对方展示国家以及自身权力与财力，内部通常会进行奢华绚烂的装修，并且还配备有景色优美的庭院。

城寨
Walled City

为避免城市受到外敌攻击，在欧洲、中国等地，城墙环绕城市的情况十分常见。随着时代的变迁，城市逐渐向城墙外部扩展，城墙也由此而演变成了阻碍内外交通的存在。大多数城墙因此而遭到损坏，但是，其中一部分依然有幸留存至今，尤其是保存状态完好的城寨，更是成为当下颇受瞩目的观光胜地。

世界神奇的城堡和宫殿327座 001～054

西 欧
Western Europe

象征法国王朝的黄金时代，极尽奢华的宫殿

凡尔赛宫

世界遗产 1979

Château de Versailles

► www.chateauversailles.fr

🇫🇷 法国

▲越过南侧喷泉眺望凡尔赛宫正门

极美的宫殿巅峰之作

　　由太阳王路易十四计划建造并且于 17 世纪后期投入建设的"有史以来，最宏大、豪华的宫殿"。由勒·沃和孟莎设计，室内装饰由画家勒·布朗完成，是巴洛克建筑的杰作。宫殿内部最壮丽的空间是"镜厅"，墙上的吊灯和镜子让人眼花缭乱。由景观设计师勒·诺特设计，拥有美丽几何花坛的花园是法式园林的杰作。

▼在中庭观望宫廷全景

A 宫殿内的最大看点
镜厅 Galerie des Glaces

　　于 1678~1684 年间建造，全长达 73 米的回廊墙面上装饰有 357 块镜子，枝形吊灯和金色烛台一字排开，空间景象宏伟且壮观。拱形天花板上描绘有路易十四的辉煌历史，向整个欧洲显示了法国国王的强权。

▲装饰在顶部的天花板画也不容错过

橘园宫
Orangerie

花园
Jardin

王妃寝宫
Chambre de la Reine

国王寝宫
Chambre du Roi

王妃大居室群
Grand Appartment de la Reine

国王大居室群
Grand Appartment du Roi

加冕厅
Salle du Sacre

大理石庭院
Cour de Marbre

中庭
Cour Royal

海格立斯厅
Salon d'Hercule

南翼

北翼

路易十四雕像

B 皇家婚礼举办地
皇家礼拜堂 Chapelle Royale

于 1710 年建成，内部分上下两层，融合了哥特和巴洛克两种风格，二层是国王与王族专用区域，其他信者使用一层区域，玛丽·安托瓦内特和路易十六的婚礼就是在这里举行的。

▲代表法国军事历史的战斗画集

C 宫殿内最大的房间
战斗回廊 Galerie des Batailles

法国末代国王路易·菲利普于 1837 年对博物馆进行改装时建造，宫殿内面积最大、长度达 120 米的回廊中，展出了描绘法国历史上重要战役的画作。

▲以古典柱廊形象示人的礼拜堂
▼至今仍然用作歌剧和音乐会场地

D 华丽的木质建筑
皇家歌剧院 Opéra Royal

为路易十五的孙子兼王储（后来的路易十六）与玛丽·安托瓦内特的婚礼而建造，于 1770 年建成。充分考虑到音响效果的木质建筑，也曾被用作假面舞会与庆祝宴会的会场。

看点

历代王妃专用的"王妃寝宫"，玛丽·安托瓦内特曾在这里公开分娩。

观光信息小贴士："马车画廊"于 2016 年开幕，位于宫殿前由孟莎设计的大鸟房中，展示有 18~19 世纪的豪华马车、马具以及雪橇等。因为路易十六时代以前的马车在革命期间遭到摧毁或拍卖，所以没有展出。

园丁之家
La Maison du Jardinier
村庄
Le Hameau
英式花园
Jardin Anglais
王妃寝宫
Maison de la Reine
爱的神殿
Temple de l'Amour
F
E

▲ 村庄里的王妃寝宫

▲ 爱的神殿

小运河 Petit Canal
大运河 Grand Canal
自行车出租
阿波罗池
Bassin d'Apollon
海神喷水池
Bassin de Neptune
凡尔赛右岸站
Versailles Rive Droite
圣母教堂
Eglise Notre-Dame
拉冬娜喷泉
Bassin de Latone
花园
Jardins
橘园宫
Orangerie
城堡旅馆
Le Grand Contrôle
小火车月台
凡尔赛宫
Château de Versailles
武器广场
Pl. d'Armes
大鸟房
La Grande Ecurie
Réservoirs
Montbauron
凡尔赛左岸站
Versailles Château Rive Gauche

E 粉红色的大理石很优雅
大特里亚农宫 Grand Trianon

在宫殿西北部建造的行宫，由建筑师孟莎依照路易十四的要求进行设计，以粉红色大理石柱廊两旁的美丽走廊而闻名。因艰苦的宫廷生活而备感疲惫的国王会在这里放松心情，和他的情妇曼托农夫人一起度过了美好的时光。革命后，拿破仑皇帝和玛丽·路易丝皇后也曾在这里居住。

▲ 拥有广阔花园的大特里亚农宫
▼ 橘园宫（橘园）为难以抵御严寒的南国植物提供了过冬场所

▼ 村庄里的园丁之家

观光信息小贴士：凡尔赛花园是被誉为"园丁之王"的天才景观设计师安德烈·勒·诺特设计的杰作，国王为了将广阔的花园内部毫无掩饰地展现在宾客面前，还特意制作了《凡尔赛花园指南》，其中还涉及部分观光线路，内容十分详尽。

看点

路易十四时代，庭院内几乎每天都会举办各种各样的娱乐活动。其中，喷泉表演是让游客大吃一惊的一大奇观。现在，从春季到秋季，一直都有重现当时活动场景的"大型喷泉表演"，游客可以在享受宫廷音乐的同时一并观赏。

🅕 安托瓦内特喜爱的宫殿
小特里亚农宫 Petit Trianon

一座漂亮的独立宫殿，为路易十五和他心爱的蓬巴杜夫人建造，后来又赠予玛丽·安托瓦内特。她仅仅将家人与亲密的朋友安置于此，有时还会在此与恋人密会。

▲新古典主义的杰作——小特里亚农宫
▼拜访有竖琴、钢琴等乐器的会客厅

Column

玛丽·安托瓦内特

1755 年出生，是哈布斯堡王朝的首领玛丽亚·特蕾西亚和神圣罗马帝国皇帝弗朗茨一世之女，在维也纳度过了身为公主的日子。1770 年，14 岁时嫁给法国王子路易·奥古斯特（后来的路易十六），18 岁时成为王妃。因法国大革命爆发而被俘，在巴黎入狱后，1793 年被处刑，墓地位于巴黎郊区的圣多尼大教堂内。

▲圣多尼大教堂内部，路易十六和玛丽·安托瓦内特的雕像

Access & Advice

🚆 交通信息
从巴黎出发的一日游

从巴黎乘坐高速郊区铁路 RER©5 号线到凡尔赛左岸站，用时 30~40 分钟，下车后徒步约 10 分钟即可抵达。

🏞 观光建议
全年开放

收费。现在，进入宫殿内部观光需要提前预约并且按照指定日期与时间前往。智能手机应用程序提供免费的语音导览，需要提前从官网下载。

🏨 住宿建议
如果希望饱享宫殿观光乐趣，可以留宿一晚

可以从巴黎出发通过一日游的方式游览凡尔赛宫，如果想在夏夜观看大喷泉表演等奇观，建议留宿，宫殿的主楼和花园里有几家餐馆和咖啡馆。

🖊 观光信息小贴士：2021 年 6 月，凡尔赛宫内的第一家酒店"Le Grand Contrôle"开业。酒店由建于 1681 年的建筑物改建而成，可以从客房看到橘园宫和池塘。▶ airelles.com

曾经的王宫，现在是世界艺术作品宝库
卢浮宫博物馆

世界遗产
1991

Musée du Louvre

▶ www.louvre.fr

🇫🇷 **法国**

巨大型博物馆的演变历史

卢浮宫原本是保卫巴黎的城堡，由菲利普·奥古斯特二世于 12 世纪末建造。14 世纪以后，作为历代法国国王的宫殿，多次扩建改造。法国大革命后，宫殿的绝大部分区域被改造为博物馆并且面向公众开放。这座融合各时代建筑风格的巨大建筑物中收藏有自古代至 18 世纪的众多艺术作品，被誉为世界美学宝库。博物馆内部空间十分广阔，分为叙利馆、德农馆以及黎塞留馆三个区域。

▲卢浮宫博物馆和卡鲁索广场
▼叙利馆位于中心

Ⓐ **屹立于中庭的新象征**
玻璃金字塔 Pyramide du Louvre

玻璃金字塔高耸于庭院之上，由美籍华裔建筑师贝聿铭设计，于 1989 年建造完成。在由玻璃和金属制成的金字塔下，是宽敞的"拿破仑厅"，游客需要在这里购票后进入馆内。

▲采用 LED 照明的夜间照明也有独特魅力
©pyramide du Louvre, arch, I.M.Pei

✏️ **观光信息小贴士：**可以从金字塔下方的拿破仑厅直接进入三个馆区，《蒙娜丽莎》等名画集中在德农馆的 2 楼。因为某些区域可能会根据日期关闭，所以，游客前往观光前需要在官方网站上查看详细信息。

B 另一座凯旋门
卡鲁索凯旋门
Arc de triomphe du Carrousel

为纪念拿破仑在奥斯特里茨战役中取得胜利，于1808年建造完成。卡鲁索凯旋门看起来十分优雅，八个粉红色的科林斯式柱子排成了三个拱门。如果站在门下背对卢浮宫，可以看到杜乐丽花园、协和广场、香榭丽舍大道以及新凯旋门均排列于同一直线，堪称巴黎著名景点的大全景观景地。

▲黎塞留馆二楼的拿破仑三世套房

▲这里还是凯旋门建设的原因所在

C 法国末代皇帝的房间
拿破仑三世套房
Appartements Napoléon III

拿破仑一世的侄子、于1852年即位的拿破仑三世的房间。在大型沙龙、大型餐厅等华丽的房间内，大吊灯闪闪发光。这种绚烂奢华的装饰风格在19世纪后期极其盛行，同时，也是第二帝政风格的特征所在。

▲13世纪的城墙，当时是保护巴黎的堡垒。在翻新时得到挖掘，可以在叙利馆的半地下室观赏

距离卢浮宫博物馆最近的地▶
铁1号线或7号线的卢浮宫皇家博物馆站

卢浮宫皇家博物馆站
Palais Royal - Musée du Louvre

B 卡鲁索广场
Place du Carrousel

C 黎塞留馆

A

皇家桥
Pont Royal

卡鲁索桥
Pont du Carrousel

德农馆

卢浮宫中世纪酒店
Louvre médiéval

叙利馆

艺术桥
Pont des Arts

▲皇家桥和德农馆

▲卡鲁索桥

▲阿波罗画廊

Access & Advice

🚉 **交通信息**
巴黎市中心
可从巴黎地铁卢浮宫皇家博物馆站直达馆内。

🏛 **观光建议**
必须预订门票
收费，提供语音导览，需要从网站预订门票。

🍴 **美食信息**
在观赏间隙小憩
游览期间，可以在黎塞留馆的"黎塞留咖啡厅"能够俯瞰金字塔的露台上品尝名为"安洁莉娜"的蒙布朗。

✏️ 观光信息小贴士：将卢浮宫从城堡改造为住宅，并且最终用作王宫是查理五世国王（1364~1380年在位）的时代。当时，圆锥形小塔与烟囱并列排布，这一城堡外观在装饰手抄本《贝里公爵的豪华时祷书》里的"十月"中得到了描绘。

过度奢华的城堡使得城堡主人富凯遭遇悲剧

沃勒维孔特城堡

Château de Vaux-le-Vicomte
▶ vaux-le-vicomte.com

法国

▲追求对称美的豪宅和花园，占地十分广阔

路易十四嫉妒的美

　　法国国王路易十四的财政大臣尼古拉斯·富凯的住所，建筑由勒·沃设计，室内装饰由勒·布朗负责，而花园则由勒·诺特创建，是17世纪极具代表性的几位建筑大师共同完成的杰作。因为它的奢华，遭到了路易十四的强烈反感，富凯因此而被监禁，并且没有机会再次回到住所便撒手人寰。另外，路易十四聘请了同样的工作人员来建造凡尔赛宫，也可以说沃勒维孔特城堡是凡尔赛宫的鼻祖。

▲出自勒·诺特之手的法式花园。
极富几何学特征的构成十分美观
◀巴洛克式建筑的雄伟入口

Access & Advice

🚈 **交通信息**
从巴黎出发的一日游
　　从巴黎乘火车到Verneuil-l'Étang站，约用时1小时。还有穿梭巴士供游客乘坐。

🗺 **观光建议**
冬季暂停营业
　　收费，现在实行预约制度，游客需要在指定的日期与时间前往观光。提供语音导览。

📷 **相关信息**
冬季闭馆停业
　　从1月中旬至3月下旬闭馆停业，除上述时间之外，冬季期间，每逢周一与周二，同样闭馆停业。

🖊 观光信息小贴士：据说由勒·诺特开创的"法国整形式花园"就源自沃勒维孔特城堡的花园。该形态充分利用了平坦且广阔的花园占地，在整个花园当中取中心轴并且分别在两侧通过极具几何学特征的图形配置了花坛、喷泉、水池以及水路等设施。

耸立在中世纪欧洲最大的城寨内

康达尔城

世界遗产 1997

Château Comtal
▶ www.remparts-carcassonne.fr

🇫🇷 法国

▲双层堡垒是在古罗马堡垒的遗址上建造的

欧洲最大的城寨

　　卡尔卡松被赞誉为"不得无视的小镇"，是法国南部最具代表性的旅游城市。至今依然保留有建于古罗马时代至中世纪、欧洲最大的城寨（锡蒂）。康达尔城和旧城区被长达 3 公里的城墙和 52 座塔楼环绕，晚上也会亮灯。旧城区位于城门内，具有浓郁的中世纪欧洲城市风貌。康达尔城位于卡尔卡松核心区域的最高点，站在这里，可以眺望整座城市的景色。

▲葡萄园在锡蒂周围蔓延，是著名的葡萄酒产区
◀ 由纳博讷门进入锡蒂

Access & Advice

🚆 **交通信息**
从图卢兹出发的一日游
　　搭乘火车从图卢兹到卡尔卡松站最短用时仅 40 分钟。从车站到城堡的城市巴士十分方便。

🏛 **观光建议**
全年开放
　　收费，可于观光当日购票入场，提供法文·英文导览。

📷 **相关信息**
城内的圣堂
　　不要错过锡蒂西南部的圣纳泽尔大教堂。

✎ 观光信息小贴士：卡苏莱是法国西南部的地方菜，而卡尔卡松便以卡苏莱而闻名。将海军豆、猪肉、香肠、鸭或鹅放入砂锅中长时间煨制而成，与葡萄酒相得益彰。

坐落在水边、著名的文艺复兴时期建筑

尚蒂伊城堡

Château de Chantilly

► chateaudechantilly.fr

法国

▲位于水边的尚蒂伊城堡

对众多名画进行展示的古城美术馆

法国德比和奥克斯赛马的举办地尚蒂伊赛马场旁边的古老城堡，尚蒂伊城堡建于16世纪，是弗朗西斯一世的蒙莫朗西元帅的住所，后来又成了孔德公爵后裔的住所。

现在，这里已经成了博物馆，展示有孔德公爵持有的大量画作，藏品中还有拉斐尔的《洛雷托的圣母》与普桑的《幼儿虐杀》等众多名画。

▲陈列有贵重绘画作品的馆内景象
◄拉斐尔的《三美神》，是于1505年左右绘制的初期作品

Access & Advice

🚆 交通信息
从巴黎出发的一日游
从巴黎乘火车到尚蒂伊-古维厄站最短用时仅30分钟。
从车站出发徒步前往城堡约用时30分钟。

🗺 观光建议
内部是美术馆
收费，全年均可参观，提供语音导览。

🧭 拓展信息
马类博物馆
坐落在通往城堡中途的大型建筑物是建于18世纪的马舍。现在已经变成了博物馆。

观光信息小贴士："尚蒂伊奶油（生奶油）"是由孔德公爵的宫廷厨师沃特设计研发的，他的厨房至今依然保留在城堡一角，目前被改造成了餐厅"ra-kyapitenuri"，供应正宗的当地美食。

宏伟的城堡，据说是法国文艺复兴时期的杰作

香波城堡

世界遗产 1981

Château de Chambord

► www.chambord.org

法国

▲香波城堡是真人版《美女与野兽》的故事背景地

矗立在森林深处的行宫

在文艺复兴时期的艺术发展中发挥了重要作用的弗朗西斯一世为狩猎而建造的宫殿，弗朗西斯一世所欣赏的列奥纳多·达·芬奇据说也参与了设计，这座城堡的亮点是主塔中央的螺旋楼梯。穿梭楼梯者，可见不可及，技术十分巧妙，香波城堡的面积可与巴黎市相匹敌。在鹿、野猪等各种野生动物栖息的森林公园内漫步，也是相当有趣的体验。

Access & Advice

🚆 交通信息

合理利用小巴游览

从巴黎到图尔，搭乘火车最短用时仅 1 小时 15 分钟，从车站到城堡的小巴游览十分方便。

🗺 观光建议

全年开放

收费，可于观光当日购票入场，景区通过平板电脑提供观光指南。

📷 相关信息

通过平板电脑提供观光指南

当游客使用平板电脑查询观光指南时，可通过 AR 技术重现 500 年前的香波城堡。

▲螺旋楼梯尽头的屋顶露台

◀城堡外部的广阔森林

✎ 观光信息小贴士：对于希望高效游览交通不太方便的卢瓦尔河流域老城堡的游客来说，小巴游览十分方便。多家公司现在均有运营，小巴通常会从图尔旅游信息中心出发，游客可浏览网站以获取最新的时间表等。

11

颇具品位的白色城堡
舍农索城堡
Château de Chenonceau
► www.chenonceau.com

世界遗产
2000

🇫🇷 **法国**

▲舍农索城堡拥有美丽的白色外观，宛如花田中的贵妇人一般

由贵妇人担任历代城主的"谢尔河的宝石"

被誉为"谢尔河的宝石"，横跨卢瓦尔河支流谢尔河建造。自16世纪创建以来，直至19世纪，一直由女性担任城主，因此，也被称作"6个女人的城堡"。

16世纪，法国国王亨利二世的妻子凯瑟琳·德·美第奇在国王死后，对前城堡主人戴安娜·德·普瓦捷进行驱逐并且跨河建造了总长60米的优雅画廊（回廊）。

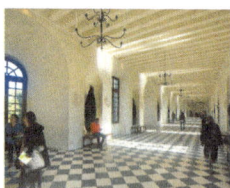

▲建在桥上的画廊。曾经在这里举办过舞会
◄水面上倒映出的魅力身姿

Access & Advice

🚆 **交通信息**
从巴黎出发的一日游

从巴黎出发，乘坐火车经由图尔换乘，前往舍农索站最短用时仅2小时。从车站出发徒步前往城堡用时5分钟。

🗺 **观光建议**
全年开放

收费，现在实行预约制度，游客需要在指定日期与时间前往观光，提供语音导览。

📷 **相关信息**
舍农索车站是无人车站

最近的舍农索车站是无人车站，最好提前购买往返车票。

✏ **观光信息小贴士**：城堡的庭院当中有由橙子温室改造而成的正宗餐厅"橘园"（需要预约），15:00~17:00将是供应下午茶的时间，园内还有自助餐厅，所有餐厅在冬季时都会暂停营业。

纵览法国 800 多年历史的古堡

枫丹白露宫

Château de Fontainebleau
世界遗产 1981

▶ www.chateaudefontainebleau.fr

🇫🇷 **法国**

▲如果绕着城堡转一圈，可以看到法国建筑的绵延历史

谈论法国建筑时不可或缺的存在

　　有着悠久王权历史的宫殿，从卡佩王朝一直延续到拿破仑三世时期。原本是小型狩猎用场馆，但是，从弗朗西斯一世到拿破仑三世的历任君主都曾多次进行扩建并直至今日，基调是弗朗西斯一世的文艺复兴风格。"拿破仑一世的走廊"与"舞蹈空间"等极尽奢华的室内装饰可谓压卷之作，游客可以在导游的带领下游览散客无法看到的"拿破仑三世剧院"等区域。

▲庭园中的"黛安狩猎雕像"，象征"狩猎"的装饰物很多
◀有各种不同风格的庭园

Access & Advice

🚆 **交通信息**
从巴黎出发的一日游
　　从巴黎乘火车到枫丹白露站最短用时仅 40 分钟。从车站乘坐巴士约 15 分钟即可到达城堡。

🗺 **观光建议**
全年开放
　　收费，现在实行预约制度，游客需要在指定日期与时间前往观光，提供语音导览。

🧭 **拓展信息**
郊区村庄巴比松
　　金黄色麦田无尽蔓延的村庄，米勒的《晚钟》与《拾穗者》等名作均诞生于此。

✏ 观光信息小贴士：希望游客也能够在环绕城堡的庭园中闲庭漫步，出自凡尔赛宫花园设计者勒·诺特之手的"花坛"、凯瑟琳·德·美第奇创作的"黛安花园"以及"英式花园"不断蔓延，游客还可以在"鲤鱼池"中乘船。

13

009 倒映水面的珠玉城堡

世界遗产 2000

阿宰勒里多城堡
Château d'Azay-le-Rideau

▶**法国**／从图尔乘坐火车约 30 分钟即可抵达阿宰勒里多城堡站，从车站出发徒步约 30 分钟便可抵达城堡 ▶ 全年均可参观 ▶ www.azay-le-rideau.fr

　　坐落在卢瓦尔河支流之一安德尔河沙洲上的城堡，规模虽小，但基础部分却直接建造在水中，卢瓦尔河与法国著名文学大师巴尔扎克之间渊源颇为深厚。在《幽谷百合》中，他曾盛赞这座城堡为"镶嵌在安德尔河上的钻石"。

　　在城堡内部，可以欣赏到历代城主遗留至今的生活用品与装饰品。

▲外部是一座建有古老石屋且以城郭为中心的都市
▶阿宰勒里多城堡与美丽的水面倒影

010 达·芬奇的长眠之地

世界遗产 2000

昂布瓦斯城堡
Château d'Amboise

▶**法国**／从图尔乘坐火车约 20 分钟可以抵达昂布瓦斯站，从车站出发徒步前往城堡，约用时 20 分钟 ▶ 全年均可参观，提供视觉指南 ▶ www.chateau-amboise.com

　　古代的营垒到中世纪时演变为城塞，查理八世在 15 世纪末从意大利战役中归来，将其改建为融合文艺复兴风格的城堡。原本是华丽的王宫，但是，因战争与革命而惨遭破坏，现存仅有面向卢瓦尔河的巨大圆形塔楼"迷尼姆之塔"以及与其相连

的中央楼栋。在昂布瓦斯城堡的小教堂里，有一座列奥纳多·达·芬奇墓。从城堡出发，徒步 10 分钟左右，便可抵达达·芬奇晚年居住的克洛斯·卢塞城堡，那里对他当时居住的寝室与大厅等场所进行了重现。

▲昂布瓦斯城堡和花园
◀◀克洛斯·卢塞城堡现已成为达·芬奇公园
◀城墙内的圣休伯特教堂

观光信息小贴士：萨切，安德尔河上的小村庄，位于中心的香囊城堡由巴尔扎克的一位朋友所有。巴尔扎克经常逗留并在此致力于写作，现在已经变成了可以参观书房与肖像画等作品的博物馆。

011 无法逃脱的岛屿城塞
伊夫城堡
Château d'If

▶**法国**／从马赛老港乘坐渡轮约 20 分钟即可抵达 ▶全年均可参观，回程船次时间需要确认 ▶ www.chateau-if.fr

伊夫岛被美丽的地中海环绕，岛上只有建造在险峻岩壁上的城塞遗迹及其相关设施。这座城堡建于 16 世纪，由法国国王弗朗西斯一世下令建造，建筑后期被用作关押众多政治犯与宗教犯罪者的牢狱。

曾被关押于此的历史人物当中不乏著名人士，例如，法国大革命早期的核心人物米拉波等。在大仲马的小说《基督山伯爵》中，主角爱德蒙·唐泰斯便被囚禁于此，城堡也因此而举世闻名。

▲伊夫岛被地中海包围
◀◀在岛上眺望马赛
◀游船停靠马赛旧港

012 被誉为"国王城堡"的城塞
上考内格斯城堡
Château du Haut-Kœnigsbourg

▶**法国**／从斯特拉斯堡乘坐火车到塞莱斯塔站约用时 20 分钟，从车站乘坐穿梭巴士到城堡约用时 20 分钟 ▶全年均可参观，提供语音导览 ▶ www.haut-koenigsbourg.fr

在德语中，这座城塞被冠名为"国王城堡"。12 世纪前后，城塞惨遭破坏，后又于 15 世纪翻建为坚固的城堡。但是，经过三十年的战争（1618~1648 年）的洗礼，城堡又惨遭烧毁，成为废墟。1900~1908 年，应德国皇帝威廉二世的要求，按照 15~16 世纪的外形对城堡进行了复建。站在塔楼向远处眺望，景色极佳，可将葡萄园和孚日山脉全景尽收眼底。

▲在山脉上屹立的城塞
◀◀力量感十足的红色城塞
◀从塔顶可以俯瞰周围的村庄和葡萄园

✏ **观光信息小贴士**：在发往伊夫城堡的渡轮停靠口岸马赛旧港口，从清晨 8 点左右开始，开设有鱼市。当地渔民会在摊位上并排出售新鲜捕获的鱼，这也已经成为马赛的传统。

15

013 俯瞰塞纳河的城堡
盖拉德城堡
Château-Gaillard

▶**法国**／从巴黎乘坐火车约 1 小时便可抵达只园·奥布瓦站，从车站乘巴士 15 分钟便可抵达城堡。▶ 全年均可参观 ▶ www.nouvelle-normandie-tourisme.com

1196~1198 年，英格兰国王兼诺曼底公爵理查一世（狮心王）为保卫诺曼底在蜿蜒曲折的塞纳河旁的高地上建造的城堡。相传理查一世仅用一年时间就建成了城堡，并且还曾感叹道："我那 1 岁的女儿

竟然如此美丽！"1204 年，理查一世死后，城堡被法国国王菲利普二世攻陷。随着时代的变迁，城堡逐渐荒废，现在更是已经成为废墟。由最近车站开往城堡的巴士数量很少，换乘也极为不便。最好租车前往。

▲借鉴中东筑城技术后建造的集中式城墙
◀塞纳河蜿蜒的河道在脚下漫延
◀中世纪盔甲的复制品

014 断崖上的城塞
堡垒/博尼法乔
Citadelle

▶**法国**／距离西嘉岛阿雅克肖约 2 小时车程 ▶ 自由参观 ▶ www.bonifacio.fr

莫泊桑曾通过"海上山脉"来形容科西嘉岛，南岸受到强力侵蚀的石灰岩断崖不断地接受海水冲刷，而岩石的顶部便是博尼法乔镇。保护城镇免受敌人侵略的堡垒（城塞），自 9 世纪起开始建造。由 12

世纪统治该镇的热那亚共和国扩张，并且形成了坚固的城塞。从城堡看到的地中海美得令人窒息，尤其是傍晚时分的景色，绝对不容错过。有配套的公共交通设施，但是，班次很少。

▲如果眺望全景，建议搭乘从港口出发的游览船只
◀博尼法乔是狭长的半岛

观光信息小贴士：博尼法乔不容错过的全景景点——"阿拉贡国王的楼梯"。有传说称，15 世纪，依照国王命令，仅用一晚便建造了从海面通往崖顶的 187 阶楼梯。通往 80 米高、45 度坡度的悬崖阶梯惊险且刺激！

015 装饰手抄本上的城堡
索米尔城堡
Château de Saumur
世界遗产 2000

▶ **法国**／从图尔到索米尔站约用时 40 分钟，从车站出发，徒步前往城堡，约用时 30 分钟 ● 全年均可参观 ● www.chateau-saumur.fr

　　13 世纪初期，圣路易国王（路易九世）时代作为王族城塞建造，但是，14 世纪后期，由安茹亲王重建，蜕变为美丽的城堡。17 世纪之后，主要被用作监狱与武器库等，之后便成为荒废的城堡，不过，

又于 20 世纪时得到修复，这座城堡因为出现在被誉为世界上最美的装饰手抄本的《贝里公爵的豪华时祷书》中而闻名于世。现在，城堡归市区所有，其中，安茹亲王的住宅区是市博物馆，而大修道院附属的教会区域则已经被用作展示有关马术与马具等物品的马类博物馆。

▲白石城堡建筑，是索米尔的特色
◀ 在观景台上，可以欣赏与蓝色屋顶融为一体的索米尔镇和卢瓦尔河的景色

016 被厚城墙环绕的坚固城堡
富热尔城堡
Château de Fougères

▶ **法国**／从雷恩站乘坐巴士约用时 1 小时 10 分钟 ● 全年均可参观 ● chateau-fougeres.com

　　布列塔尼公国于 11 世纪建造了木质堡垒，12 世纪被英格兰国王亨利二世摧毁，不久后，重建为石造要塞。13~15 世纪，又对厚重的城墙、圆形塔楼以及水濠等防御构造进行了加固。自 16 世纪布列塔尼公国与法国合并以来，城堡便逐渐不

再发挥自己的战略性作用了。若想眺望城堡全景，推荐圣·伦纳德教堂旁边的露台，距此约 1 公里，接近黄昏时的灯饰也很美。

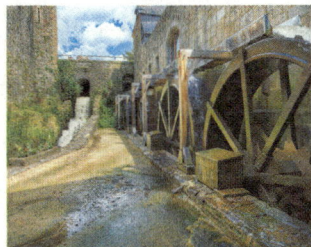

▲从城堡的坚固性来看，是西欧最好的城堡之一
◀◀ 利用南森河水流的水车
◀ 山上的圣·伦纳德教堂

✎ **观光信息小贴士：** 英格兰国王亨利二世兼任安茹伯爵和诺曼底公爵，加上他妻子的领地阿基坦公国，他在法国的土地比法国国王还多，英格兰的理查一世和英国历史上最不得人心的国王英王约翰一世是他们的儿子。

017 在城市中心屹立的城堡
布列塔尼公爵城堡
Château des Ducs de Bretagne

▶**法国**／从南特站步行约 10 分钟 ▶全年均可参观 ▶ www.chateaunantes.fr

　　布列塔尼公国最后一位大公弗朗西斯二世于 1446 年开始建造，在他的女儿安娜·布列塔尼时期完成。城墙与坚固的要塞设施兼备，庭院的后面是城堡，外墙洁白典雅。从 1532 年开始，成为法国国王的城堡。经过修复的大型城堡内有 32 个房间，现已成为包含南特历史博物馆等在内的观光景点，充分利用多媒体等极具现代感的手段对以《南特敕令》为代表并且被视作欧洲历史转折点的南特镇进行阐释。

▲厚重的要塞曾几度阻止敌军的入侵
◀面向庭院的立面以白色为基调，与外观形成鲜明的对比，处处彰显优雅

018 "沉睡森林"环绕中的城堡
于塞城堡
世界遗产 2000

Château d'Ussé

▶**法国**／从图尔站乘坐小巴游览是最为合理的观光线路 ▶冬季不可入场观光 ▶ www.chateaudusse.fr

　　安德尔河畔的于塞城堡作为夏尔·佩罗的童话故事《林中睡美人》的背景舞台而众所周知，15 世纪，这座中世纪的要塞遗迹由查理七世将军比埃伊重建为城堡。之后又几经增建与改建，可以看到哥特、文艺复兴等各个时代的风格。目前归布拉卡斯家族所有，面向大众开放。三角形房顶塔楼参差排列，浓密的森林在背后环绕，宛如仙境一般，童话氛围极其浓厚，这里还是芭蕾电影《极光》（2006 年）的拍摄场地，天才景观设计师勒·诺特的法式花园也很漂亮。

▲极富浪漫色彩的外观，白墙上是蓝色三角形屋顶塔楼。清晨到访，可以观赏到朝霞映在塔楼的绝美景色，极具幻想色彩
◀安道尔河全景

　　✏ 观光信息小贴士：1598 年，《南特敕令》的公布成了发生在布列塔尼公爵城堡的世界历史事件。为了结束天主教徒和新教徒之间的宗教战争，亨利四世首次授予新教徒个人宗教信仰自由。

019 女王以家乡的托斯卡纳风格建造
卢森堡大公馆
Palais du Luxembourg

▶**法国**／巴黎市内，搭乘高速郊外铁路 RER Ⓑ 线，从卢森堡站步行约 5 分钟 ▶仅美术馆可全年参观

　　玛丽·德·美第奇来自佛罗伦萨著名的美第奇家族，因为家族雄厚的经济实力，通过政治联姻的方式成为法国国王亨利四世的王后，远嫁巴黎后，她产生了浓厚的思乡之情。当时，因思念童年时居住的佛罗伦萨皮蒂宫，于 1615~1631 年，仿建了这座公馆。现在，宫殿内部用作法国议会的参议院。南侧广阔的庭院，也是巴黎市民休闲的好去处。

▲以佛罗伦萨皮蒂宫为主题的外观
◀◀许多巴黎人聚集的广场
◀内部是法国议会的参议院

020 在岩山上屹立的废墟城塞
普罗旺斯地区莱博
Les Baux-de-Provence

▶**法国**／从阿维尼翁站乘坐仅在夏季运营的巴士约 1 小时便可抵达 ▶全年均可参观 ▶ www.chateau-baux-provence.com

　　伯爵家族在 10 世纪时建造了最初的城塞，13 世纪时又被改建成了更为坚固的要塞。拥有法国南部最强实力，但是，1426 年，势力逐渐减弱，被纳入他国统治。1632 年，路易十三的宰相黎塞留对城市进行了摧毁。

　　没有巴士服务时，需要乘坐出租车或租车前往。

◀◀村落中有 500 名左右的居民
◀再现中世纪欧洲弹射器的示范表演
▼在岩山上建造的难以攻陷的城塞

✎ 观光信息小贴士：卢森堡大公馆北侧，是拥有圣日耳曼等众多时尚商店和咖啡馆的热门地区，东面是教育区——拉丁区。氛围十分轻松，与学生气质十分相符。

讲述英国王室的历史和权威

伦敦的城堡和宫殿

Castles and Palaces in London

🇬🇧 英国

泰晤士河畔的城堡和宫殿

　　贯穿伦敦市中心的泰晤士河，是与英国王室关系密切的皇家河。伦敦塔、威斯敏斯特宫、温莎城堡、汉普顿宫以及格林尼治等，建于中世纪早期到近代初期的英国王室的城堡和宫殿都在泰晤士河沿岸，游客可以乘船依次游览。

▲泰晤士河畔耸立的伦敦塔

021 因卫兵换岗而闻名的王宫

白金汉宫

Buckingham Palace

▶ 从维多利亚站步行约 10 分钟 ▶ 部分区域（国事厅）限时开放，必须预约 ▶ www.rct.uk

　　白金汉宫是英国女王伊丽莎白二世工作的宫殿，这里原本是白金汉公爵的住所，因为由英国王室出资购买，所以才得此命名。1821 年，由约翰纳什设计，改建为宫殿，1837 年开始，被维多利亚女王用作住所。

　　展示皇家艺术收藏品的女王画廊，全年开放，供游客随时参观游览。女王每逢夏季会在苏格兰逗留 10 周，19 间国事厅将在此期间面向公众开放。

看点

4~7 月期间，宫殿前每天都会举行卫兵换岗仪式，除了上述时间之外，仪式每隔一天举行一次。众多参观者慕名前往，因此，需要尽早抵达，以确保占据最佳观看地点。

▲身着华丽服饰的卫兵正在举行换岗仪式
▼宫殿前的维多利亚纪念堂于 1911 年落成

　　观光信息小贴士：位于伦敦市中心的英格兰国王的主要宫殿依次为 11~16 世纪中叶的威斯敏斯特宫、16 世纪中叶~17 世纪的白厅宫、18 世纪~1837 年的圣詹姆斯宫以及 1837 年后的白金汉宫。

▲ 白厅宫唯一未被大火烧毁的宴会厅

London
伦敦

0　　　　　2km

伦敦摄政公园
The Regent's Park

帕丁顿车站
Paddington Station

伦敦大英博物馆
The British Museum

苏豪区
Soho

伦敦萨默塞特府
Sumerset House

圣保罗大教堂
St Paul's Cathedral

伦敦市
City of London

英国海德公园
Hyde Park

特拉法加广场
Trafalgar Square

泰晤士河

伦敦大桥
London Bridge

024

绿色公园
Green Park

宴会厅
Banqutting House

023

021

伦敦圣詹姆斯公园
St James's Park

022

滑铁卢站
Waterloo Station

哈洛德百货
Harrods

维多利亚和
阿尔博特特博物馆
Victoria & Albert Museum

维多利亚广场站
Victoria Station

切尔西
Chelsea

025

放大图上

泰晤士河

码头区
Docklands

英国皇家植物园（邱园）
Kew Gardens

格林尼治天文台
Greenwich

伦敦希思罗机场
Heathrow Airport

里士满
Richmond

汉普顿宫
Hampton Court Palace

温布尔顿
Wimbledon

0　　　　　10km

---

022 **浅谈英国议会制度的历史**
威斯敏斯特宫
Westminster Palace

世界遗产 1987

► 从威斯敏斯特地铁站出发，步行 3 分钟即可抵达 ► 限时开放，必须预约 ► www.parliament.uk

　　威斯敏斯特宫，更广为人知的身份是国会大厦。建于 11 世纪，是英国王室的宫殿。国会原本是供国王咨询的机构，因此，曾一直将会场设在王宫内部，但是，16 世纪时，王室向其他宫殿迁移，威斯敏斯特宫便开始被用作国会大厦。今天我们看到的新哥特式建筑来自维多利亚时代，建于 1837 年至 1860 年之间。

看点

威斯敏斯特厅，是威廉二世于 1097 年建造的宫殿中最古老的部分。纵向 73 米、横向 20 米，是当时英国最大的大厅。

▲ 从左边开始，依次为克伦威尔、理查一世以及丘吉尔的雕像
◄ 附近建有王族专属教堂——威斯敏斯特教堂

观光信息小贴士：威斯敏斯特宫的钟楼叫大本钟，但是，正确地说，这并非钟楼，只是对这座钟的爱称。塔楼被称为圣史蒂文斯塔，2012 年更名为伊丽莎白塔。

023 与戴安娜王妃颇具渊源
肯辛顿宫
Kensington Palace
▶ 从皇后大道地铁站步行约 8 分钟 ▶ 全年均可参观
▶ www.hrp.org.uk

肯辛顿宫是毗邻肯辛顿公园的宫殿，17 世纪时，这里被公认为伦敦的郊区，空气较市中心更为清新，因此，患有哮喘病的威廉三世买下了这里的豪宅，并且改建成了宫殿。乔治王朝之后，用作年轻皇室成员的宫殿，维多利亚女王和戴安娜王妃也曾居住于此，目前，是威廉王子一家的住所。王室的私人房间不对外开放，但是，国事厅（国家公寓）面向大众开放，可以看到维多利亚女王接受洗礼的圆顶房间。

▲由当时伟大的建筑师克里斯多佛·雷恩爵士改建为宫殿
▼◀宫殿旁的下沉花园
▼▶维多利亚女王的第四公主路易丝创作的维多利亚女王雕像

024 流传有血染传说的要塞
伦敦塔
世界遗产 1988
Tower of London
▶ 从塔山地铁站步行约 5 分钟 ▶ 全年均可参观 ▶ www.hrp.org.uk

伦敦塔是由征服者威廉于 11 世纪建造的堡垒，坐落于伦敦老城，位于现在被称为金融区的城市东部。在保护伦敦免受外敌侵害的同时，还曾有效防止市民暴动，外观庸俗但极富威严，让原本有意发动暴动的人从心理上感到恐惧。伦敦塔拥有卓越的防御能力，除用作英国王室的紧急避难所外，还曾扮演过政治犯幽闭场所、货币铸造场所以及王冠等王室财宝的保管场所等角色，被称为御宝的英国王室珍宝现在都存放并且展示于此。

▲被坚硬墙壁包围的伦敦塔，白塔矗立在中央
▼◀过去可以直接从泰晤士河乘船进入
▼▶伦敦塔的守卫通常被称为伦敦塔卫兵

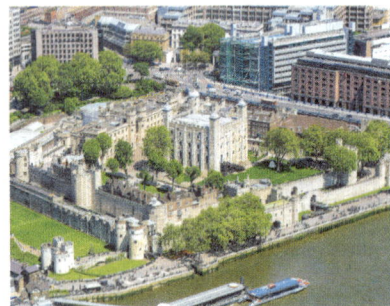

🖊 观光信息小贴士：王室的节杖是伦敦塔的御宝之一，节杖上配有一颗名为"非洲之星"的 530.20 克拉的钻石。它取自世界上最大的钻石原石——重达 3106 克拉的"库里南"，是切割下来的众多钻石中最大的一颗。

025 拥有 900 多年历史的英国皇家住所
温莎城堡
Windsor Castle

▶ 从伦敦帕丁顿车站到斯劳车站乘火车到温莎和伊顿中央车站大约需要 35 分钟。从车站出发徒步约 8 分钟即可抵达 ▶ 全年均可参观 ▶ www.rct.uk

坐落于伦敦以西约 30 公里处的城堡，自征服者威廉建造以来已有 900 多年的历史，曾被用作英国王室的住所。伊丽莎白二世平日在白金汉宫工作，周末通常在温莎城堡度过。

最初，这只是建在土方工程上且十分简约的莫特和贝利风格的堡垒，但是，几经增建，现在已经作为有实际居住者的规模最大的城堡而享誉世界。城堡内的圣乔治教堂由爱德华三世建造，是现存最古老的骑士团嘉德骑士团的小教堂，同时也是王室的墓地所在地。

▲圆柱形的圆塔是城堡最古老的部分
▼官方房间（国家套房）所在地——上区

看点

圣乔治教堂内带有扇形拱顶的美丽天花板装饰十分美观，亨利八世和查理一世便葬在这里。

Access & Advice

🚇 交通信息
搭乘地铁与火车便可轻松前往

伦敦地铁发达，因此，搭乘地铁便可巡游各个城堡。如果体力允许，还建议使用名为共享自行车的出租自行车，从伦敦到温莎的火车也可以帮助游客更为高效地进行观光。

🎒 观光建议
白金汉宫仅限夏季游览

从以往经验来看，白金汉宫的官方房间（国事厅）仅限在 7 月中旬至 9 月下旬前后的 10 周内参观。威斯敏斯特宫全年仅限每周六（现在暂停开放）对外开放，到了夏季，周三～周六会提供导览服务。无论上述哪一个景点，均需尽早预约。

🧭 拓展信息
伊顿公学

温莎城堡附近有一所伊顿公学，是英国极具代表性的公立学校，因此，游客务必要前往参观。此外，威斯敏斯特宫附近还有威斯敏斯特教堂，伦敦塔以南则是塔桥。

✏️ 观光信息小贴士：目前，英国王室的名称是温莎王朝。也曾被称为汉诺威或萨克森－科堡－哥达王朝，但这两个叫法都来自德国，第一次世界大战后，便以温莎城堡命名，更名为温莎王朝。

英格兰征服威尔士的基地

爱德华一世的城堡和城墙

世界遗产 1986

Castles and Town Walls of King Edward

🇬🇧 英国

北威尔士周围的"铁环"

英国国王爱德华一世入侵威尔士并将其并入英国，征服该地后，为巩固统治，建造了 10 座城堡，像圆环一样环绕北威尔士，并且美其名曰"铁环"。此章节中介绍的 3 座城堡均为当时建造，除此之外，还有一座哈莱克城堡，这 4 座城堡均已列入联合国教科文组织《世界遗产名录》。

▲ "铁环"之———康威城堡

(026) 威尔士统治据点

卡那封城堡

Caernarfon Castle

▶ 在兰迪德诺乘坐巴士经由班戈换乘前往，大约需要 1 小时 30 分钟 ▶ 全年均可参观 ▶ cadw.gov.wales

卡那封城堡是爱德华一世于 1282~1283 年征服威尔士后建造的城堡，作为威尔士统治的根据地，建成这座城堡共耗时 47 年。厚重的城墙和多边形的塔楼，使它成为英国王室权威的象征。爱德华一世的儿子，即后来的英格兰国王爱德华二世就出生在这座城堡里，后来还被赋予了威尔士大公（威尔士亲王）的称号。从那时起，英国王位的下一任继承人都会被冠以这个称号。

看点

院子里会举办威尔士亲王就职典礼。查尔斯王子的就职典礼也在此举行。

▲ 将中庭环绕其中的众多塔楼

▼ 西侧为麦奈海峡，南面临西昂河，物资运输十分方便

观光信息小贴士：爱德华一世除了征服威尔士之外，还曾入侵苏格兰等地，不断引发与邻国之间的战争。站在苏格兰视角、由梅尔·吉布森主演的电影《勇敢的心》当中，爱德华一世被描绘成了一个典型的反面角色。

027

保存状态良好、宛如画卷一般的城堡

康威城堡

Conwy Castle

▶ 从兰迪德诺乘坐巴士约 20 分钟，从康威巴士站步行约 3 分钟
▶ 全年均可参观 ▶ cadw.gov.wale

　　爱德华一世自 1283 年起，在为时四年半的相对较短的时间内建造的城堡。保存状态极佳，当时的王宫遗迹至今依然完好保留。英国著名画家之一特纳曾绘制康威城堡的夜景，这里也因美丽的外形而广为周知。

↑ 兰迪德诺海岸

兰迪德诺
Llandudno

028　麦奈海峡
Menai Strait

027

安格尔西岛
Isle of Anglesey

班戈
Bangor

026

雪墩山国家公园
Snowdonia
National Park

斯诺登峰
Snowdon

↑ 哈莱克城堡

哈莱克城堡
Harlech Castle

Northwestern Wales
威尔士西北部

N

0　　　　　　15km

观光建议

卡杜的年度巴士很划算

　　这里介绍的三座城堡和哈莱克城堡都由一个名为卡杜（Cadw）的组织管理，卡杜的全年巴士比三座城堡的总入场费还便宜，很快就可以回本。

拓展信息

哈莱克城堡

　　从卡那封乘坐巴士和火车前往世界遗产哈莱克城堡用时 2 小时~3 小时 30 分钟，也可以先搭乘威尔士高地火车至波马多克，然后再换乘前往。

住宿建议

推荐以兰迪德诺为起点

　　兰迪德诺是该地区最大的海滨度假胜地，有许多住宿设施与餐馆，同时，还是交通起点，因此，如果以此作为观光的起点，更易对周边地区进行游览观光。

028

中世纪城郭的杰作

博马里斯城堡

Beaumaris Castle

▶ 在兰迪德诺乘坐巴士，经由班戈换乘前往，大约需要 2 小时，在瓦尔基里酒店前下车即可抵达 ▶ 全年均可参观 ▶ cadw.gov.wale

　　博马里斯城堡是爱德华一世建在安格尔西岛的城堡，是同系列城堡中最后建造的一座，也被称为最高杰作。双层城墙，内侧城墙几乎呈正方形，而外侧城墙则呈八角形，具有对称且匀称的外观。

観光信息小贴士：15 世纪成为英国王室的都铎家族原为威尔士贵族家庭，继承了欧文·都铎和兰开斯特家族血统的玛格丽特·博福特夫人的儿子亨利七世，在博斯沃思战役中取胜后即位。

代表都铎王朝的巨大宫殿

汉普顿宫

Hampton Court Palace
► www.hrp.org.uk

英国

▲汉普顿宫的正门

为各种风格的房间与庭院所倾倒

　　汉普顿宫是古老的皇家宫殿，距伦敦泰晤士河约 30 公里。16 世纪，由亨利八世最爱的宠臣红衣主教托马斯·沃尔西建造，但是，宫殿过于豪华，甚至连国王都萌生了忌妒之心，因此，由红衣主教呈献给了国王。17 世纪时，当时的伟大建筑师克里斯托弗·雷恩对宫殿进行了重建，这里同时兼具都铎、巴洛克以及乔治亚等多种风格。宫殿周围不同风格的花园也不容错过。

▲克里斯托弗·雷恩设计的南立面
◀ 16 世纪的技术结晶——大时钟

Access & Advice

交通信息
从伦敦出发的一日游
　　从伦敦滑铁卢站乘火车到汉普顿站约 35 分钟，夏季也可以从伦敦乘船前往。

观光建议
全年开放
　　收费，现在实行预约制度，游客需要按照指定日期与时间前往观光。

相关信息
花展
　　以花园闻名的汉普顿宫会在每年 7 月举办花展。

　　观光信息小贴士：不仅仅是汉普顿宫，位于伦敦市中心的白厅宫也是由红衣主教托马斯·沃尔西建造的。不同于赠予国王的汉普顿宫，白厅宫是因红衣主教倒台而被亨利八世没收。

Special Choice 030

唯一被冠以宫殿名号的贵族城堡

布莱尼姆宫

世界遗产 1987

Blenheim Palace
▶ www.blenheimpalace.com

🇬🇧 英国

▲意大利花园和东门

英国巴洛克建筑的杰作

由第一任马尔堡公爵约翰·丘吉尔于 18 世纪初建造的宫殿,用安妮女王给予的土地和建筑费用建造,作为在七年战争中引领不列颠赢得布林海姆战役(英语名称:布莱尼姆宫)的奖励。在英国,宫殿只能用于王室或天主教建筑,而这是唯一一座被冠以宫殿名号的贵族城堡。直至现在,这座宫殿得到了公爵家族内部的不断传承,英国前首相温斯顿·丘吉尔便出生在这里。

▲ 1925~1930 年建造的水露台景观
◀ 大中庭和北门

Access & Advice

🚆 **交通信息**
从牛津出发的一日游
从牛津的格洛斯特绿色巴士站乘坐巴士约 30 分钟。

🗺 **观光建议**
全年开放
收费,现在实行预约制度,游客需要在指定的日期与时间前往观光。

🧭 **拓展信息**
牛津大学
牛津有很多学院,如果只想参观一处,推荐基督教堂。

✏ 观光信息小贴士:作为电影外景拍摄地,布莱尼姆宫曾出现在多部影片当中。在《变形金刚 5:最后的骑士》中,曾作为纳粹总部出现,因为将丘吉尔的出生地用作纳粹总部而引发了争议。

27

退潮时将会出现通往岛屿的道路

圣迈克尔山

St Michael's Mount

► www.stmichaelsmount.co.uk

🇬🇧 英国

▲涨潮时会与陆地分割为两个部分，只能乘船前往

英国版圣米歇尔山

圣迈克尔山是英格兰西南部康沃尔地区一座小岛上的城堡，岛屿距离陆地 366 米，但是，退潮时将会出现通往岛屿的道路，可以徒步前往。与法国的圣米歇尔山（→ p.163）十分相似，但是，圣迈克尔山是由修道院改建而成的城堡，作为修道院，也曾受圣米歇尔山的控制。岛内充分利用自然地质斜面建造了庭院，进一步凸显了岛屿的美观。

Access & Advice

🚆 **交通信息**

换乘巴士和船只

从彭赞斯站乘坐巴士约 10 分钟抵达马拉宰恩，退潮时从马拉宰恩步行前往，涨潮时乘船上岛。

🧭 **观光建议**

冬季不可入场

收费，现在实行预约制度，游客需要按照指定的日期与时间前往观光。

🧭 **拓展信息**

陆地的尽头

从彭赞斯乘坐巴士约 1 小时到达英国最西端的陆地尽头。

▲一旦退潮，隐藏在海水中的道路便会浮出水面
◄庭院内色彩鲜艳的时令鲜花竞相盛开

✏️ **观光信息小贴士：** 圣迈克尔山和圣米歇尔山均意为"圣迈克尔的山"，最初，两地均为原住民凯尔特人的圣地，后来又变成了基督教圣地。

代表威尔士首府的地标

加的夫城堡

Cardiff Castle
► www.cardiffcastle.com

🇬🇧 英国

▲高墙环绕的加的夫城堡

以2000年悠久历史著称的城堡

　　加的夫城堡位于威尔士首府加的夫市中心。城堡有效地利用了自罗马时代以来就一直存在的堡垒，城堡内部由完全不同时代的建筑组成，其中包括建于11世纪的诺曼式城堡与建于19世纪的城堡公寓。山上的诺曼式城堡相当牢固，更加重视实战性，而城堡公寓则体现了迷人的维多利亚时代特征，绚烂豪华的装饰是不容错过的看点。

▲城堡公寓的每间客房都通过不同的设计风格进行了装饰
▲看起来像城堡塔的中世纪城堡

Access & Advice

🚆 **交通信息**
加的夫市中心
　　从伦敦帕丁顿车站乘火车到加的夫中央车站大约用时2小时10分钟，从车站出发徒步前往城堡，约用时12分钟。

🗺 **观光建议**
全年开放
　　收费，鉴于当下正处于特殊时期，最好提前预约。

🧭 **拓展信息**
加的夫湾
　　加的夫市中心以南3公里处是海湾地区，除了公交车之外，还可以搭乘游览船只前往。

✏️ 观光信息小贴士：英国的正式名称是大不列颠及北爱尔兰联合王国，由英格兰、苏格兰、威尔士、北爱尔兰以及一系列附属岛屿共同组成一个欧洲西部岛国。

033 英格兰钥匙
多佛尔城堡
Dover Castle

▶英国／从伦敦圣潘克拉斯站乘火车到多佛尔草原站约 1 小时，从车站出发，徒步前往城堡，约用时 25 分钟 ▶全年均可参观 ▶
www.english-heritage.org.uk

英吉利海峡北岸的港口城市托瓦自史前时代开始便一直是通过船只将大陆与外界贯通的交通要塞，多佛尔城堡是坐落在山上的大城堡，俯瞰城镇，落入敌手后，成为对方占领英格兰的垫脚石，因此，又被称为"英格兰钥匙"。直至近现代，这座

城堡的重要性依然不减当年，在第二次世界大战当中，还在城堡内部建造了司令部等，曾被用作英国防卫的最前线。

▲多重城墙环绕的坚固城塞
◀◀城堡内部摆放有多个大炮
◀白色岸壁在多佛海岸拔地而起

034 让真正的城堡成为主题公园
华威城堡
Warwick Castle

▶英国／从伯明翰摩尔街站乘火车到沃里克站约 40 分钟，从车站出发，徒步行 13 分钟便可抵达 ▶全年均可参观 ▶www.
warwick-castle.com

华威城堡坐落在英格兰中部埃文河畔，11 世纪时，征服者威廉建造了由木栅栏和护城河环绕的莫特贝利城堡，之后又改建成了由石筑塔楼与城墙环绕的坚固的城郭。目前由某英国休闲公司经营，除了

展示有世界上最大的攻城弹射器和大量的剑以及盔甲之外，还有很多大人小孩都可以玩的游乐项目。

▲可以看到城堡内部的许多房间，例如，大厅和餐厅等
◀◀还可以在城墙上漫步
◀还会举办角逐比赛（马上枪战）

观光信息小贴士：华威城堡的花园由 18 世纪时极具代表性的景观设计师布朗设计，汉普顿宫（→p.26）与查茨沃斯庄园（→p.31）的庭园也出自他之手。

唐顿庄园模型

海克利尔城堡

Highclere Castle

▶ 英国／从伦敦帕丁顿站乘火车到纽伯里站约 1 小时，从车站乘坐出租车到城堡约 15 分钟 ▶ 限时参观 ▶ www.highclerecastle.co.uk

海克利尔城堡是以资助图坦卡蒙墓的挖掘而闻名的卡纳文伯爵的豪宅，城堡于 17 世纪时建造，但是，在 19 世纪时又按照复兴哥特式风格进行了大规模翻修。改建过程中，由因伦敦威斯敏斯特宫（→ p.21）而闻名的查尔斯·巴里负责设计，这也是人气英剧《唐顿庄园》拍摄地。

▲ 剧中熟悉的模样
◀◀ 城堡现在仍在使用当中，因此，限时开放。以此为原型的电视剧也很受欢迎，受其影响，门票也总是迅速售罄
◀ 大厅里还有咖啡厅

高峰宝石

查茨沃斯庄园

Chatsworth House

▶ 英国／从曼彻斯特皮卡迪利站乘火车到巴克斯顿站约 1 小时，从巴克斯顿乘坐巴士约 30 分钟，在贝克韦尔换乘约 22 分钟即可抵达 ▶ 冬季不可入场 ▶ www.chatsworth.org

查茨沃斯庄园是建在风景秀丽的峰区的贵族豪宅，同时也已经被指定为国家公园。哈德威克·的·贝丝和威廉·卡文迪什在 16 世纪时购买了土地，建造了最初的宅邸。此后，一直由德文郡公爵卡文迪什家族继承，通过 17 世纪末 ~18 世纪初进行的大规模改建，成了现在呈现在世人面前的模样，各个房间均采用最高级的家具与绘画杰作等进行了奢华的装饰。

▲ 被广阔花园环绕的查茨沃斯庄园
◀◀ 举办宴会的大餐厅
◀ 天花板装饰也十分美观的图书室

观光信息小贴士：买下查茨沃斯庄园土地的哈德威克·的·贝丝一生结过四次婚，即便生来贫贱，但是，通过多次婚姻，收获了地位与财富，成为仅次于伊丽莎白一世的英格兰第二大富豪。

037 也因《哈利·波特》的外景地而闻名

安尼克堡

Alnwick Castle

▶ **英国**／从纽卡斯尔的干草市场巴士站乘坐巴士约 1 小时 20 分钟 ●冬季不可入场 ● www.alnwickcastle.com

安尼克堡是诺森伯兰侯爵的住所，作为现在仍然还在使用的城堡，这里是仅次于温莎城堡的英国第二大城堡。此外，这里也是各种电影的取景地，拍摄《哈利·波特与魔法石》时，在城堡的院子里拍摄了扫帚课的场景。这里毗邻安尼克花园，园内拥有巨大瀑布、种植有 329 棵浓密白樱花树的樱花园以及种植毒草的毒园等景点。

▲14 世纪建造的城堡，17 世纪时改建成了现在的模样
◀◀ 安尼克花园的巨型瀑布
◀ 城堡内部会举办各种活动

---

038 威尔士南部的大城堡

卡菲利城堡

Caerphilly Castle

▶ **英国**／从加的夫中央车站附近的圣玛丽街巴士站乘坐巴士约 50 分钟 ●全年均可参观 ● cadw.gov.wales

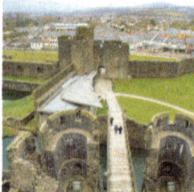

卡菲利城堡是位于加的夫以北 8 公里处的古老城堡，由英国贵族吉尔伯特·德·克莱尔于 1268 年建造。建造时，正值爱德华一世入侵威尔士（1276~1284 年）前夕，而这个地方便刚好成了英格兰和威尔士交锋的最前沿。针对当时紧迫的形势，设计者特意通过人工湖与拥有多座塔楼的城墙将城堡环绕，单从设计的角度来看，便是非常坚固的一座城堡。

◀◀ 在清教徒革命期间因袭击而严重倾斜的塔
◀ 城墙与护城河多重环绕，对外敌入侵起到了有效的阻拦作用
▼威尔士最大的城堡

✎ 观光信息小贴士：英国国王爱德华一世征服威尔士后，曾在卡那封和康威等不同地方建造城堡，它们被统称为爱德华一世的城堡和城墙（→ p.24）并且列入了联合国教科文组织《世界遗产名录》。

耸立在城堡岩石上

爱丁堡城堡

世界遗产 1995

Edinburgh Castle

▶ 英国／从爱丁堡韦弗利站步行约 10 分钟 ▶ 全年均可参观 ▶
www.edinburghcastle.scot

爱丁堡城堡耸立在爱丁堡市中心的岩石山上，是爱丁堡的象征，在这座城市的任何地方都可以看到。自史前时代以来，这里曾一直被作为天然要害而得到利用，残留至今的众多建筑物均建于 15~16 世纪。王宫建在皇冠广场上，除了可以参观众多豪华房间之外，苏格兰国王加冕时使用的王冠、御剑、玉笏以及命运之石也均展示于此。

▲它矗立在俯瞰爱丁堡的岩石山上
◀◀城门前是广场，夏季时会举办军乐队表演
◀除王宫之外，皇冠广场上还建有大厅

英国王室住所

荷里路德宫

世界遗产 1995

Palace of Holyroodhouse

▶ 英国／从爱丁堡韦弗利站步行约 12 分钟 ▶ 全年均可参观，如遇王族滞留等情况，将不定期关闭 ▶ www.rct.uk/visit/palace-of-holyroodhouse

荷里路德宫是英国王室在苏格兰举行官方活动时使用的宫殿，除王族滞留期外，通常均对外开放，可以对各种房屋进行参观，例如，被称为悲剧女王的玛丽·斯图亚特住过的房间、展示有苏格兰历任国王肖像的伟大画廊等。

◀◀苏格兰标志性圣兽——独角兽
◀立柱依次排开的玄关区域，上面是英国王室的纹章
▼从前庭眺望宫殿，前面修建有壮观的喷泉

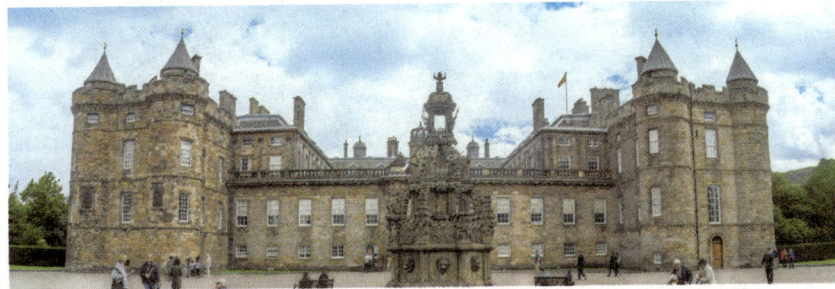

观光信息小贴士：爱丁堡城堡和荷里路德宫位于爱丁堡老城区，两座城堡之间由一条长约 1.6 公里（1 英里）、名为皇家哩大道的街道连接。

041 在悬崖上建造的新古典风格名城
卡尔津城堡
Culzean Castle

▶ 英国／从格拉斯哥中央车站乘火车约 1 小时抵达艾尔站，在艾尔站转乘巴士，约 30 分钟便可抵达 ▶ 冬季不可入场 ▶ www.nts.org.uk

卡尔津城堡位于苏格兰西南部艾尔郡，拥有广阔的场地。耸立在悬崖上，俯瞰克莱德湾，建于 18 世纪末，由新古典主义建筑师罗伯特·亚当设计。被爱奥尼亚柱和科林斯柱环绕的椭圆形螺旋楼梯与

可以看到克莱德湾等的圆形客厅等，以其优雅和独特的设计而闻名。这里是一座郊野公园，拥有森林、池塘以及海岸等，地形变化丰富，供游客游览时使用的步行道也十分完善。

▲ 被誉为罗伯特·亚当的杰作
◀ 时令鲜花盛开的围墙花园
◀ 通过外型美观的立柱与绘画进行装饰的椭圆形螺旋楼梯

042 三角形中世纪城塞
凯尔乐弗洛克城堡
Caerlaverock Castle

▶ 英国／从格拉斯哥中央车站乘火车到邓弗里斯车站大约需要 1 小时 45 分钟，转乘巴士，约 30 分钟便可抵达 ▶ 全年均可参观，现在不可进入城堡内部 ▶ www.historicenvironment.scot

凯尔乐弗洛克城堡位于苏格兰西南部，建在英格兰边境附近。外观呈三角形，各边均建造有圆形塔楼。1300 年，英格兰国王爱德华一世入侵苏格兰，面对 3000 名英军士兵的进攻，只有 60 人保卫防守，城堡遭到攻陷，但是，英雄般的

战斗姿态在后世广为流传。17 世纪中叶，城堡在清教徒革命期间惨遭破坏并最终化为废墟。

▲ 护城河与塔楼环城而建，以坚固的防御能力而著称
◀ 17 世纪惨遭破坏后，从未进行过复建
◀ 城堡内还保留有文艺复兴时期的建筑

观光信息小贴士：设计卡尔津城堡的罗伯特·亚当还设计了西约克郡的哈伍德庄园、伦敦的肯伍德庄园以及巴斯的普尔特尼桥等。

043 在岸壁上建造的古城
邓诺特城堡
Dunnottar Castle

▶ 英国／从阿伯丁乘巴士约 50 分钟，在邓诺特下车，徒步约 15 分钟 ◆ 全年均可参观 ▶ www.dunnottarcastle.co.uk

邓诺特城堡位于阿伯丁以南约 25 公里，建造在向北海突出的断崖之上。这座天然要塞与本土之间仅有一条狭窄的道路连接，纵观历史，曾几度在此开战，现在还作为展示在爱丁堡城堡（→ p.33）中的苏格兰皇冠珠宝的隐藏之地而闻名，也是

以中世纪苏格兰为背景的迪士尼电影《勇敢传说》的城堡模型。

▲ 以北海为背景建造的古老城堡
◀◀ 城堡内的建筑物大多建于 15~16 世纪
◀ 城堡周边美丽的海岸线不断绵延，在这里散步也是一种愉快的体验

044 建在高地景观中
艾琳多南堡
Eilean Donan Castle

▶ 英国／从天空岛波特里乘坐巴士 1 小时 30 分钟，从因弗内斯乘坐巴士 2 小时 45 分钟 ◆ 冬季不可入场 ▶ www.eileandonancastle.com

艾琳多南堡是苏格兰北部高地的一座古老城堡，建在三湖交汇处的小岛多南岛上，城堡建于 13 世纪，主要目的是保护该地区免受维京人袭击。18 世纪初，城堡被支持雅各布派起义军的西班牙军队占领，后在英国军队的袭击下完全被

摧毁并因此而成为废墟，但是，20 世纪前期又得到了修复，恢复了之前的美丽容貌。

▲ 矗立在名为山湖的高地景观中
◀◀ 经过一座石桥便可抵达城堡所在岛屿
◀ 经过约 200 年的风霜洗礼，城堡曾一度沦为废墟，但是，后来又有幸得到了修缮

✏️ 观光信息小贴士：艾琳多南堡是克里斯托弗·兰伯特和肖恩·康纳利主演的电影《高地人 Highlander》与皮尔斯·布鲁斯南主演的《007 之黑日危机 The World Is Not Enough》的取景地。

英属爱尔兰统治 700 多年的象征

都柏林城堡

Dublin Castle
► www.dublincastle.ie

爱尔兰

▲ 从庭院看到的贝德福德塔，右侧是正义之门，左侧是英勇之门

雄辩地讲述都柏林历史的城堡

从 1204 年英国国王约翰建造城堡到 1922 年爱尔兰自由邦独立，英国对爱尔兰的统治持续了 700 多年。通过 17 世纪末至 18 世纪期间的改建，它变成了今天可以看到的乔治亚风格建筑。装饰豪华的国家公寓被用作爱尔兰历任中尉的住所，现在也会举办大统领就职仪式等重要的国家级典礼。

Access & Advice

🚆 **交通信息**
都柏林中心

乘坐都柏林路面电车到杰维斯站或三位一体站，徒步约 10 分钟便可抵达

📍 **观光建议**
全年开放

2021 年内免费，当日门票有限，因此，建议预约。

📷 **相关信息**
圣三一学院

爱尔兰最古老的大学，收藏有圣书装饰手抄本杰作《凯尔斯书》。

▲ 国家公寓的客厅
◄ 用黄金装饰的王座

观光信息小贴士：都柏林在古爱尔兰语中意为"芦苇障碍做成的浅滩之城"，据说，都柏林城堡以南，现在都柏林公园所在地周围的池塘便是这一名称的起源。

046 中世纪城市基尔肯尼的象征
基尔肯尼城堡
Kilkenny Castle

▶ 爱尔兰／从都柏林休斯顿站乘火车到基尔肯尼站约 1 小时 30 分钟，从车站出发，徒步约 15 分钟便可抵达 ▶ 全年均可参观 ▶ kilkennycastle.ie

基尔肯尼城堡是 12 世纪末诺曼人入侵爱尔兰后建造的，14 世纪末以来，曾被用作贵族巴特勒家族的住所。U 形城堡拐角处有圆形塔楼屹立，外观极具威严感。内部曾于 19 世纪改建，使用了维多利亚风格的豪华装饰。

◀◀ 严加防御的城堡入口
◀ 展示有巴特勒王朝肖像的画廊
▼ 基尔肯尼镇的南侧拥有广阔的场地

047 河畔优雅的城堡酒店
阿什福德城堡
Ashford Castle

▶ 爱尔兰／从高威乘坐巴士约 1 小时 ▶ 作为酒店营业 ▶ ashfordcastle.com

西爱尔兰、科里布河上的城堡。自 13 世纪城堡建造以来，曾多次易主并且反复改建。19 世纪中叶，由以健力士啤酒闻名的健力士家族购买。自 1915 年以来，一直是酒店，对 140 公顷的广阔面积进行充分的利用，以拥有网球场和高尔夫球场的豪华酒店而闻名。在住宿清单上，英国王储查尔斯王子、美国前总统里根等众多名人都榜上有名。

▲ 几经增建，最终呈现出了现在的模样
◀◀ 跨过科里布河上的石桥后抵达城堡
◀ 也可经由科里布河乘船游览科里布湖

观光信息小贴士：阿什福德城堡所在地康镇是约翰·福特导演的《蓬门今始为君开》的外景拍摄地，许多电影明星在拍摄期间都会入住阿什福德城堡。

仿照叙利亚城堡建造
格拉文斯丁城堡
Gravensteen

▶ 比利时／从布鲁塞尔乘火车约 35 分钟抵达根特圣彼得鲁斯站，从车站乘坐电车约 20 分钟 ▶ 全年均可参观 ▶ historischehuizen. stad.gent

▲城堡被沿广阔护城河而建的坚固城墙与塔楼环绕

由弗兰德斯伯爵菲利普于 1180 年建造，高达 30 余米的塔楼屹立在城堡中央，沿护城河而建的城墙高耸，上面还有 24 座小型塔楼凸起，这些都是参加十字军远征的菲利普参照在远征期间看到的叙利亚同心城堡骑士堡（→ p.179）的结构建造的。14 世纪，弗兰德斯伯爵离开后，城堡曾被用作法院、牢狱以及纤维工厂等，但是，不久便成了废墟。20 世纪初由根特市购买，修复后，作为博物馆面向公众开放。

▼在庄重的中央塔楼观景台上，可以俯瞰根特的街道　　　　　　　　　　　▼位于根特市中心

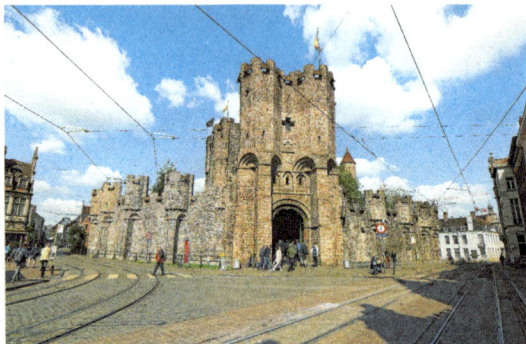

观光信息小贴士：格吕克斯堡塔楼外墙上向水面突出的四角形部分（参照图片）是小型洗手间，以前，人们会从这里面向水面排泄。

俯瞰勃鲁盖尔世界的城堡
049 哈斯贝克城堡
Kasteel van Gaasbeek

▶ **比利时**／从布鲁塞尔南站乘坐巴士约30分钟，在加思喙·卡斯特尔下车。徒步约10分钟 ▶ 暂时不可入场，预计在2023年前完成修复工程 ▶ kasteelvangaasbeek.be

16世纪初叶，在中世纪城塞遗迹的基础上建造的砖瓦城堡。所有者曾多次变更，也曾被用作著名悲剧主角埃格蒙特伯爵（参照页面底部观光信息小贴士）的住所。维斯孔蒂家族在19~20世纪时将城堡翻新成了现在的样子，又在1921年将其捐赠给了法兰德斯州政府。豪华的房间内，

展示有众多美术作品。城堡周围的风景与16世纪画家勃鲁盖尔绘制的《收割者》十分相似，因此，现在归属于名为"勃鲁盖尔街道"的观光街道。

▲砖瓦结构的厚重城门
◀◀埃格蒙特伯爵被处决之前在这座城堡里住了大约三年
◀周围环绕着让人联想起勃鲁盖尔画作的乡村风景

可以在夏季参观的豪华宫殿
050 王宫/布鲁塞尔
Palais Royal de Bruxelles

▶ **比利时**／在布鲁塞尔乘坐电车，在王宫下车 ▶ 仅夏季开放 ▶ www.monarchie.be

坐落于布鲁塞尔市中心的比利时王室的王宫，于18世纪后半叶在布拉班特公爵的宫殿遗址的基础上建造而成，1830年，比利时独立后，成为比利时第一任国王利奥波德一世的住所。现国王并未居住于此，王宫仅被用作办公室与迎宾馆。

航运王国荷兰的繁荣
051 王宫/阿姆斯特丹
Paleis op de Dam

▶ **荷兰**／从阿姆斯特丹中央车站步行10~15分钟 ▶ 限时开放 ▶ www.paleisamsterdam.nl

建于1655年，是雅各布·范·坎彭设计的市政厅。这是一座雄伟的建筑，仿佛象征着荷兰的黄金时代，1808年，被拿破仑的弟弟路易·波拿巴征用，作为王宫，加以改装。然后，又归还给荷兰，现在被用作了迎宾馆。

观光信息小贴士：与哈斯贝克城堡渊源深厚的埃格蒙特伯爵（1522~1568年）是因反对西班牙压迫而被处决的比利时英雄，后因歌德的戏剧《埃格蒙特》以及贝多芬的序曲《埃格蒙特》而广为人知。

以 4 座尖屋顶为标志的古城

梅顿城堡

Muiderslot
► www.muiderslot.nl

🇳🇱 荷兰

▲被水环绕且外形十分庄重的砖瓦城堡

对中世纪生活进行重现的博物馆

　　梅顿村内面向艾湖而建的城堡有一段黑暗的历史，城堡原本由荷兰伯爵弗洛里斯五世于 13 世纪建造，但是，伯爵不久之后便在城堡内惨遭杀害。17 世纪时，诗人、作家、历史学家 P.C. 霍夫特曾在此居住，期间对城堡进行了改建并且还扩张了庭院，在此招待了众多画家、音乐家以及作家等。在那之后，城堡一度荒废，甚至还曾被用作监狱，1878 年，这里成为国家博物馆，对中世纪至 17 世纪前后的内部景象进行了重现，并且还展示有家具、铠甲以及甲胄等。

Access & Advice

🚆 **交通信息**
从阿姆斯特丹出发的一日游
　　搭乘火车从阿姆斯特丹到韦斯普站，换乘巴士在梅顿中心下车，徒步 10~15 分钟。

🗺 **观光建议**
全年开放
　　收费，现在实行预约制度，游客需要按照指定日期与时间前往观光。

📷 **相关信息**
在小型村落漫步
　　梅顿村也有可爱的咖啡馆，还可以前往纳尔登（→ p.236）观光。

▲非常具有荷兰特色的建在平坦土地上的城堡
◄ 17 世纪的作家——P.C. 霍夫特的浮雕

　　观光信息小贴士：梅顿是面朝湖泊的平静村庄，沿运河前往梅顿城堡的路上，有一处水闸，每间隔几分钟便会开闸一次，以供船只通过。坐在旋转桥脚下的咖啡馆里眺望船只通过的景象也十分有趣。

053 荷兰最华丽的城堡
德哈尔古堡
Kasteel de Haar

▶荷兰／从乌得勒支乘火车约 10 分钟，在弗勒滕转乘巴士，约 5 分钟后，在哈泽伊伦斯下车，徒步约 15 分钟 ▶全年均可参观 ▶ www.kasteeldehaar.nl

建于 14 世纪前后，17 世纪时被法国进攻摧毁，在很长一段时间内一直处于荒废的状态。1887 年，前城堡主人范布伦家族的后裔与百万富翁罗斯柴尔德家族的女儿结婚。继承城堡遗产的夫妻二人获得了妻子娘家给予的巨大的财力支撑，1892~1912 年，他们聘请因阿姆斯特丹中央车站而闻名的建筑师皮埃尔·凯珀斯，建成了荷兰规模最大的宏伟城堡。城堡内部，陈列有夫妻二人从世界各地收集而来的豪华生活用品、美术作品以及古董作品等。

▲宏伟的新哥特式城堡
◀红白相间的百叶窗是重点，这是与古堡分离的一座建筑，曾被用作马车停放场地
◀护城河环绕古堡

054 森林与溪谷景观极佳的名城
维安登城堡
Château de Vianden

▶卢森堡／从卢森堡站乘火车到埃特尔布鲁克站需要 30~40 分钟，乘坐巴士约 30 分钟，顺着坡道上行至城堡 ▶全年均可参观 ▶ castle-vianden.lu

由维安登伯爵于 11 世纪在罗马堡垒的废墟上建造，随后的翻修使其成为罗马式和哥特式风格兼容的城堡。15 世纪时，由拿骚家族所有并且不断扩大，1820 年，在威廉一世时期被拆除，成为废墟。1977 年，改为国有制，城堡也终于得到复建，重现了曾经的壮丽身姿。

▲建在维安登镇背后的小山丘上
◀荣登 CNN "2019 年世界最美城堡"第二位

✏ 观光信息小贴士：德哈尔古堡的主人家中有一个传统，即每年 9 月份在古堡住一个月。在此期间邀请世界各地的名人到城堡，举办豪华派对。其中还包含加布里埃·香奈儿·玛丽亚·卡拉斯以及伊夫·圣罗兰等人。

《旅行图鉴》系列

走遍全球《旅行图鉴》系列是中国旅游出版社全新推出的一个系列，不同于以往以资讯为主体的国别系列，这个新的系列定位于世界各地的历史和文化知识的科普，通过翻开书页，仔细地阅读，仿佛亲临的目击者，无限扩容读者的知识宝库。

世界城堡和宫殿百科大全

- 介绍了世界各地 327 座有特色的城堡和宫殿。
- 每个城堡和宫殿都有官网。
- 这些官网提供连续性和扩展性的科普信息，便于学习。
- 这是目前国内图书市场上为数不多的以精美彩插的图文形式介绍世界神奇的城堡和宫殿的图书，具有很好的收藏性、阅读性和欣赏性。
- 内容涉及广泛，涵盖历史、文化、风俗、建筑等方面，深浅适中，适合大众阅读。
- 这些城堡和宫殿是热门影视剧的取景地。

101 杜布罗夫尼克（克罗地亚）

世界神奇的城堡和宫殿327座 055~121

南　欧
Southern Europe

数字为本书中的项目编号

历代教皇居住的世界上最大级别的博物馆
梵蒂冈宫 世界遗产 1984

Palazzo Apostolico
▶ m.museivaticani.va

🟨↑ 梵蒂冈

▲从圣彼得大教堂一侧拍摄的梵蒂冈宫
▼梵蒂冈政府大楼

罗马教皇居住的宫殿

自 14 世纪下半叶教皇办公室从法国阿维尼翁迁回以来，梵蒂冈宫便成为罗马教皇的住所。16 世纪，教皇曾移居罗马的奎里纳莱宫，1871 年再次回到了梵蒂冈宫。

A 庞大的美术品殿堂
梵蒂冈博物馆 Musei Vaticani

现在，宫殿内的所有区域几乎都已经改造成了梵蒂冈博物馆，展示有教皇投入大量资金的众多艺术品。其中，拉斐尔的《雅典学院》是不容错过的看点。虽然描绘了古希腊学者，但是据说学者的面容是以达·芬奇和米开朗基罗等文艺复兴时期的艺术家为原型的。

▲博物馆内的旋转楼梯
◀博物馆的入口

观光信息小贴士：教皇入住梵蒂冈宫时，每逢周日正午时分，他便会出现在宫殿 3 层的执务室窗口，与聚集在圣彼得广场的信徒一起祷告。

B 《最后的审判》所在地
西斯廷礼拜堂 Cappella Sistina

　　西斯廷礼拜堂至今依然是教皇专属的国家礼拜堂，这里是被称为绘画史一大杰作的米开朗基罗的作品《最后的审判》（1534~1541年）的所在地。画面中央的基督正在审判，面向画作，可以看到左侧是升入天堂的人们，而右侧则绘有跌落地狱的人们。

C 松果是一种象征
松果庭院 Cortile della Pigna

　　Pigna 意为松果，梵蒂冈宫内，巨大的青铜松果被放置在庭院的半圆形墙壁上。几乎在中庭的正中心，直径约 4 米的"球状物体"闪闪发光，这是1990 年由意大利的阿纳尔多·波莫多罗捐赠的。

◀ "球状物体"已在世界各地复制并在联合国总部大楼展出

看点
瑞士卫队守卫。
身着色彩缤纷的文艺复兴式制服。

▲ 梵蒂冈宫
Palazzo Apostolico

梵蒂冈花园
Giardini Vaticani

科学院
Accademia delle Scienze

鹰喷泉
Fontana dell'Aquila

行政大楼
Palazzo del Governatorato

望楼庭院
Cortile del Belvedere

瑞士卫队军营
Caserma degli Svizzeri

梵蒂冈圣彼得大教堂
Basilica di San Pietro

圣彼得广场
Piazza San Pietro

▲ 圣彼得广场

▲ 梵蒂冈花园

▲ 信徒在复活节等待教皇发言

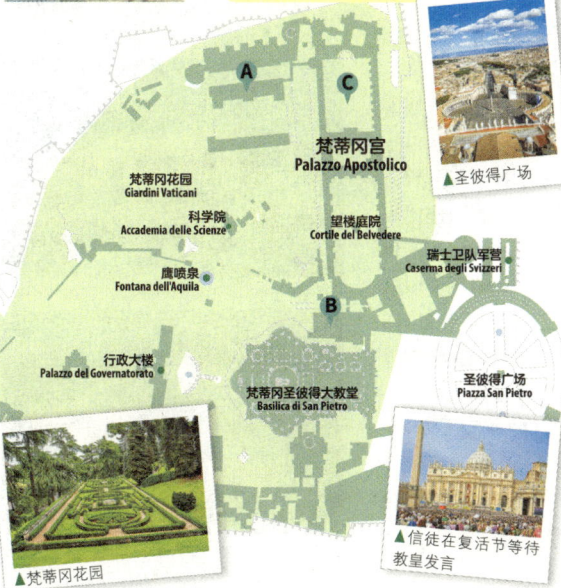

Access & Advice

🚆 交通信息
罗马市中心

　　罗马市内的梵蒂冈城，从齐普罗地铁站或奥塔维诺站步行 5 分钟即达。

🗺 观光建议
全年开放

　　收费，现在实行预约制度，游客需要通过官方网站申请并且按照指定的日期与时间前往观光。在欣赏天花板画与大作时，如果能够随身携带一个望远镜，将十分便利。

📷 相关信息
会见教皇

　　每个周三都有机会与教皇会面，只要提前按照规定的程序办理手续，游客便可以在圣彼得广场或观众席与教皇见面。

　　观光信息小贴士：丹·布朗的著作《天使与恶魔》以及由汤姆·汉克斯主演的同名电影《天使与恶魔》均以罗马和梵蒂冈为背景舞台，在普及教皇选举会议与艺术作品中所隐藏的含义方面起到了不可小觑的作用。

象征着威尼斯共和国的繁荣的宫殿

总督府

世界遗产 1987

Palazzo Ducale
▶ palazzoducale.visitmuve.it

意大利

▲总督府面向圣马可广场的正门一侧

▼对水城进行渲染的宫殿

精致的拱廊和绘画的力量

　　道奇宫是威尼斯共和国总督的居所，同时，宫殿内还设置有政厅、法院以及牢狱等机构设施。

　　据说，这座宫殿建于 9 世纪前后并且几经复建，现在所呈现出的建筑形态主要是在 15 世纪时建造完成的。墙壁以白色和粉红色大理石装饰，还建有十分美丽的大大小小的拱廊，是一座代表威尼斯哥特式风格的建筑，内部装饰着委罗内塞和丁托列托等威尼斯画家的杰作。展示在 2 层"大评议厅"中的丁托列托的作品《天堂》被称为世界最高级别的油画，人们往往会为其规模所倾倒。

▲面向大运河而建
◀威尼斯哥特式杰作

✎ 观光信息小贴士：威尼斯共和国起源于 7 世纪末，延续了 1000 多年。该国以共和国国会选出的总督为核心，充分发挥东地中海贸易与强力海军的优势并且不断扩张势力，最终达到了极致繁荣，甚至还赢得了"亚得里亚海明珠"的称号。

▲威尼斯的中心——圣马可广场
▼宫殿旁边的圣马可大教堂

圣马可广场
Piazza San Marco

钟楼
Torre dell' Orologio

夸德里咖啡馆
Caffè Quadori

圣马可大教堂
Basilica di San Marco

大楼梯
Scala dei Giganti   A

钟楼
Campanile

旧监狱
Aintiche Prigioni   B

威尼斯圣马可小广场
Piazzetta San Marco   C

佛罗里安咖啡馆
Caffè Florian

威尼斯玛西安图书馆
Biblioteca Marciana

看点

圣马可广场的佛罗里安咖啡馆。歌德和卡萨诺瓦曾经都是佛罗里安咖啡馆的常客。

A 炫耀威尼斯的财富
金色台阶 Scala d'Olo

从2层通往3层途中，是一个石膏装饰和金箔遍布拱形天花板的华丽空间。在共和国时代，金色台阶只有在迎接外国宾客以及议员、贵族等人员到访时才会使用。

▲中庭的大楼梯，桑索维诺的雕刻作品"火星战神"与"海神海王星"分列两侧，总督的就任仪式便是在此举行的
▼运河上架设的叹息桥

B 曾供囚犯通行的美丽而又充满悲伤的桥梁
意大利威尼斯叹息桥
Ponte dei Sospiri

贯通宫殿与牢狱的"叹息桥"是采用大理石建造的一座美丽的桥梁。被判有罪的囚犯会经由这座桥梁入狱，因此，他们往往会远眺桥梁外部景色并且不自觉地发出叹息，这座桥梁也因此而得名。

观光信息小贴士：有传说称，如果恋人乘坐意大利威尼斯的游览船在夕阳时分于叹息桥下亲吻，他们将永远不会分离。威尼斯是恋人们的胜地，电影《小浪漫》中也曾出现过在当地拍摄的场景。

▲威尼斯共和国全盛时期担任多年总督的弗朗切斯科·福斯卡里（1423~1457年在位）和威尼斯的象征——圣马可飞狮
◀总督府的院子里有一口铜井，游客还可以看到相邻的圣马可大教堂的圆顶

C 暗黑的另类世界
牢狱 Prigioni

从宫殿出发，跨过叹息桥后，便可抵达牢狱。16世纪后叶，宫殿内的牢狱空间越发不足，因此，又特意建造了这座建筑。宫殿内部至今依然保留有被称为"铅皮监狱"的古老牢房。据说，铅皮监狱拥有森严的警备系统，入狱者不可能成功越狱，而卡萨诺瓦便是这里唯一的越狱者。

▲报名参加秘密之旅，可以参观铅皮监狱

D 支持威尼斯的荣耀
参议院大厅 Scala dei Senato

重要的行政执行机构参议院召开会议的场所。16世纪发生火灾后，于17世纪时进行了改建，装饰墙壁和天花板的画作是丁托列托等的作品。还有一幅以圣马可大教堂和总督府等著名景点为背景的画作，据说，每月都会人为手动调节一次墙面上的星座时钟。

▲描绘有《威尼斯称扬》的参议院大厅

E 期待感越来越强
总督府四门厅
Sala delle Quatro Porte

既是等候室，又是通道。4扇布满雕刻的大理石门分别通往"参议院大厅""十人厅""方厅"以及"候客厅"。

▶建筑、雕刻以及绘画一体化的总督府四门厅内的天花板装饰，墙上装饰有丁托列托的《格里马尼祈祷书》

观光信息小贴士：卡萨诺瓦因有许多爱情经历而闻名，因与贵族后裔交往而遭到对方控诉，并且被关进了总督府的监狱。他曾尝试越狱，但是，第一次却以失败收场。后来，甚至还被关进了警备更加森严的"铅皮监狱"，但是，他依然没有放弃，5年后，终于越狱成功。

教堂
Chiesetta

阳台
Terrazza

总督室
Apartamento del Doge

格里马尼厅
Sala Grimani

委员会厅
Sala del Collegio

D

地图厅
Sala delle Mappe

候客厅
Anticollegio

E

方厅
Artrio Quadrato

投票室
Sala dello Scrutinio

十人厅
Sala del Consiglio dei Dieci

指南针厅
Sala della Bussola

检察官楼梯
Scala dei Consor

F

军械室
Sala d'Armi

3层　　4层

看点

委员会厅的《维尔尼尔总督感谢勒班陀战役的胜利》与候客厅的《欧罗巴的梦魇》均为委罗内塞的杰作，是不容错过的看点。

F 宫殿内部最具魅力的场所!
大议会大厅 Sala del Maggior Consiglio

由年龄在 25 岁以上的贵族男子构成的大议会的会场，曾容纳约 2000 人的评议员，是非常广阔的豪华会议场所。

▼世界最大的油画《天堂》对正面的墙壁进行了彩饰

威尼斯狂欢节

威尼斯狂欢节是世界三大狂欢节之一，人们将佩戴独特的面具并且穿着宫廷风格的豪华服饰展开华丽的表演。据说，面具的使用起源于文艺复兴时期，是狂欢之夜隐藏身份和本性的必备物品。现在，专卖店与旅游纪念品商店等地也仍然会出售各种各样的面具，随意在面部进行彩绘并且换装也会是一种不错的体验。

▲狂欢节的举办日期每年都不同，大概在 1 月底至 3 月初期间，约持续 2 周

🚃 **交通信息**
在运河上也可以眺望到绝美的景色

威尼斯的中心，搭乘汽艇（水上巴士），在圣扎卡里亚教堂或圣马可·瓦拉雷索下船，徒步约 5 分钟即可抵达。

🗺 **观光建议**
全年开放

高峰期可能会在门口排队 1 小时左右。

如果游客在网站上预订，可以从优先通道进入。除普通的参观模式之外，还有在导游带领下进行的秘密之旅（英语·意大利语）、总督宝藏之旅（仅限意大利语）。

🍴 **美食信息**
葡萄酒酒吧——卡罗酒吧

卡罗酒吧是极具威尼斯特色的葡萄酒立饮酒吧，可以在此品尝到传统的威尼斯开胃小吃。

✏ 观光信息小贴士：如果因美术鉴赏而略感疲惫，游客可以选择前往里亚尔托桥附近的鱼市。来自亚得里亚海的各种鱼类和贝类一字排开，充满活力。鱼市的开放时间是周二～周六的清晨至午后，但是，最好尽早出发前往。

华丽的马赛克装饰让人应接不暇

诺曼底王宫

世界遗产 2015

Palazzo dei Normanni

► www.federicosecondo.org

🇮🇹 意大利

▲金色的帕拉蒂那教堂内部

▼难免拥堵的巴勒莫热门观光景点

巴勒莫的文化融合

诺曼国王在 12 世纪重建了阿拉伯人于 9 世纪建造的城堡，既是要塞，又是庄严的王宫。

16 世纪时，王宫再次得到重建，现在是州议会的所在地，金箔马赛克闪耀的"帕拉蒂那教堂"和诺曼国王居住的"鲁杰罗的房间"是不容错过的景点。

A 圣经场景的马赛克图
帕拉蒂那教堂 Cappella Palatina

诺曼国王鲁杰罗二世于 1130 年左右开始建造的王室专用教堂，里面布满了拜占庭金箔马赛克装饰，从天花板和柱子上也可以看到阿拉伯风格的图案。用诺曼几何马赛克覆盖的大理石地板融合了各种各样的文化，是非常贵重的文化观摩场地。

▲考斯莫迪风格的马赛克地板
◄宝座上的基督与侍从圣彼得和圣保罗

观光信息小贴士：诺曼底王宫与坐落在巴勒莫西南约 10 公里处的蒙雷阿莱大教堂等一同作为西西里·诺曼时代（1130~1194 年）由 9 座建筑构成的历史性建筑物群，被列入了联合国教科文组织《世界遗产名录》。

B 王宫旁毗邻而建新门
Porta Nuova

于 1535 年征服突尼斯的西班牙哈布斯堡王朝的神圣罗马帝国皇帝查理五世凯旋返回巴勒莫，作为纪念，在 1583 年建造了这座新门。作为战胜阿拉伯人的象征，新门上刻有四个阿拉伯人的雕像。

C 发现小行星谷神星
巴勒莫天文观测台
Osservatorio astronomico di Palermo

于 1790 年设立的天文观测台（见下图），1801 年，第一任天台主任朱塞佩·皮亚齐在这里发现了世界上第一颗小行星谷神星。

▲巴勒莫天文台有一个突出的天花板圆顶

Via Vittorio Emanuele
Corso Calatafimi
C
地域性政府
Assemblea Regionale Siciliana
议会广场
Piazza del Parlamento
诺曼皇宫花园
Giardino Palazzo Normanni
B
马莫里奥剧院
Teatro Marmoreo
A
Via del Bastione

▲议会广场

Access & Advice

🚉 交通信息
巴勒莫市中心

从罗马等地乘火车或飞机前往巴勒莫，可以徒步在王宫所在的老城区巡览观光。

🏛 观光建议
全年开放

收费，现在实行预约制度，游客需要按照指定日期与时间前往观光。

王宫仅在非议会日（限时）面向公众开放。

🍴 美食信息
精致的街头小吃

如果游客在长途跋涉后感觉肚子饿了，可以前往梅尔卡托享用美食，推荐巴勒莫风味的帕尼尼和饭团（炸玉米饼）等精致的街头食品。

观光信息小贴士：自阿拉伯时代以来一直存在的西西里市场内，出售肉类、鱼类、蔬菜以及调味料等的沿狭窄的通道依次排开，是庶民购买厨房用品的最佳去处。市内尤为著名的市场有三个，分别是瓦拉罗市集、卡伯市集以及维奇里亚市集。

充分体现萨伏依家族美学的华丽宫殿

王宫/都灵

世界遗产 1997

Palazzo Reale di Torino
► www.museireali.beniculturali.it

🇮🇹 意大利

▲大厅内绘有天花板画

炫耀权力和荣耀的萨伏依之家

　　王宫由建筑师阿梅迪奥·迪·卡斯特拉蒙特设计，是建于16~17世纪的左右对称的白墙宫殿。截至1865年，这里曾一直是萨伏依王室的住所。内部陈设有萨伏依王室使用的家具、生活用品、美术品以及闪闪发光的吊灯等，处处彰显着皇室生活的奢华绚烂。这座宫殿现在融合了巴洛克、新经典与洛可可等各种各样的建筑风格。此外，萨伏依王室在都灵的城镇和郊区也建造了许多城堡和宫殿。

▲面对城堡广场的皇宫
◄希腊神话中的英雄波吕克斯的雕像

Access & Advice

🚆 **交通信息**
都灵市中心
　　从米兰乘火车约1小时抵达都灵站，从车站乘坐电车约10分钟或者徒步约15分钟后抵达。

🗺 **观光建议**
全年开放
　　收费，游客持与其他博物馆通用的联票便可入内。只能在导游的带领下参观。

🧭 **拓展信息**
夫人宫
　　与皇宫位于同一城堡广场的宫殿，现在已被用作市立古典美术馆。

✏️ **观光信息小贴士**：小棍状烤面包是一种细长的棒状干面包，起源于都灵，据说它是17世纪初由萨伏依家族的家庭医生设计的。在国内，也经常可以看到这种面包，但是，正宗的手工棍状烤面包更加香脆可口，是在其他地方品尝不到的美味。

Special Choice 059

讲述米兰文艺复兴时期繁荣的城堡

斯福尔扎城堡

Castello Sforzesco
► www.milanocastello.it

意大利

▲ 从原本用作练兵场的广阔中庭，可以看出这座城堡之前扮演的是军事设施的角色

藏有米开朗基罗未完成的杰作

这里原本是米兰公国领主维斯孔蒂家族的住所，斯福尔扎家族在15世纪将其重建为一座坚固的城堡，这也成为了米兰文艺复兴时期最大的城堡。斯福尔扎城堡被高墙环绕，穿过入口前高耸的菲拉雷特塔，便可抵达曾被用作练兵场的广阔中庭。继续向前，跨过架设在护城河上的桥梁，便是宫殿的入口，内部现在作为由10余个部分组成的市立博物馆对外开放。需要注意的是，仅米开朗基罗的作品《隆达尼尼圣母怜子》展示在其他场馆。

🚆 交通信息
米兰市中心

在米兰的卡多尔纳或兰莎地铁站下车，徒步约5分钟即可抵达。

🏛 观光建议
全年开放

游客可免费进入中庭，城堡内部的博物馆是收费区域。

🧭 拓展信息
前多米尼加修道院

这座修道院距离斯福尔扎城堡有5分钟的步行路程，也是《最后的晚餐》的所在地。

▲ 斯福尔扎城堡全景
◄ 菲拉雷特塔内的石像是米兰的守护神圣安布罗焦

✏ 观光信息小贴士：观光整座城堡至少用时2小时，推荐游客到院子里时尚的玻璃围墙咖啡厅小憩。如果是在中庭观光，可免费入场。绿色草坪不断蔓延，仅仅是在城堡空间内眺望景色，也会令人备感舒畅。

辉煌的佛罗伦萨共和国市政厅
韦奇奥宫

Palazzo Vecchio
► musefirenze.it/attivita

世界遗产
1982

意大利

▲ 被日出照亮的佛罗伦萨的象征

现在同时也是市政厅

　　韦奇奥宫上建有高 94 米的"阿诺尔福塔"，是一座令人印象深刻的哥特式建筑，同时，这里也是前佛罗伦萨共和国政府大楼。宫殿于 1299~1314 年建造，内部在 16 世纪中叶以文艺复兴时期的风格进行了翻修。美第奇家族曾经在那里住过一段时间，后来便搬到了佛罗伦萨皮蒂宫（ → p.55）。宫殿内部分别设有 2 层与 3 层区域，对外开放，供游客参观。不容错过的是为了用作大会议室而特别建造的豪华"五百人厅"，厅内用瓦萨里壁画和天花板画进行了装饰。

▲ 达·芬奇的壁画被隐藏在了瓦萨里壁画背后
◄ 中庭喷泉上的天使像

✏ **观光信息小贴士：** 宫殿内部的"五百人厅"布满了瓦萨里的壁画，实际上，曾有传言称，这个房间里可能有达·芬奇的幻影壁画。经过多年的调查，2007 年，意大利文化事务署正式宣布，达·芬奇的幻影壁画就隐藏在瓦萨里壁画的背后。

Special
Choice
061

代表佛罗伦萨文艺复兴时期的宫殿

皮蒂宫

世界遗产
1982

Palazzo Pitti
► www.uffizi.it

🇮🇹 意大利

佛罗伦萨富翁居住的华丽宫殿

之所以得名为皮蒂宫，是因为这座宫殿是由佛罗伦萨银行家皮蒂在15世纪中期开始建设的。但是皮蒂没有看到宫殿竣工就去世了，1550年，宫殿被美第奇家族的科西莫和埃莱奥诺拉夫妻购买并且重新进行了扩建与改建。这里也曾用作哈布斯堡—洛林家族与萨伏依家族的宫殿，19世纪末时，便已几乎形成了现在呈现在世人面前的形态。宫殿内是帕拉蒂尼画廊（也称为皮蒂博物馆），展示有名画杰作，此外，画廊又被细分为近代美术馆、宝物馆以及服装博物馆等区域。

▲卢森堡大公馆（→p.19）以皮蒂宫的形象创建

Access & Advice

🚉 **交通信息**

佛罗伦萨的中心

　　距佛罗伦萨观光中心大教堂步行约10分钟。

🏛 **观光建议**

全年开放

　　收费，官网预约，可以从优先通道进入。

🍽 **美食信息**

番茄炖牛肚包

　　家常菜番茄香草炖牛肚包，食品摊位通常会将其夹入面包内供应。

▲狮子是佛罗伦萨共和国的象征
◄可以清晰地眺望老城区的风景

✏ 观光信息小贴士：从皮蒂宫出发，跨过韦奇奥桥，可通过建在建筑物上的空中走廊"瓦萨里走廊"前往韦奇奥宫。
　一般情况下，游客需要报名参加旅游团预约游览，但是，2021年后的开放时间待定。

传递锡耶纳辉煌时代风貌的哥特式建筑杰作

普布利科宫

世界遗产
1995

Palazzo Pubblico
► www.comune.siena.it

意大利

▲ 面向田野广场的普布利科宫之美在世界范围内屈指可数

位于托斯卡纳中世纪城市锡耶纳的中心

　　普布利科宫于 14 世纪前叶建造而成，这座哥特式建筑可以说是锡耶纳的象征。现在，宫殿同时被用作市政厅与市立美术馆，世界地图厅内出自西蒙·马丁尼之手的壁画《庄严的圣母》是不容错过的看点，从宫殿 3 楼可以俯瞰锡耶纳市，左侧的曼吉亚塔高 102 米。塔楼上的时钟只有一根指针，十分罕见，普布利科宫正对的田野广场也是著名的派力奥节的主会场。

▲ 赛马节上环绕广场的竞技赛马是这个景点最精彩的部分
▲ 游客可以通过楼梯爬上曼吉亚塔

Access & Advice

🚆 **交通信息**

锡耶纳的中心

　　从佛罗伦萨搭乘火车前往锡耶纳站约用时 1 小时 15 分钟，从车站乘巴士约 10 分钟即可抵达城堡。

🗺 **观光建议**

当日购票入场亦可

　　购买通票参观普布利科宫及周边的市立美术馆与救济院等景点，非常划算。

📷 **相关信息**

曼吉亚塔额外收费

　　曼吉亚塔是非常受欢迎的旅游景点，预计会十分拥挤。如遇暴风雨天气，将临时关闭。

观光信息小贴士：每年 7 月 2 日及 8 月 16 日是当地举办赛马节的时间，在中世纪服装的壮观游行之后，便会开始主要赛事——赛马，锡耶纳这项传统活动的起源可以追溯到 12 世纪。

城堡的露台是罗马最好的拍摄点之一

圣天使城堡

世界
遗产
1990

Castel Sant'Angelo
► www.castelsantangelo.beniculturali.it

🇮🇹 意大利

▲从拥有 10 座天使雕像的优雅的圣天使桥的顶部欣赏城堡的景色

罗马历史悠久的城堡

圣天使城堡拥有舒缓的圆弧状外观，城墙看起来十分厚实，这座城堡原本建于 2 世纪初，是罗马皇帝哈德良为自己建造的陵墓。在那之后，城堡曾一直是历代皇帝的坟墓，但是，中世纪时，还曾被用作要塞、牢狱以及教皇的避难所等。"圣天使城堡"这一名称的由来具有一定的渊源，据说，在 590 年暴发瘟疫期间，教皇格利高里等目击大天使迈克尔现身城堡上方，并且宣告了瘟疫的结束。现在，城堡内部已经成了国家博物馆。

▲在城堡露台俯瞰圣天使桥和罗马市

◀位于顶部的大天使迈克尔雕像

Access & Advice

🚆 **交通信息**
罗马中心
距罗马勒班陀地铁站步行约 15 分钟，或从罗马中央火车站乘巴士前往，约用时 20 分钟

🏛 **观光建议**
全年开放
收费，可在线购票，提供英文导览服务。

📷 **相关信息**
圣天使桥
天使雕像排列在圣天使桥上，其中有两座是由贝尼尼设计的。

观光信息小贴士：歌剧《托斯卡》以主人公托斯卡从城堡顶上跳下的场景而闻名，电影《罗马假日》与《天使与恶魔》中也曾出现过圣天使城堡的身影。此外，漫画《JoJo 的奇妙冒险》第 5 部中也曾将这座城堡用作背景。

绿色丛林与水流竞相争艳的壮丽王宫

卡塞塔王宫

Reggia di Caserta
▶ www.reggiadicaserta.beniculturali.it

world heritage 世界遗产 1997

Special Choice 064

意大利

▲从宫殿入口处不断向内延伸的"荣誉阶梯"，狮子雕像分别在两侧守护

让人因非凡的规模和奢华而感到惊讶的宫殿

位于那不勒斯以北约 30 公里的小镇卡塞塔的一座宫殿，由那不勒斯国王查理七世于 18 世纪建造。国王曾要求建筑师卢吉·范维特利建造出一座规模远超法国凡尔赛宫（→ p.2）的宫殿，正因如此，才会呈现出这座纵 247米、横 184 米且房屋数量多达 1200 间的超巨大型建筑，游客可以看到雄伟且装饰有狮子雕像的大楼梯与以洛可可风格装饰的国王房间。水路无限延伸的庭院也非常漂亮，喷泉与飞流直下的大瀑布也是不容错过的看点。

Access & Advice

🚆 **交通信息**
从那不勒斯出发的一日游

从那不勒斯乘火车前往卡塞塔站约用时 1 小时，车站与王宫之间约有 500 米的路程，徒步 8 分钟便可抵达。

🗺 **观光建议**
全年开放

收费，可于观光当日购票入场，提供英文语音导览。

📷 **相关信息**
广阔的王宫庭院

周日是花园野餐日。游客可以一边享用美食，一边欣赏浓郁的绿色丛林与水流景观。

▲规模之大，令人瞠目结舌
◀庭院与喷泉也非常值得一看

58 ✏ 观光信息小贴士：卡塞塔王宫曾被用作多部电影的取景地，其中包括《星球大战 第一部》及《星球大战 第二部》《碟中谍 3》《天使与恶魔》等。

065 都灵的凡尔赛宫
维纳里亚王宫
La Reggia di Venaria

► 意大利／从都灵的新门火车站换乘电车和巴士，需时约 40 分钟 ► 全年均可参观 ► www.lavenaria.it

世界遗产 1997

维纳里亚王宫是仿照凡尔赛宫（→p.2）建造的巴洛克式宫殿，建于 1660 年，原本是萨伏依家族的别墅，后由建筑师菲利波·尤瓦拉进行了重大改造，亮点是由尤瓦拉设计的 80 米长的大厅。照射进宫殿内的太阳光经由大理石反射后，点亮了大厅内部的每一个角落，因此，这里又被称为"光的剧场"。宫殿外是广阔的庭院，游客不仅可以通过徒步的方式游览观光，也可以选择乘坐马车、观光列车以及缆车等交通工具。同时，还可以一边在宫殿内的咖啡厅优雅地享用午餐，一边眺望花园。

▲伫立在华丽庭院里的宫殿
◄◄在夏季周末晚上点亮灯光
◄由意大利著名建筑师尤瓦拉设计的大厅

066 豪华绚烂的狩猎馆
斯杜皮尼吉狩猎行宫
Palazzina di caccia di Stupinigi

世界遗产 1997

► 意大利／从都灵市中心换乘电车和巴士，需时 30~50 分钟 ► 全年均可参观 ► www.ordinemauriziano.it

斯杜皮尼吉狩猎行宫坐落于都灵王宫（→p.52）西南方向 10 公里处，是萨伏依家族的狩猎大厅，宫殿背后是一片森林，由菲利波·尤瓦拉建造。18~19 世纪，这座宫殿也曾被用于萨伏依家族的派对和婚礼等。现在，宫殿作为博物馆对外开放，四周明柱无墙的房屋内部的天花板画与对当时生活进行重现的房间灯颇具看点。

◄◄大厅内的天花板画
◄宫殿占地约 198 公顷
▼宫殿规模巨大，不太像是狩猎场

观光信息小贴士：菲利波·尤瓦拉是代表晚期巴洛克的建筑师，曾参与建造夫人宫、苏佩尔加大教堂等众多坐落于都灵的宫殿和教堂。他还曾负责马德里皇宫（→p.72）的设计工作，但在竣工前不幸离世，后来由他的弟子接替完成了宫殿的建造。

067 城堡与桥梁的雄伟景观 世界遗产 2000
卡斯特维奇奥
Castelvecchio

▶ 意大利／维罗纳市中心，从布拉广场步行约 5 分钟即可抵达
▶ 全年均可参观／museodicastelvecchio.comune.verona.it

卡斯特维奇奥由维罗纳领主斯卡拉家族于 14 世纪建造，由阿迪杰河、护城河（现在已经干涸）、7 座塔楼以及布满枪眼的城墙环绕，曾一直扮演着坚固城塞的角色。阿迪杰河上美丽的斯卡里格罗桥是城堡通往外界的主要通道，据说，斯卡拉家族是为了在紧急情况下逃生才建造的这座

桥梁。斯卡里格罗桥在第二次世界大战中被毁，后于战后得到了重建。城堡内部现在已经成了市立美术馆，展示有雕刻、绘画以及宗教美术等种类丰富的艺术作品。

▲沿着蜿蜒的阿迪杰河而建
◀◀城墙的内部是广阔的中庭
◀斯卡里格罗桥的景色也不错

068 外观简朴、内部豪华 世界遗产 1982
美第奇-里卡尔迪宫
Palazzo Medici-riccardi

▶ 意大利／距离佛罗伦萨观光中心大教堂步行约 3 分钟 ▶ 全年均可参观／www.palazzomediciriccardi.it

美第奇-里卡尔迪宫原本是科西莫·德·美第奇于 15 世纪中叶建造的豪宅，宫殿在 17 世纪中叶被卖给了里卡尔迪家族，因此，以两个家族的名字命名。

宫殿外观比较简朴，进入建筑内部后，由柱廊环绕的优雅中庭立即映入眼帘。

上到 2 楼后，可以看到在墙面上绘有贝诺佐·戈佐利的壁画《东方三博士的礼拜》的礼拜堂与天花板上绘有美第奇家族历史的"镜厅"。在众多绘画作品当中，菲利波·里皮的作品《圣母子》是不容错过的看点。现在，在被用作县议会场地的"四季厅"的墙上有一张大挂毯，游客可以在非议会时间入场参观。

▲与街景完美融合的外观
◀对当时的情景进行重现的房间

观光信息小贴士：在美第奇-里卡尔迪宫的必看杰作《东方三博士的礼拜》中，绘制了当时美第奇家族的主要人物。队列最前方有一位以白马为坐骑的骑士，据说，那是洛伦佐·伊尔·马格尼菲科，拥有令人沉迷的美男子外形。

069 埃斯特家族留下的伟大遗产
埃斯特城堡
Castello Estense 世界遗产 1995

▶意大利／在佛罗伦萨和威尼斯之间的费拉拉站下车，从车站出发，徒步约20分钟即可抵达 ▶全年均可参观 ▶www.castelloestense.it

统治费拉拉的埃斯特家族于1385年开始建造这座兼具居住功能的城塞，最初，建造者曾将防御功能视作重中之重，但是，到16世纪建成时，埃斯特城堡居然成为了拥有优雅庭院、大理石露台以及多间由壁画装饰的大厅的豪华住所。现在，跨过护城河上架设的桥梁进入城堡内部后，便可对华丽的居室进行参观。地下至今依然还保留有牢狱遗迹，"埃斯特悲剧"（参照下方观光信息小贴士）中的二人便曾被幽禁于此。在4座塔楼当中，游客可登上"利昂之塔"进行观光。

▲由护城河环绕周围的城墙
◀◀埃斯特城堡高耸在费拉拉的中心，美丽的街景从塔楼不断向四周蔓延
◀萨伏那洛拉雕像，佛罗伦萨宗教改革的先驱，来自费拉拉

070 在断崖绝壁的岩山上建造而成
圣莱奥要塞
Fortezza Di San Leo

▶意大利／位于博洛尼亚东南约100公里，从里米尼站乘坐巴士前往圣·莱奥。巴士班次少，有时需要游客换乘，下车后通过徒步的方式前往城堡 ▶全年均可参观 ▶www.san-leo.it

圣莱奥要塞是圣·莱奥村郊外的一座城堡，建在岩山之上。要塞于10世纪时建造，之后，又在1479年时进行了重建。从1631年开始，要塞丧失军事性功能，被用作牢狱。据说这座城塞是动画电影《鲁邦三世：卡里奥斯特罗城》的原型，但是，城堡外形并不相似。

历史上实际存在的卡里奥斯特罗伯爵（真名朱塞佩·巴尔萨莫）是一位充满未解谜团的欺诈师，他曾以占卜师与炼金术师等身份出入欧洲各地宫廷并且因此而驰名，后来，他不幸被关押在这座要塞，于1795年惨死狱中，电影原型便起源于此。

▲在断崖绝壁上屹立的城塞
◀站在城堡上向远处眺望，如果天气晴朗，可以看到远处的亚得里亚海
◀◀前往城堡途中需要沿急弯坡道上行

观光信息小贴士：埃斯特家族尼科洛三世的第二任妻子巴里西纳和她的继子乌戈陷入了一场虚假的爱情，他们被幽闭在城堡内的牢狱后惨遭斩首。据说，巴里西纳当时刚刚20岁，乌戈也不过只有19岁，二人都十分年轻，这便是著名的"埃斯特的悲剧"。

071 俯瞰翁布里亚地区的城堡
马焦雷城堡
Rocca Maggiore

▶ 意大利／从罗马乘火车到阿西西站约 2 小时，从阿西西中心登上斜坡和楼梯约用时 20 分钟 ▶ 全年均可参观，如遇暴风雨天气，将临时关闭。▶ www.visit-assisi.it

　　马焦雷城堡坐落在镇上最高的山顶，于罗马时代建造，这里自古被视为保护阿西西镇的圣地，现在呈现在世人面前的容貌是在 14 世纪红衣主教阿尔博诺斯建造的基础上完成的。城堡曾多次扩建与整修，但是，从 17 世纪开始，几乎没有再得到使用，后来便逐渐荒芜并且成为废墟。现在，城堡作为博物馆面向公众开放，许多人将其视作俯瞰阿西西街道与周围翁布里亚平原的观景台而特意前来参观，塔顶是最佳观景点。

▲阿西西的中世纪街道和马焦雷城堡
◀◀狭窄通道尽头的观景台
◀晚上也会亮灯

072 乘电梯到观景台
阿拉贡城堡
Castello Aragonese d'Ischia

▶ 意大利／从那不勒斯乘坐高速船约 1 小时抵达伊斯基亚港，从港口乘坐巴士约 15 分钟后抵达 ▶ 全年均可参观 ▶ castelloaragoneseischia.com

　　城堡位于那不勒斯湾伊斯基亚以东的火山小岛上，通过一座桥与伊斯基亚岛相连。阿拉贡城堡建于公元前 5 世纪，原本是一座要塞，之后还曾被用作修道院、牢狱以及居所。城堡以阿拉贡国王兼那不勒斯国王阿方索五世的名字命名，他曾在 15 世纪时建造了巨大的防护墙，游客可以乘电梯快速前往观景台。

◀◀漂浮在美丽的翠绿色地中海
◀登上城堡顶部感受一丝爽快
▼被夕阳映照的瞬间宛如一幅美丽的画卷

　　观光信息小贴士：伊斯基亚曾因为被选作阿兰·德龙永恒的杰作《阳光普照》的外景拍摄地而闻名，在翻拍版《雷普利》中，阿拉贡城堡也曾出现在海滩的另外一侧。同时，阿拉贡城堡也是《黑衣人：全球追击》的拍摄场地。

073 在古老的城堡，可以享受中世纪和文艺复兴时期的风格

新堡

Castel Nuovo

世界遗产 1995

▶意大利／那不勒斯市中心，在穆尼西亚奥地铁站下车，徒步约5分钟即可抵达 ▶全年均可参观 ▶www.comune.napoli.it

新堡是13世纪时由当时来自法国安茹家族的那不勒斯国王查理一世以法国昂热城堡为原型建造的城堡，气势磅礴的圆柱形塔楼，颇有类似昂热城堡的深邃感。虽然在与阿拉贡家族的反复战斗中遭到破坏，但是，阿拉贡家族于1443年收购了这座城堡，对其进行了大规模翻修。当时，

城堡正面右侧的2座塔楼之间建有一座凯旋门，其表面的大理石浮雕据说是文艺复兴时期的杰作。现在，城堡内部已经成为市立博物馆，展示有绘画与雕刻作品。

▲5座厚实的圆筒状塔楼与高耸的城墙是新堡的特征所在
◀◀阿方索一世凯旋进行曲的浮雕刻在前面的凯旋门上
◀市政广场喷泉面向新堡而建

074 那不勒斯的历史展示场所

王宫／那不勒斯

Palazzo Reale

世界遗产 1995

▶意大利／那不勒斯市中心，在穆尼西亚奥地铁站下车，徒步约5分钟即可抵达 ▶全年均可参观 ▶www.comune.napoli.it

那不勒斯王宫是17世纪时在西班牙统治下建造的宏伟宫殿，但西班牙国王却从未参观过这座城堡。18世纪，那不勒斯王宫迁址至卡塞塔王宫（→ p.58）。1837年，宫殿发生火灾后，曾对整体进行过补修，使其更加趋于现代化。现在，作为博物馆，王宫内部能够彰显宫廷历史的豪华房间面向公众开放，从入口处不断延伸的大理石阶梯也不容错过。

◀◀斐迪南一世骑马雕像
◀面向王宫的圣·弗朗西斯科·迪·保拉大教堂
▼王宫面向公民投票广场

✎ 观光信息小贴士：参观那不勒斯王宫后，最好也看一看隔壁的新堡。此外，游客可以悠闲地在海岸沿线散步，饱享美好的放松时刻，还建议在返回老城区途中前往托莱多街享受购物的乐趣。

不仅豪华！用个性饱满来形容反而更加恰当

辛特拉的城堡和皇宫
Castelo e Palácios em Sintra

🇵🇹 葡萄牙

享受葡萄牙风景优美的观光线路

辛特拉被诗人拜伦赞誉为"这个世界的伊甸园"，是风光明媚的保养胜地。在坐落于核心区域的众多王宫中，有一座充满魅力的天空之城，屹立于山顶，俯瞰着整座城市。搭乘火车从首都里斯本到辛特拉，参观完皇宫后，乘车前往欧亚大陆最西端的罗卡角，再经由海滨小镇卡斯凯什返回，这条一日游线路可让游客饱享车窗外变幻莫测的美景，是交通十分便捷的推荐线路。

▲从摩尔城堡的废墟上俯瞰王宫

075 两个白色锥形烟囱是象征
王宫/辛特拉
Palácio Nacional de Sintra

▶从里斯本乘火车约 40 分钟抵达辛特拉，从辛特拉站步行约 20 分钟即可抵达 ▶全年均可参观 ▶ www.parquesdesintra.pt

这座摩尔人占主导地位的建筑在 14 世纪初被丁尼斯国王用作住所，在那之后，各个时代均对王宫进行过扩建与改建。

截至 1910 年，宫殿还曾被用作王族的夏季行宫。在宫殿内，以受伊斯兰影响的穆德哈尔风格为代表，还可以看到哥特、文艺复兴等各种建筑风格，天花板装饰尤其壮观。

▲王宫内的最大看点"徽章厅"

▲色彩缤纷的外观，犹如童话中的城堡

076 独一无二的空中城堡，俯瞰大西洋
佩纳宫
Palácio Nacional de Pena

▶从里斯本乘火车约 40 分钟抵达辛特拉，从辛特拉乘坐巴士，下车后步行即可抵达 ▶全年均可参观 ▶ www.parquesdesintra.pt

佩纳宫由玛丽亚二世的丈夫费迪南德二世建造，是王室的夏季行宫。建造者于 1838 年购入当时因地震而成为废墟的修道院及其周边区域，邀请德国建筑师开始建造城堡。宫殿以多彩古怪的外观与各种建筑风格并存而著称，充满奇妙的魅力。

观光信息小贴士：卡斯卡伊斯是面向大西洋的度假区，从里斯本乘坐郊区火车约 40 分钟即可抵达。在铺设有黑白马赛克瓷砖的核心区域，琳琅满目的海鲜餐厅鳞次栉比，游客也可以享受沿海滩散步的闲暇乐趣。

Sintra 辛特拉

0 ————— 400m

N

共和广场
Praça da República

市政厅　辛特拉站

075

糕点店
Casa Piriquita

旅游信息中心
劳伦斯酒店
Hotel Lawrence

077

罗卡角方向

出售杏仁奶酪蛋糕等传统甜点（参照该页右下方美食信息）的名店

摩尔人城堡
Castelo dos Mouros

罗卡角的悬崖上矗立着一座石碑，上面刻着葡萄牙诗人的一句话

摩尔城堡遗迹，如今已成废墟，7~8世纪由摩尔人建造

售票处

076

售票处

▲佩纳宫，配备豪华家具

▼佩纳宫的特里同门雕塑

Access & Advice

077 可以饱享迷宫探险乐趣的迷幻城堡

雷加莱拉宫

Quinta da Regaleira

▶ 从里斯本乘坐火车到辛特拉站约用时40分钟，从车站步行或乘坐巴士前往 ▶ 全年均可参观 ▶ regaleira.pt

　　雷加莱拉宫原本是建于17世纪的王族别墅，20世纪初由巴西富翁安东尼奥·蒙泰罗购买，由意大利建筑师路易吉·马尼尼翻修而成。除了哥特、文艺复兴以及曼努埃尔等风格混杂的城堡之外，宛如迷宫一般的庭园也充满趣味性。

🎒 观光建议
使用旅游巴士

　　如果计划从里斯本出发，依次前往辛特拉、罗卡角以及卡斯卡伊斯，可以购买巴士一日通行证。

⚙ 拓展信息
到欧亚大陆的最西端

　　从辛特拉乘坐巴士约40分钟便可抵达罗卡角，这处海角是海拔约140米的断崖，外形充满魄力，旅游信息中心通常会面向游客发行《最西端到达证明书》（收费）。

▲欧亚大陆的西端——罗卡角

🍴 美食信息
辛特拉的传统糕点"杏仁奶酪蛋糕"

　　杏仁奶酪蛋糕是带有淡淡奶酪香味的烘焙点心。游客在葡萄牙各地都可以吃到这种点心，但辛特拉的杏仁奶酪蛋糕拥有更高的人气，往往会被视作十分特别的存在。可以在咖啡馆等处享用。

✏ 观光信息小贴士：劳伦斯酒店创建于1764年，是伊比利亚半岛最古老的酒店，因拜伦留宿而闻名于世。此外，还有一家由18世纪末在雷加莱拉宫西侧建造的宫殿改建而成的酒店——帕拉西奥·德·瑟特阿斯酒店。

以小凡尔赛宫著称的皇家住所
克卢什国家宫
Palácio Nacional de Queluz
► www.parquesdesintra.pt

葡萄牙

▲拥有华丽海王星喷泉的法式花园

葡萄牙和法国文化的融合

克卢什国家宫位于里斯本西北部的小镇奎卢兹，是玛丽亚一世及其丈夫佩德罗三世的夏季行宫。宫殿建于 1747~1792 年，以优雅的洛可可风格装饰的宫殿内最豪华的"王位厅"与以塞万提斯小说为主题的天花板画所在的"堂·吉诃德厅"等均为不容错过的看点，游客可以悠闲地漫步在几何排列的法式花园中，以玛丽亚一世命名的楼栋现在已被用作供各国宾客留宿的迎宾馆。

Access & Advice

🚆 **交通信息**
从里斯本出发，轻松访问

从里斯本乘坐火车前往凯鲁斯·贝拉斯站约 15 分钟，从车站出发，徒步约 20 分钟即可抵达。

🗺 **观光建议**
全年开放

收费，可在线购票，夏季旅游旺季时往往会十分拥挤。

🍴 **美食信息**
科济纳·维哈

位于宫殿内部十分正宗的葡萄牙餐厅，还有露台座位。

▲法国宫廷建筑师负责洛可可风格的建筑和室内设计
◄宫殿内部的礼拜堂

观光信息小贴士：历史酒店是一座由古城堡和历史建筑改建而成的住宿设施，建筑坐落于宫殿对面且曾一直由王室卫兵使用。

079 圣乔治城堡

Castelo de São Jorge

▶ 葡萄牙／从里斯本罗西奥站步行约 40 分钟即可抵达，或从卡斯特尔巴士站步行前往，约用时 2 分钟 ▶ 全年均可参观 ▶ castelodesaojorge.pt

　　圣乔治城堡位于里斯本市中心的一座小山上，远在腓尼基和罗马统治时期便一直存在。之后，这座 11 世纪时由摩尔人建造的要塞成为历代葡萄牙国王使用的城堡并且得到了扩建和翻新，但是，不幸在 1755 年的地震中倒塌。现在，依然保留有环绕城堡四周的坚固城墙、塔楼以及看

守哨所等。城堡周边现已成为公园，如果登上城墙与塔楼，可以看到里斯本和塔霍河的全景，将绝美景色尽收眼底，游客也可以在公园的咖啡馆内小憩。

▲ 从里斯本镇看到的山顶城墙
◀◀◀ 从城墙顶部看到的里斯本美丽的城市景观
▲ 入口可以体现城塞坚固的防御构造

080 环绕老城区的坚固城墙

布拉干萨

Bragança

▶ 葡萄牙／从波尔图乘坐巴士约 3 小时 15 分钟后在布拉干萨巴士总站下车，步行 15~20 分钟即可抵达 ▶ 全年均可参观 ▶ www.cm-braganca.pt

　　布拉干萨以建于 1187 年的城堡为基础，是 15 世纪时由约翰一世在城堡中央增建的一座高 33 米的巨塔。这座塔楼现在已经成为军事博物馆，在塔楼顶部可以将城市与周边美景尽收眼底。城墙内部，还有罗马式的圣玛丽亚教堂和旧市政厅。跨过费尔文萨河，游客可以在坐落于坡道上方小山顶部的布拉干萨望厦宾馆清晰地眺望到城市与老城区的全景。

081 建有可供游客留宿的古城

奥比都斯

Óbidos

▶ 葡萄牙／乘火车从里斯本到奥比都斯站约用时 2 小时，从车站出发，徒步前往老城区，约用时 20 分钟 ▶ 自由参观 ▶ turismo.obidos.pt

　　奥比都斯是一座城郭都市，由全长约 1.5 公里的城墙环绕。1282 年，丁尼斯国王将这座城镇赠予妻子伊莎贝尔王后，她曾对奥比都斯非常着迷，之后，截至 1834 年，这里曾为历代王妃的直辖地。城墙内侧东端建有保存状态良好的城堡，目前它已经成为一家国营宾馆。

✎ 观光信息小贴士：游客也可以从吠舍区乘坐电梯到达圣乔治城堡的底部，大楼一楼有电梯搭乘平台，到达顶部后，向左斜穿过马达琳娜大街，转乘广场左侧超市入口处的第二部电梯，下电梯后继续徒步约 15 分钟即可抵达。

充满奇幻色彩的伊斯兰艺术杰作

阿尔罕布拉宫

世界遗产
1984

Palacio de la Alhambra
► www.alhambradegranada.org

西班牙

广阔的宫殿有五个区域

阿尔罕布拉宫始于 13 世纪，由纳斯尔王朝格拉纳达王国的第一位国王穆罕默德一世建造，14 世纪后半叶时，几乎就已经形成了如今的风貌。虽然被称作宫殿，但是，它还有一个阿尔卡萨瓦堡垒，整座宫殿被城墙环绕，曾是有 2000 余人共同居住的空间广阔的城塞。

过去，共有 7 座贵族宫殿，市场、清真寺以及住宅区等配套设施完善。

目前，宫殿大致分为 5 个区域，但是，最大的看点是国王居住的纳斯尔宫。宫殿内精美绝伦的伊斯兰建筑世界蔓延开来，是阿尔罕布拉最为核心的区域。

A 500年前的遗迹得以保留
阿尔卡萨瓦 Alcazaba

阿尔卡萨瓦是保护阿尔罕布拉的坚固堡垒，使用摩尔人在罗马堡垒遗址上建造的建筑改建而成，是阿尔罕布拉最古老的地区。

▲以白雪皑皑的内华达山脉为背景，在圣尼古拉斯广场上眺望到的雄伟英姿
▼在观景台上观赏到的夜景也堪称压卷之美

▲游客可以爬上阿尔卡萨瓦遗址后侧的瞭望台，眺望阿尔拜辛的街景

🖉 **观光信息小贴士：** 阿尔罕布拉巴士是方便游客游览阿尔罕布拉和阿尔拜辛区的观光小巴，利用车身小巧的优势，巴士可以穿过阿尔拜辛狭窄的小巷，搭乘十分方便，游客只要从司机处购买预付卡即可乘车游览。

B 类似罗马废墟的建筑
卡洛斯五世宫 Palacio de Carlos V

卡洛斯五世宫是文艺复兴风格的宫殿，建于16世纪，由两位天主教君主的孙子卡洛斯五世建造，宫殿内部现在已经成为美术馆。

▲在收复失地运动之后建造，是阿尔罕布拉宫内的一座十分出众的建筑

▼一年四季，漫步庭院都将是一种享受

伊斯兰势力最后的统治地

自8世纪以来，一直由伊斯兰统治伊比利亚半岛，基督教国家的收复失地运动（国土恢复运动）逐渐占据优势，最终，格拉纳达成了伊斯兰最后的统治地。1492年，格拉纳达被西班牙的伊莎贝尔和费尔南多天主教君主攻陷，末代国王穆罕默德十一世（西班牙称其为穆罕默德十二世）被驱逐出了宫殿。

▲布尔戈斯大教堂的圣詹姆斯·马塔莫罗斯（圣詹姆斯大帝的莫罗谋杀案）是西班牙收复失地运动的象征

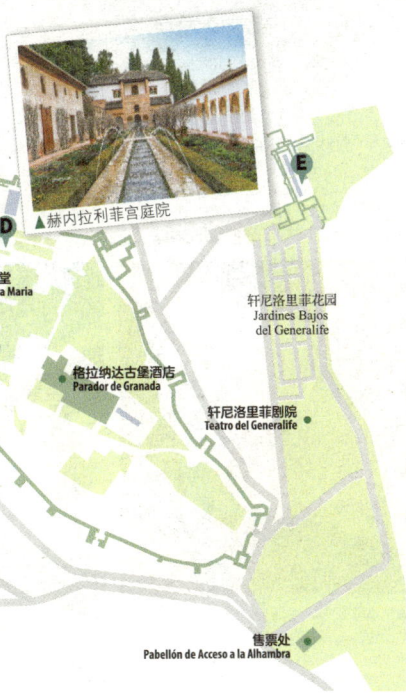

▲赫内拉利菲宫庭院

守望塔
Torre de la Vela   A

葡萄酒门
Puerta de Vino   C

B

审判门
Puerta de la Justicia

圣玛利亚教堂
Iglesia de Santa Maria

车辆之门
Puerta de los Carros

D

E

轩尼洛里菲花园
Jardines Bajos
del Generalife

格拉纳达古堡酒店
Parador de Granada

轩尼洛里菲剧院
Teatro del Generalife

▲带有阿拉伯字母和植被的美丽装饰，在日光的沐浴下，雕刻看起来将更加富有立体感

售票处
Pabellón de Acceso a la Alhambra

观光信息小贴士：阿罕布拉宫内有一家由西班牙政府经营的酒店（国营住宿设施），在15世纪修道院的基础上经过翻修改建而成。酒店内还有只有客人才能进入的露台，人气非常高，需要尽早预约。▶ www.parador.es

▲纳塞瑞斯皇宫的两姐妹厅，穆卡纳斯从天花板上垂下（钟乳石构造），是一种在伊朗等地经常看到的技术
▼格马雷斯塔中的议事大厅，光线经由窗口射入，形成充满幻想的光晕空间

C **阿尔罕布拉的心脏**
纳塞瑞斯皇宫 Palacios Nazaries

　　阿尔罕布拉宫在以格拉纳达为首都的纳斯尔王朝（1238~1492年）时代大力发展，但是，真正淋漓尽致地对其荣华进行展现的是国王工作和生活的纳塞瑞斯皇宫，绚烂豪华与精致装饰和谐共存的皇宫中庭据说是伊斯兰艺术的杰作。

▼格马雷斯塔与红棕色墙壁在夏天的晴朗天空下显得格外美丽，阿尔罕布拉在阿拉伯语中意为红色堡垒。还有一种说法称，这里曾以土墙与砖瓦的颜色得名

▲纳塞瑞斯皇宫梅尔亚尔厅内的天花板装饰，该装饰使用多种木材制作而成，无论从哪个角度欣赏，都能够呈现出令人叹为观止的美丽

观光信息小贴士：在格拉纳达等西班牙酒吧中，许多店面都会在顾客点啤酒、葡萄酒以及可乐等饮料时免费提供小吃，免费供应小吃的时限为12:30~16:00左右与19:30~23:00左右的用餐时间。

D 可欣赏格拉纳达市景的风景区
帕塔尔花园 Jardines de Partal

帕塔尔花园位于俯瞰阿尔拜辛区的山丘上，在伊斯兰黄金时代，贵族宫殿和清真寺曾一字排开。在种植有柏树的散步道上，游客可以放松地尽情漫步。

▼ 曾经被用作宫殿的贵妇人之塔。水面上倒映出的优美身姿令人印象深刻

▲ 轩尼洛里菲花园内建有灌溉水渠的中庭，内华达山脉的融水流经这条狭长的水渠

E 与阿尔罕布拉宫相互依偎
轩尼洛里菲花园 Generalife

轩尼洛里菲花园是 14 世纪初期在阿尔罕布拉宫城墙外的太阳山上建造的一座优雅的避暑别墅，花园内建有伊斯兰水渠和喷泉，同时也被称作"流水皇宫"。

科马瑞斯塔 Torre de Comares
梅斯亚尔厅 Patio del Mexuar
议事大厅 Salón de Embajadores
苏梅阿尔宫殿 Sala del Mexuar
女神中庭 Patio de las Arrayanes
入口
林达哈拉内院 Patio de las Lindaraja
两姐妹厅 Sala de las Dos Hermanas
贵妇人之塔 Torre de las Dames
狮子中庭 Patio de las Leones
国王大厅 Sala de Rey

▼ 狮子中庭有 124 根立柱依次排开，镂空拱门十分壮观

看点
由 12 只狮子组成的喷泉，狮子可爱的面部表情也是一大看点。

Access & Advice

🚉 交通信息
格拉纳达市

从马德里搭乘火车或巴士前往格拉纳达，最快约用时 3 小时 20 分钟。除了前往皇宫的城市巴士外，还有阿尔罕布拉巴士供游客选乘。

🗺 观光建议
全年开放

收费，入场者人数有限，经常出现门票售罄的情况，因此，一定要在线预约，游客对纳塞瑞斯皇宫进行访问时需要遵守官方的时间规定。

夏季时在天黑后进行观光也能够饱享当地的独特魅力。

🍴 美食信息
推荐鱼类美食

酒吧的经典菜品炸鱿鱼圈（炸鱿鱼）和沙丁鱼（鱿鱼）味道完美。

✏ 观光信息小贴士：格拉纳达的特产甜点"布丁塔"在教皇庇护九世登基时由一家名为卡萨岛的老牌糖果店发明，游客也可以在店内的咖啡厅品尝。

皇宫/马德里

Palacio Real de Madrid
► www.patrimonionacional.es

🇪🇸 西班牙

▲皇宫面向武器广场

西班牙波旁王朝的巨大宫殿

马德里皇宫以曾经的城塞为基础，但是，不幸在1734年的火灾中惨遭烧毁。西班牙的费利佩五世来自波旁家族，在凡尔赛宫出生和长大，1738~1764年，他依照洛可可风格建造了这座像凡尔赛宫一样的豪华宫殿。由约3000间房屋构成的皇宫以规模巨大而著称，其中，涵盖最为华丽的"帝王厅"与晚宴专用大厅等，看点颇多。截至1931年，历代国王均居住在这座皇宫当中，但是，现在这里已经成了用于接见与官方活动等的官邸。

▲意大利著名画家提埃波罗绘制的《埃涅阿斯荣誉》
◄位于大楼梯另一端的护卫厅

Access & Advice

🚇 **交通信息**
马德里市中心
从歌剧院地铁站步行约5分钟。

🗺 **观光建议**
全年开放
收费，官方活动举办期间将暂时闭馆，提供导游服务。

🧭 **拓展信息**
圣米格尔市场
集市场和酒吧于一身的美食胜地，距离王宫步行10分钟。圣米格尔市场会聚集前来享用美食与美酒的顾客，他们往往会在用餐期间大声畅聊，人声鼎沸。

✏ 观光信息小贴士：波旁家族的费利佩五世从他的祖父路易十四那里接受过这样的教导，"做个好西班牙人是你的第一要务，但也别忘了自己是法国人"。之后，他便以法国为样本，对西班牙的国家制度和文化进行了改革。

西班牙黄金时代的象征、庄严的巨大建筑物

埃斯科里亚尔修道院

世界遗产
1984

Monasterio de El Escorial

▶ www.patrimonionacional.es

🇪🇸 西班牙

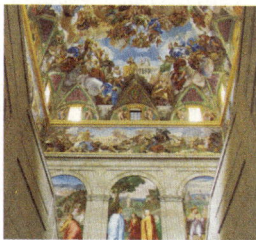

▲埃斯科里亚尔也是著名的避暑胜地，附近有别墅

宫殿与灵庙兼备的复合建筑

　　为了纪念在圣金丁战役中成功战胜法军，同时，也是为了对战斗中意外摧毁由圣洛伦佐所有的教堂的行为进行赎罪，费利佩二世建造了这座埃斯科里亚尔修道院。修道院于 1563 年开工，建筑师胡安·德·埃莱拉于 1567 年接管了这座建筑，修道院本身以摒弃过度装饰的"埃莱拉风格"而闻名。

　　按照埃莱拉风格进行建造的修道院于 1584 年竣工，同时设有国王宫殿、王族灵庙以及拥有 40 万余部藏书的图书馆等设施，成为一座巨大的复合建筑。

▲简约的埃莱拉风格的宫殿
◀卢卡·吉奥达诺的壁画对大楼梯的天花板进行了装饰

Access & Advice

🚆 **交通信息**
从马德里出发的一日游

　　从马德里乘坐火车或巴士约 1 小时后下车，从车站搭乘巴士约 5 分钟即可抵达，也可以选择徒步的方式前往，用时 15~20 分钟。

🗺 **观光建议**
全年开放

　　收费，现在，入场人数有限，最好提前预约。

🧭 **拓展信息**
战殁者之谷

　　郊区的战殁者之谷有一座为西班牙内战战死者建造的世界上最大的十字架。

✏ 观光信息小贴士：费利佩二世（1527~1598 年）是哈布斯堡王朝在西班牙全盛时期拥有统治权的国王，宫殿内部的国王办公室与寝室均呈现出十分简朴的构造，据说，这恰好彰显了国王严格的性格。他在这里度过了自己的鼎盛时期，最终于 71 岁离世。

73

据说是电影《白雪姬》中城堡的原型

城堡/塞哥维亚

Alcázar de Segovia
► www.alcazardesegovia.com

世界遗产
1985

🇪🇸 西班牙

▲灯火通明的城堡全景，城堡坐落于高台之上，独特的地理优势能够更加凸显它优美的身姿

作为卡斯蒂利亚王国中心的城堡

　　塞哥维亚城堡坐落于老城区的西北端，高耸于悬崖之上，作为阿拉伯语起源，在西班牙语中，城堡又被称作"阿尔卡萨"，意为王宫。在古代，罗马堡垒到12世纪时也一直被视作城堡一般的存在。这座哥特式城堡建于13世纪，卡斯蒂利亚历代国王都将其作为住所。后来，城堡也曾多次在历史长河中扮演着十分重要的角色，1474年，伊莎贝尔公主在这座城堡中宣布加冕为女王。在1862年的火灾当中，城堡曾不幸遭受巨大损毁，但是，后来通过重建，最终形成了现在展现在世人面前的风貌。

▲在"桨帆船厅"中描绘的伊莎贝拉加冕的场景
◄绚烂豪华的国王宝座陈设地

Access & Advice

🚆 **交通信息**
从马德里出发的一日游
　　从马德里乘火车，最快在30分钟后下车，从车站到市中心的便捷城市巴士非常方便。

🗺 **观光建议**
全年开放
　　收费，游客可于游览当日购票入场，登塔需要额外支付费用。

📷 **相关信息**
罗马渡槽
　　不要错过建于公元1世纪前后的罗马渡槽，这里已被列入联合国教科文组织《世界遗产名录》。

🖊 观光信息小贴士：卡斯蒂利亚女王伊莎贝拉一世嫁给阿拉贡国王斐迪南二世，西班牙王国就此成立。女儿胡安娜与哈布斯堡家族的费利佩（卡斯蒂利亚的腓力一世）结婚，从此，哈布斯堡家族成为了西班牙王室。

Special Choice 086

哈布斯堡王朝在塔霍河畔的优雅居所

王宫/阿兰胡埃斯

世界遗产 2001

Palacio Real de Aranjuez
► www.patrimonionacional.es

西班牙

▲ 阿兰胡埃斯王宫曾被用作春秋两季的王族行宫

卡斯蒂利亚的绿洲

这座皇家别墅的建造始于 16 世纪，起初是应哈布斯堡王朝的费利佩二世的要求而建，其间曾多次经历时代变迁，最终于 18 世纪末卡洛斯三世时期竣工。王宫内部，整面墙壁均覆盖有瓷器装饰的"瓷器厅"、仿照阿尔罕布拉宫"两姐妹厅"建造的"阿拉伯厅"以及洛可式家具和枝形吊灯闪耀的"宝座厅"等均为不容错过的看点。王宫内还有一个巨大的花园，与不断流动的塔霍河相互融合，是游客访问阿兰胡埃斯期间必不可少的观光场所。

▲ 电动小火车穿过森林茂密的王宫花园
◄ 相邻的帕特莱花园的喷泉

Access & Advice

🚆 **交通信息**
马德里郊区
从马德里乘火车 40 分钟 ~1 小时后下车，从阿兰胡埃斯车站步行约 10 分钟便可抵达皇宫。

🏛 **观光信息**
全年开放
收费，现在，入场人数有限，最好提前预约。

🍴 **美食信息**
品尝著名的草莓
阿兰胡埃斯是著名的草莓产区，草莓搭配奶油制成的美味小吃通常都会在摊位上出售。

✎ 观光信息小贴士：说起阿兰胡埃斯，很多人都会联想起华金·罗德里戈作曲的《阿兰胡埃斯协奏曲》（1939 年作曲、1940 年初次公演）中的旋律，据说，这首乐曲是作者一边想象着阿兰胡埃斯皇宫的花园一边完成创作的。

087 被城墙环绕的迷宫之城
托莱多
Toledo
世界遗产 1986

▶ **西班牙**／从马德里乘坐火车到托莱多站约用时 30 分钟，从车站出发，通过徒步的方式前往市中心，20～30 分钟即可抵达 ▶ 自由参观 ▶ www.turismo.toledo.es

　　托莱多，一座城塞都市，有句话说"如果只能在西班牙停留一天，那就去托莱多吧"。高耸于城市制高点的阿尔卡萨城堡是阿方索六世在 11 世纪重新征服托莱多时建造的堡垒，13～16 世纪期间，这里曾得到大规模改建，在那之后，又几经修复，最终形成了现在呈现在世人面前的模样。

现在，内部已经成了军事博物馆。托莱多老城区布满了狭窄的鹅卵石小巷，宛如迷宫一般错综复杂，住在这里的画家埃尔·格列柯在画中描绘出的砖色小镇至今依然保留着当时的风貌。

▲从塔霍河对岸的观景台俯瞰城市
◀圣胡安皇家修道院的庭院
◀耸立在市中心的大教堂

- -

088 洛可可风格的皇宫，内部装饰有闪亮的玻璃枝形吊灯
圣伊尔德丰索宫
La Granja de San Ildefonso

▶ **西班牙**／从马德里乘坐火车到塞哥维亚站约用时 30 分钟，从塞哥维亚乘坐巴士约 20 分钟后即可抵达 ▶ 全年均可参观 ▶ www.patrimonionacional.es

　　国王们原来一直将圣伊尔德丰索宫所在地用作狩猎场所，由费利佩五世于 18 世纪上半叶建造了这座宫殿。

　　他是法国太阳王路易十四的孙子，相传他因为对故乡备感怀念而建造了一座名为小凡尔赛宫的宫殿。宫殿与茂密的森林相互融合，建造有喷泉与雕塑的庭园也特别美丽。

　　后来，费利佩五世最爱的这座宫殿成了政治中心，1746 年身亡后，他便被埋葬在了宫殿内部的礼拜堂中。宫殿内部，除了豪华的国王居室之外，其他区域现在已经成了一座挂毯博物馆。

▲阶梯状喷泉与绿荫葱葱的庭园也是不容错过的看点
◀闪闪发光的洛可可宫殿

✎ 观光信息小贴士：圣伊尔德丰索宫所在的城镇有一家建于 18 世纪的皇家玻璃厂，游客可以在此参观工坊和古董玻璃收藏品，装饰王宫的枝形吊灯也是在这座工厂内制作而成的。

089 穆德哈尔风格的壮丽之美
阿尔卡萨城堡/塞维利亚
世界遗产 1987

Real Alcázar de Sevilla

▶ 西班牙／从马德里乘坐火车到塞维利亚圣胡斯塔站站大约需要 2 小时 15 分钟，从车站出发，通过徒步的方式前往城堡，约用时 30 分钟 ▶ 全年均可参观 ▶ www.alcazarsevilla.org

　　收复失地运动后，基督教国王将 9~11 世纪的伊斯兰城堡重建为宫殿。其中，1350 年即位的佩德罗一世会集了来自西班牙各地的伊斯兰建筑师，创建了一座让人联想到阿尔罕布拉宫的宏伟宫殿。城堡内，"大使厅"的装饰与位于宫殿中央区域的"少女中庭"内纤细的石灰工艺细节都是不容错过的看点。

▲壮丽的"大使厅"，在喜马拉雅雪松上雕刻出各种格子图案的工艺作品令人叹为观止
◀◀坚固的城墙，等待进入城堡的游客排成了长队
◀由美丽的穆德哈尔图案进行装饰的"少女中庭"

090 依然强大的伊斯兰文化
阿尔卡萨城堡/科尔多瓦
世界遗产 1994

Alcázar de los Reyes Cristianos

▶ 西班牙／从马德里乘坐火车到科尔多瓦站，约 2 小时后下车，从车站出发，通过徒步的方式前往市中心，约用时 20 分钟 ▶ 全年均可参观 ▶ www.turismodecordoba.org

　　科尔多瓦，罗马时代伊斯帕尼亚·贝蒂察省的首府，8 世纪时被入侵伊比利亚半岛的伊斯兰势力征服并且成为首都，至今依然保留有伊斯兰统治时期建造的巨大清真寺"科尔多瓦主教座堂"与城墙的部分区域。14 世纪，卡斯蒂利亚国王阿方索十一世将科尔多瓦城堡建在了伊斯兰国王

的宫殿遗址上，成了 15 世纪时攻占格拉纳达的重要基地。此外，这座城堡也是哥伦布因发现新大陆而要求天主教君主给予资助的地方。

▲坚固的堡垒，是收复失地运动的基地
◀◀倭马亚王朝后期的阿卜杜勒·拉赫曼一世建造的科尔多瓦主教座堂，后来又在里面建造了一座基督教教堂
◀阿拉伯花园

　　✎ 观光信息小贴士：位于科尔多瓦车站和科尔多瓦主教座堂之间的维多利亚公园内，有一个维多利亚市场。这是一个开设有酒吧的美食市场，备受游客们的青睐。每逢周末，市场内也会聚集来自当地的顾客，人声鼎沸。

091 在"堂·吉诃德"的领地上屹立不倒
贝尔蒙特城堡
Castillo de Belmonte

▶ **西班牙**／从马德里乘坐巴士前往贝尔蒙特大约需要 2 小时 30 分钟 ▶ 全年均可参观 ▶ castillodebelmonte.com

　　1456 年，侯爵胡安·帕切科下令在自己的出生地建造贝尔蒙特城堡。城堡呈不规则六角形，厚实的圆筒形塔楼是它的特征所在。城堡外观坚固，但内部却融合了哥特式和穆德哈尔风格，特别美丽。

　　19 世纪，拿破仑三世的欧仁妮皇后居住于此，并且对城堡进行了修复。

092 坐落在断崖绝壁上的历史性要塞都市
昆卡
Cuenca

世界遗产 1996

▶ **西班牙**／从马德里乘坐火车前往昆卡站用时 1 小时，有巴士从车站开往老城区 ▶ 自由参观 ▶ visitacuenca.es

　　昆卡是摩尔人占领期间建造的堡垒，坐落于韦卡尔河和胡卡尔河之间的悬崖上，以坚固的防御能力著称。12 世纪，被卡斯蒂利亚王国收复后，得到发展。

　　昆卡以悬崖边居所林立的景观而闻名于世。

093 美丽的哥特式、穆德哈尔式城堡
科卡城堡
Castillo de Coca

▶ **西班牙**／从马德里乘坐火车前往塞哥维亚站约用时 30 分钟，在塞哥维亚转巴士，约 1 小时 10 分钟抵达科卡 ▶ 全年均可参观 ▶ www.castillodecoca.com

　　科卡城堡建于 15 世纪，由塞维利亚大主教阿隆索·德·丰塞卡建造。城堡周围挖了很深的空壕，并且由三层高耸的城墙环绕，是一座非常坚固的城塞。通过城墙上方的砖瓦外形与几何学图形的室内装潢等，可以看出这是一座融合了哥特式和穆德哈尔风格的城堡杰作。

094 俯瞰巴塞罗那市
蒙锥克古城堡
Castell de Montjuïc

▶ **西班牙**／从蒙特惠奇山乘坐巴士或缆车约 10 分钟后下车即达 ▶ 全年均可参观 ▶ ajuntament.barcelona.cat/castelldemontjuic/ca

　　蒙特惠奇山是巴塞罗那防守的重要场所，自古便建有监视塔。17 世纪时，曾在这里建造要塞，到了 18 世纪，继而进行了复建，使其更加坚固。蒙锥克古城堡内部现在已经成了博物馆，展示有当时的炮台等。19 世纪之后，城堡曾被用作刑务所，佛朗哥统治时期的政治犯都是在此得到处决的。

　　观光信息小贴士：昆卡的街景是电视动画《天空之声》与动画电影《薄暮传说 ~The First Strike~！》的原型，正因为此，在某一时期内，当地增加了很多来自外国的观光游客。

与圣约翰骑士团颇具渊源的城市

095 瓦莱塔

Valletta

世界遗产 1980

▶ **马耳他** / 欧洲主要城市都开设有飞往马耳他岛的航班，乘公共汽车前往瓦莱塔约用时 30 分钟 ▶ 自由参观 ▶ www. visitmalta.com

瓦莱塔是马耳他的首都，位于西西里岛以南。马耳他是保护欧洲免受伊斯兰势力入侵的要地，1565 年，曾与奥斯曼帝国军之间展开过激烈的战斗。除了现有堡垒之外，从战斗的次年开始，逐渐通过新建城塞构筑拥有强大防御能力的城市结构，仅仅 5 年，一座宏伟的要塞都市便应运而生了。这座要塞都市以曾在激烈战斗中异常活跃的英雄瓦莱塔命名，他也曾尽力投入堡垒的建造当中。现在依然保留有堡垒、圣约翰大教堂以及骑士团长的宫殿等，看点颇多。

▲曾在第二次世界大战中惨遭破坏，但是，在那之后，有幸得到修复，现如今，依然保留有几乎与当时完全相同的城市风貌

◀◀ 拥有 V 四角的星形要塞"圣艾尔莫堡"

◀五颜六色的悬空阳台是当地极具特色的房屋构造

圣马力诺的象征

096 罗卡堡垒

Locca

世界遗产 2008

▶ **圣马力诺** / 距离里米尼约 50 分钟车程，乘坐火车从意大利博洛尼亚前往里米尼后，转乘巴士即可抵达 ▶ 全年均可参观 ▶ www.visitsanmarino.com

在位列世界第五的小型国家圣马力诺的泰坦山上有三座城塞，按照距离市中心远近程度进行排列，由近及远依次为瓜伊塔要塞、切斯塔要塞以及蒙塔莱要塞。最古老的瓜伊塔要塞建于 11 世纪，战后，曾一直被用作刑务所，直至 1975 年。切斯塔要塞建在山顶，要塞内部现在已经成了中世纪的武器博物馆，然而，作为眺望周围景色的绝佳观景点，这里也拥有颇高的人气。蒙塔莱要塞以塔楼的形式呈现，建于 14 世纪，要塞内还设有地下牢狱。

▲在悬崖上屹立的切斯塔要塞

◀◀ 瓜伊塔要塞海拔 738 米

◀在堡垒上俯瞰圣马力诺

✎ 观光信息小贴士：近年来，马耳他岛因个性十足的猫类出没而拥有极高的人气，马耳他旅游局网站中也对可以与猫类偶遇的"猫国"做出了介绍。瓦莱塔也有可以近距离接触猫猫的场所，因此，爱猫人士不妨前往该处一探究竟。

俯瞰阿尔卑斯山的"眼睛"
布莱德城堡

Blejski grad
► www.blejski-grad.si

🇸🇮 **斯洛文尼亚**

▲在布莱德湖湖畔高高耸立的险峻崖壁上建造而成

以绝美景色与1000年历史而著称的城堡

由朱利安阿尔卑斯山脉环绕的布莱德湖是被赞誉为"阿尔卑斯山眼睛"的人气风景名胜，布莱德城堡是一座古老的城堡，在布莱德湖湖畔高约100米的崖壁上屹立不倒。城堡现在并没有明确的官方建造时间，但是，通过文书来看，这座城堡早在1011年时便已存在。建筑的大部分区域建于16~17世纪，现在也只能通过罗马式建筑风格的城门与城墙的部分区域看出城堡建造之初的风貌，从城堡眺望到的布莱德湖被称为最能代表斯洛文尼亚的一大景观。

▲城堡内的建筑现在已被用作商店和博物馆，还有餐厅
◄可乘船前往教堂所在的岛屿

Access & Advice

🚆 **交通信息**

除徒步之外，游客亦可通过其他方式登上城堡所在山脉

从卢布尔雅那前往布莱德约用时1小时20分钟，从巴士站出发前往城堡，徒步约30分钟即可抵达。游客也可以选择自驾与搭乘马车等方式，夏季时，也可以乘坐观光列车前往。

📍 **观光建议**

全年开放

收费，游客可于观光当日购票入场。

🍴 **美食信息**

奶油蛋糕

来到斯洛文尼亚一定要品尝大名鼎鼎的布莱德蛋糕，这种奶油蛋糕是在糖霜酥皮内夹入布莱德湖特产奶油后烘焙而成，口感滑而不腻。

✏️ 观光信息小贴士：布莱德城堡内建有酒窖和印刷厂，游客可以自行在酒窖灌装葡萄酒并且用蜡封口，此外，还可以在印刷厂观看由古腾堡发明的活字印刷机的实操演示。

098 首都卢布尔雅那的地标
卢比安纳城

Ljubljanski grad

▶ 斯洛文尼亚／从卢布尔雅那站步行约 30 分钟即可抵达，也可以从城堡下乘坐洞穴火车进入 ▶ 全年均可参观 ▶ www.ljubljanskigrad.si

卢比安纳城是卢布尔雅那河南岸一座小山上的城堡，贯穿镇中心。在整个中世纪时期，城堡曾一直被用作要塞，当初曾为木质构造，但是，后来又逐步改建为石质结构，到了 15 世纪，当奥斯曼帝国入侵该地区时，在哈布斯堡王朝的统治下，对城堡进行了大规模翻修。进入 17 世纪，

城堡的军事作用逐渐降低，开始被用作刑务所等，20 世纪时，由卢布尔雅那市购买。在那之后，城堡便开始面向普通市民开放，成为文化活动的举办场所。

▲从城市的任何一个角落都可以眺望到城堡
◀◀城堡内部免费向公众开放，还开设有咖啡馆等
◀乘坐缆车直达城堡顶部

099 在洞窟中建造的城堡
普利雅玛城堡

Predjamski grad

▶ 斯洛文尼亚／搭乘巴士或火车从卢布尔雅那前往波斯托伊纳约用时 1 小时，从波斯托伊纳前往城堡约 30 分钟车程 ▶ 全年均可参观 ▶ www.postojnska-jama.eu

洞窟城堡坐落于高 123 米的断崖绝壁之上，是在洞窟中建造的城堡。这座城堡拥有独一无二的外形，仿佛跳脱了幻想世界。它也被列入了吉尼斯世界纪录，是世界上最大的洞穴城堡。城堡建于 12 世纪，15 世纪时，骑士埃拉泽姆·普雷杜亚姆斯基固守城池，面对哈布斯堡的进攻，坚守

了整整一年的时间，现在呈现在世人面前的这座文艺复兴时期的城堡是进入 16 世纪后改建而成的。

城堡地下区域是方圆 14 公里的钟乳洞，游客可以前往参观。

▲城堡就像是为洞窟架设了一个盖子
◀◀洞窟与城堡一体化的内部结构令人叹为观止
◀城堡内部对中世纪风貌进行了完美重现

观光信息小贴士：斯洛文尼亚的喀斯特地区（斯洛文尼亚语称其为喀斯特高原）是"喀斯特地形"的词源，游客可以在这里观赏到数量众多的钟乳洞。距离洞穴城堡 9 公里处有一处名为波斯托伊纳的钟乳洞，可以在游览城堡的同时一并前往观光。

罗马皇帝的宫殿变成了城镇

戴克里先宫

世界遗产 1979

Dioklecijanova palača

▶ www.visitsplit.com

克罗地亚

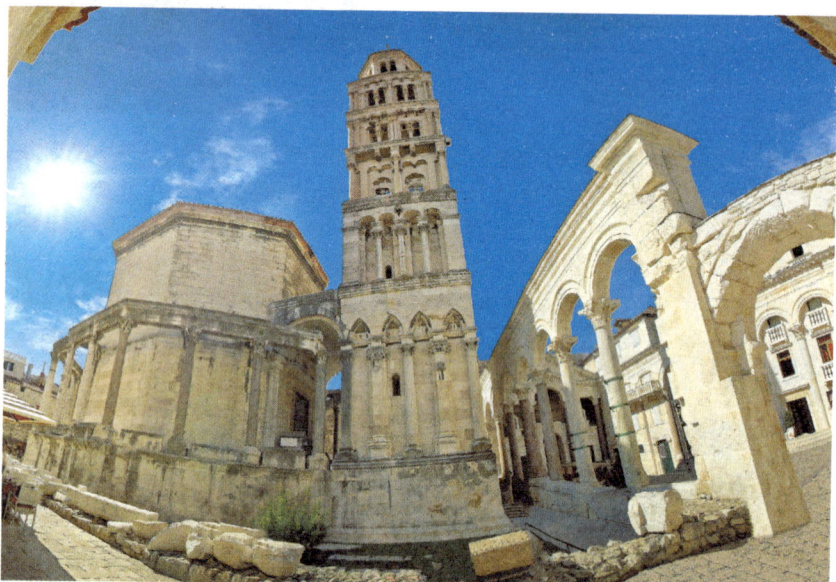

▲在戴克里先皇帝灵庙的基础上建造的大教堂，后期又扩建了钟楼

古代与中世纪的复杂融合

亚得里亚海沿岸的港口城市斯普利特起源于罗马皇帝戴克里先退位后居住的宫殿。

罗马帝国灭亡后，附近的人们开始在城墙环绕的宫殿遗迹内居住，后来便逐渐发展成了城镇。在老城区，至今依然保留有众多宫殿遗迹。戴克里先皇帝以对基督徒的大迫害而闻名，供奉罗马神朱庇特的神庙变成了基督教洗礼室，而皇帝本人的灵庙现在已经被用作了大圣堂。

▲被改建为大圣堂的灵庙内部景象
◀宫殿前庭的音响效果极佳，因此，经常会举办音乐演奏活动

Access & Advice

🚆 **交通信息**

斯普利特的核心区域

从斯普利特车站、巴士总站以及客轮码头前往宫殿遗址，徒步 5~10 分钟便可抵达。

🗺 **观光建议**

全年开放

城墙内部供游客自由参观，大圣堂与洗礼室等各主要景点为收费项目。

🧭 **拓展信息**

亚得里亚海岛屿之旅

斯普利特有分别发往赫瓦尔岛与维斯岛等亚得里亚海岛屿的渡轮航班。

✏ 观光信息小贴士：老城区的城墙分别在东西南北四个方向设有城门，城门依次被命名为金门、铁门、青铜门以及银门。北侧的金门前矗立着宁斯基主教的雕像，据说，如果能够有幸触摸到雕像的左脚，便会有幸运降临。

亚得里亚海的明珠

杜布罗夫尼克

世界遗产
1979

Dubrovnik
► www.visitdubrovnik.hr

🏴 克罗地亚

▲从耸立在老城区后的斯尔基山眺望到的壮丽景色

城墙环绕的海洋贸易都市

　　杜布罗夫尼克，古名拉古萨共和国，是因地中海贸易而得以繁荣的海洋都市国家。蔚蓝的亚得里亚海与橙色的屋顶在强烈的阳光照射下熠熠生辉，美丽的城市景象用"亚得里亚海的明珠"来形容最恰当不过了。老城区由厚实而高耸的城墙环绕，还在多处建造有圆筒形要塞，以此达到了严防死守的功效。这座城市在17世纪的地震当中不幸遭受大规模破坏，虽然在20世纪末的南斯拉夫内战期间遭受轰炸，但经过多次重建后，这里又重新复兴，以自己独特的魅力吸引着世界各地的游客慕名造访。

Access & Advice

🚆 **交通信息**

公交车到老城区很方便

　　火车站和汽车总站距离老城区2公里以上。游客可搭乘公交车，方便城市观光。

🗺 **观光建议**

自由参观

　　城墙巡游为收费项目，全年均可参观。

⚙ **拓展信息**

开设有众多当天往返的一日游线路

　　当地旅行社通常会提供众多一日游线路供游客选择，还有邻国黑山与波斯尼亚和黑塞哥维那等地的观光线路。

▲老城区的主街道——广场街
◄城墙全程约2公里，环绕一周，大概用时1小时

　　观光信息小贴士：如果来到杜布罗夫尼克，务必要登上位于老城区后的斯尔基山，饱享眼前的美景，有一条索道可以从老城区附近直接通往斯尔基山的山顶。

102 沿湖建造的梦幻之城
塔科斯堪城堡
Dvor Trakošćan

▶ **克罗地亚**／从萨格勒布前往瓦拉日丁，乘坐巴士约用时 1 小时 20 分钟，从瓦拉日丁乘巴士，1~2 小时后便可抵达。全年均可参观 ▶ www.trakoscan.hr

　　塔科斯堪城堡是 13 世纪时以地区防卫为目的而建造的城塞，但是，现在呈现在世人面前的样貌是在 19 世纪的大规模改建后形成的。当时，以新天鹅堡（→ p.98）为代表，未将攻城战纳入规划的浪漫梦幻城堡风靡一时，塔科斯堪城堡也是在那个时代的中期得到重建的。城堡仿佛要从童话世界中跳脱一般，拥有极其美丽的外表。由于四周被森林环绕，在这里悠闲地漫步也将是一种愉快的体验。

▲据说是克罗地亚最美的城堡
◀◀◀城堡背后的湖泊也是在 19 世纪时人工建造而成的
◀在城堡二楼的餐厅里，展示有 19 世纪的家具与 18~19 世纪的瓷器收藏

103 飘浮在雾气之中的城塞都市
莫托文
Motovun

▶ **克罗地亚**／从波雷奇出发，约需要 40 分钟的车程。公共交通不便，每天只有一班车次，而且只能开往山麓地区。▶ 自由参观 ▶ www.motovun.hr

　　莫托文是伊斯图拉半岛中心的一座小镇，位于克罗地亚的西北端。

　　在绿荫繁茂的山顶部建造而成的莫托文被城墙环绕，将中世纪风貌很好地传达给了现代。从 11 月至次年 2 月前后，早晚温差导致雾气产生，游客可以在仿佛浮在迷雾之上的莫托文欣赏到梦幻一般的光景。周边地区以松露采摘而闻名，镇上有许多供应松露菜肴的餐厅。

▲被城墙环绕的莫托文城市景观
◀◀晨雾将莫托文环绕其中
◀镇中心的教堂据说是由安德烈亚·帕拉第奥设计而成的

　　观光信息小贴士：莫托文是一座小镇，因举办"莫托文电影节"而闻名。电影节始于 1999 年，每年 7~8 月期间，这里都会有独立的前卫影片上映。

Special Choice 104

不断向山脉延伸的城墙是不容错过的看点

科托尔

世界遗产 1979

Kotor
► www.visit-montenegro.com

黑山

▲ 一边俯瞰美丽的老城区，一边沿着蜿蜒曲折的道路上行

位于科托尔湾的最里侧

科托尔是位于杜布罗夫尼克（→ p.83）东南方向约70公里处的一座港湾贸易都市，地处错综复杂的科托尔湾的最里侧，背后有高山屹立，是一座天然形成的优良港口。

为了进一步完善其防御能力，后来又建造了通往山顶的城墙，还在山顶区域建造了要塞。沿城墙边的小路前往山顶，大约用时 1 小时，因此，城墙的规模一目了然。老城区至今依然完好地保留有中世纪教堂与宫殿等历史建筑，虽然在 1979 年的地震中有一半都遭到了摧毁，但是，之后又有幸得到了修复。

▲ 被列入联合国教科文组织《世界遗产名录》的老城区历史街区

◄ 经过要塞化改造的山顶区域

Access & Advice

🚆 **交通信息**
全程巴士服务

全国各地都运营有发往科托尔的巴士，从巴士总站出发，步行约 10 分钟，便可抵达老城区。虽然班次较少，但是，这里还有直接贯通科托尔与杜布罗夫尼克的巴士线路。

🗺 **观光建议**
自由参观

城墙游览为收费项目，全年均可参观。

🧭 **拓展信息**
布德瓦

布德瓦老城区面积不大，但是，这里也是一座被城墙环绕的历史悠久的港口城镇。

✏ **观光信息小贴士**：直到 18 世纪末，科托尔曾一直是威尼斯共和国的领土。除了以"科托尔自然与文化历史地区"的名义被列入联合国教科文组织《世界遗产名录》之外，作为"15~17 世纪威尼斯共和国的防御工事"，这里再次获得了世界遗产的称号。

105 耸立在多瑙河险关之前
哥鲁拜克要塞
Голубачки град

▶ 塞尔维亚／从贝尔格莱德乘坐巴士约用时 2 小时 30 分钟，从戈卢巴茨巴士总站出发，需要 7 分钟车程，或者徒步 1 小时后即可抵达 ▶ 全年均可参观 ▶ tvrdjavagolubackigrad.rs

　　哥鲁拜克要塞是一座坚固的堡垒，共有 10 座塔楼，建于多瑙河中游险关铁门峡（杰尔达普峡谷）入口处。14~15 世纪，在匈牙利王国、塞尔维亚公国以及奥斯曼帝国彼此争夺领土期间，这座要塞曾得到了高度重视，因此，曾几度在该地爆发战争。

　　奥斯曼帝国在 16 世纪初掌握了对这片土地的控制权，要塞的重要程度也随之日趋减弱。截至 2019 年 5 月，要塞结束了大规模的修复工程，对从前的风貌进行了完美的再现。

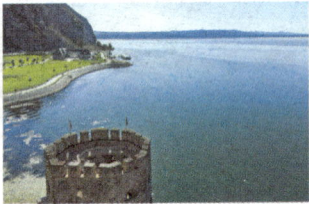

▲巨大的塔楼鳞次栉比，要塞构造相当坚固

◀◀对要塞入口进行防护的第 8 座塔楼，要塞内部对城堡历史相关的物品进行了展示

◀从城堡可以欣赏到多瑙河的美丽景色

106 对激荡的历史进程进行了见证
贝尔格莱德要塞
Београдска тврђава

▶ 塞尔维亚／从贝尔格莱德巴士总站步行约 20 分钟，或乘坐电车在贝尔格莱德下车 ▶ 自由参观 ▶ www.beogradskatvrdjava.co.rs

　　贝尔格莱德要塞是建于多瑙河及其支流萨瓦河交汇处的一座山顶堡垒遗址。

　　在漫长的历史长河中，这座要塞曾多次爆发战争，不断遭到破坏，又几经重建。现在可以看到的建筑大多建于 18 世纪之后，但是，这里至今依然保留有罗马时代的水井、中世纪城堡遗迹以及奥斯曼帝国陵墓等各种充满时代感的遗址。

107 前塞尔维亚王宫
王宫／贝尔格莱德
Краљевски двор

▶ 塞尔维亚／从贝尔格莱德巴士总站乘坐城市巴士约用时 30 分钟 ▶ 限时参观，必须预约，当地开设有从市中心出发的巴士之旅 ▶ royalfamily.org

　　贝尔格莱德王宫是塞尔维亚王室卡拉乔尔杰维奇家族的宫殿，王宫内部有白亚宫与礼拜堂两座宫殿，均建于 20 世纪前叶。第二次世界大战后，王室政权遭到废除，王族被迫逃亡，但是，2001 年，当地政府允许昔日的王室回国，并且对财产进行了返还，因此，王宫也再次成为王室的居所。

86　　✏ 观光信息小贴士：塞尔维亚首都贝尔格莱德的名称意为白色小镇，因为贝尔格莱德要塞的石灰岩墙壁看起来是白色的，所以，这座要塞也因此而得名。

(108) 从城塞向周边望去，美丽的景色令人入迷
普里兹伦城塞
Kalaja e Prizrenit

▶ **塞尔维亚**／从普里兹伦巴士总站乘车约 5 分钟后抵达，徒步约用时 25 分钟 ▶ 自由参观 ▶ visit-prizren.com

　　普里兹伦城塞是可以俯瞰塞尔维亚科索沃自治省南部中心城市普里兹伦的一座城堡，普里兹伦自古便作为交通要塞而得到繁荣，这座城塞也拥有着与城市同样悠久的历史，现在展现在世人面前的城塞是 18 世纪奥斯曼帝国时期重建而成的。城塞周边景色迷人，因此，这里也以绝景观景点而闻名。

(110) 俯瞰瓦尔达尔河的城堡
斯科普里城堡
Скопско Кале

▶ **北马其顿**／从斯科普里火车站或巴士站出发，步行约 15 分钟即可抵达 ▶ 自由参观 ▶ visitskopje.mk

　　斯科普里城堡是北马其顿首都斯科普里市中心的一座城堡，建于 7 世纪拜占庭帝国查士丁尼统治时期，10~11 世纪时，又进行了大规模的扩建与改建。因震灾等原因，城堡内的建筑几乎未能保留，但是，城墙与塔楼现在已经得到修复，游客可以一边在城墙上漫步，一边欣赏眼前的景色。

(109) 艺术家所憧憬的城塞都市
波奇泰尔
Počitelj

▶ **波斯尼亚和黑塞哥维那**／从莫斯塔尔乘坐巴士约用时 40 分钟 ▶ 自由参观

▲小镇建于山体斜面，路面跌宕起伏

　　波奇泰尔是从克罗地亚杜布罗夫尼克（→ p.83）前往波斯尼亚和黑塞哥维那的莫斯塔尔途中的一个小镇。

　　这座小镇位于内雷特瓦河沿岸具有重要战略意义的位置，小镇当中宛如要塞一般，建造有城墙。奥斯曼帝国的老街保存完好，它的美丽吸引了许多艺术家，这些艺术家们都将这里当作了自己的艺术创作之地。在 20 世纪末的纷争当中，小镇曾遭受到了巨大破坏，但是，现在已有幸得到修复，吸引了众多游客前来造访。

▲众多艺术家被这座小镇的风景而吸引
▼奥斯曼帝国的气氛依然浓厚

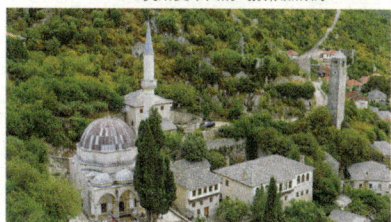

　　观光信息小贴士：作为保存了奥斯曼帝国风貌的城镇，联合国教科文组织围绕波奇泰尔的世界遗产登记工作也正在进行当中，游客可以从克罗地亚杜布罗夫尼克（→ p.83）出发，通过一日游的方式同时游览波奇泰尔与莫斯塔尔。

111 与斯坎德培颇具渊源的城堡
克鲁亚城堡
Kalaja e Krujës

▶**阿尔巴尼亚**／从地拉那乘坐巴士约 1 小时 15 分钟后便可抵达，直达班次少，许多班次都需要在山麓城市福舍·克如杰换乘▶全年均可参观

克鲁亚城堡坐落在阿尔巴尼亚首都地拉那以北约 20 公里处，深山中的克鲁亚，成功抵抗了奥斯曼帝国的入侵，与确保阿尔巴尼亚获得独立的斯坎德培之间的渊源颇深。斯坎德培将克鲁亚城堡用作基地，曾分别于 1450 年、1466 年以及 1467 年三度击退了包围该镇的奥斯曼帝国军队，

至今依然是备受人们敬爱的民族英雄。

城墙环绕的城堡内部保留有中世纪教堂与瞭望塔等遗址，除此之外，还建有博物馆，按照时间顺序介绍了斯坎德培的生平。

▲建在城堡内的斯坎德培博物馆
◀◀克鲁亚镇的斯坎德培雕像
◀镇上有个集市，出售各种民间工艺品

----

112 世界遗产尽收眼底
培拉特城堡
世界遗产 2008
Kalaja e Beratit

▶**阿尔巴尼亚**／从地拉那乘坐巴士约 2 小时 30 分钟后下车，搭乘市内巴士约 10 分钟即可到达巴士总站或市中心。从市中心出发，徒步前往城堡，约用时 15 分钟▶自由参观

培拉特是阿尔巴尼亚南部的一个小镇，历史悠久的城市景观保存完好。民居沿山丘斜面而建，据说，这座小镇还有一个别称，名为"千窗小镇"。培拉特城堡建在山顶上，与其称之为城堡，倒不如将它形容为"城墙环绕的地区"显得更加恰当。城堡内部，众多民居鳞次栉比，除此之外，

还有许多拜占庭教堂，其中，有一个图标博物馆，展示有宗教美术作品。从城堡向四周望去，景色绝佳，可将已被登录为世界遗产的城市景观尽收眼底。

▲在民居鳞次栉比的山丘顶部建造的城堡
◀◀从城堡向四周望去，可以欣赏到周边的壮观全景
◀拜占庭圣三一教堂

观光信息小贴士：培拉特以"培拉特和吉罗卡斯特拉历史中心"的名义被列入联合国教科文组织《世界遗产名录》，吉罗卡斯特拉也像培拉特一样，保留了奥斯曼帝国的街道并且在可以俯瞰小镇的山丘顶部建造了城堡。

Special Choice 113

牛头怪的传说依然存在

克诺索斯宫

Κνωσός

▶ odysseus.culture.gr

🇬🇷 希腊

▲牛头怪壁画所在地北入口的周边景色

浪漫的传奇宫殿

克诺索斯宫是公元前 3000 年至公元前 1400 年在克里特岛上繁荣的青铜文明与米诺斯文明的宫殿遗址，宫殿单边长达 160 米，还有 4 层建筑区域，房间总数多达 1200 间以上，十分壮观，宫殿复杂的结构让人不禁联想到米诺斯王困住牛头人身怪物——牛头怪的迷宫传说。宫殿于 1900 年由英国考古学家阿瑟·埃文斯发掘，自施里曼挖掘特洛伊以来，再次引起了轰动。

▲保留有海豚和鱼的壁画的女王厅
◀南入口附近的百合王子壁画

Access & Advice

🚆 **交通信息**

伊拉克利翁附近

从克里特岛最大的城镇伊拉克利翁旧港附近的巴士站乘坐巴士约 30 分钟后便可抵达。

🗺 **观光建议**

全年开放

收费，游客可于观光当日购票入场。

📷 **相关信息**

伊拉克利翁考古博物馆

克诺索斯宫遗址中的壁画是复制品，真品和各种出土物均被收藏于伊拉克利翁考古博物馆。

✏ 观光信息小贴士：阿瑟·埃文斯是英国牛津阿什莫里安博物馆的策展人，由埃文斯捐赠的这座博物馆拥有希腊境外最大的米诺斯文明的考古发掘收藏。

89

114 在断崖绝壁上建造的中世纪都市
莫奈姆瓦夏
Μονεμβασιά

► **希腊**／从雅典乘巴士约 6 小时便可抵达，从斯巴达乘坐巴士
约用时 2 小时 30 分钟 ► 自由参观 ► monemvasia.gr

莫奈姆瓦夏是一座坚固的城市，建在
从伯罗奔尼撒半岛突出的巨石上。这座城市
与本土之间只连接有一条道路，名称寓意为
"一个入口"。6 世纪时，为避免受到异族侵
袭而前来此地避难的人们逐渐开始在此定
居，这便是城市的起源。现在，城市内依然
有人居住，从区域划分来看，城市被划分为
了两个区域，分别为居民居住的下城区与已
然成为废墟但依旧保留的上城区。

◄ 下城区的甬道上，咖啡馆和商店一字排开
◄ ◄ 上城区的圣索菲亚教堂
▼ 从本土上无法瞭望到这座城市

---

115 古希腊圣城
卫城／雅典
Ακρόπολη

世界遗产 1987

► **希腊**／地铁 2 号线雅典卫城站下车即达 ► 全年均可参观 ►
odysseus.culture.gr

雅典卫城是雅典市中心一座 70 米高
的山丘，在古代都市国家时代，卫城是建
有众多神殿的圣域，同时，这里也是由绝
壁环绕三侧的天然要塞，每当遭遇险境，
市民都会前来此处避难，固守城池。公元
前 480 年，波斯战争期间，雅典被波斯军
队占领，雅典卫城的所有建筑物都被摧毁，
战后在伯里克利的领导下重建于雅典的黄
金时代，希腊建筑的杰作——帕特农神庙
就是在此时建造的。

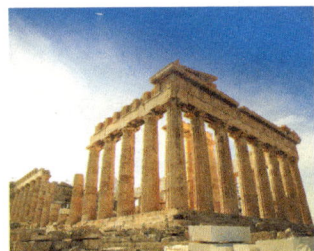

▲ 这座山诉说着古希腊的辉煌
◄ ◄ 供奉有雅典守护神雅典娜的帕特农神庙
◄ 以六尊少女像为支柱的伊瑞克提翁神庙

✎ 观光信息小贴士：帕特农神庙的三角形楣饰（古典希腊式建筑入口处上方）处原本有一个巨大的希腊大理石雕塑，但
是，后来，英国的埃尔金伯爵将其带走，现在，收藏于大英博物馆当中，希腊政府欲要求其归还雕像。

116 众多教堂均得到保留的城塞都市
米斯特拉斯
世界遗产 1989

Μυστράς

▶ **希腊**／从斯巴达乘坐巴士约 15 分钟后即可抵达 ▶ **全年均可参观** ▶ odysseus.culture.gr

▲山顶上建造的城墙，由十字军国家阿卡亚公国建造

　　米斯特拉斯，斯巴达郊区山坡上的一座要塞城市。1249 年，由十字军建造了城塞并且在其下方形成了一座城市。1262 年，该城市落入拜占庭帝国手中，作为当地的政治与文化核心地区而繁荣发展。随着大教堂从斯巴达迁至这座城市，众多教堂与修道院也陆续建造而成。

　　在那之后，即使在奥斯曼帝国与威尼斯共和国的控制之下，城市依然持续发展，但是，从 19 世纪中叶开始，城市便逐渐走向衰退。现在，已经成为废墟的中世纪建筑完美地向当今世人传达了当时以荣华著称的历史风貌。

▲建于 1296 年的圣西奥多教堂，是米斯特拉斯最古老的教堂

▲潘塔纳萨教堂，据说是米斯特拉斯保存最完好的教堂，里面的壁画很棒

奇岩与要塞浑然一体

117 **贝罗格拉齐克要塞**

Белоградчишка крепост

▶ **保加利亚** / 从维丁到魏尔谢茨，无论搭乘巴士，还是火车，均约用时1小时。在魏尔谢茨换乘巴士或出租车约20分钟 ▶ 全年均可参观

贝罗格拉齐克要塞位于多瑙河畔的小镇维丁以南约50公里处，是一座以天然岩山环绕城墙的要塞。因侵蚀作用而形成奇特形状的岩山与要塞浑然一体，共同构造出了独一无二的奇特景观。自罗马时代起就在此地建造了一座堡垒，但是，如今呈现在世人面前的要塞是18世纪中叶在奥斯曼帝国统治时期建造而成的。要塞内部被划分成了3个区域，分别由城墙环绕，城墙厚度为2~4米。

▲ 贝罗格拉齐克要塞的轮廓十分独特
◀◀ 曾经有众多大炮摆放在此，守护着要塞周边
◀ 有传说称，奇岩是人类变为石头后形成的

据说是德古拉城堡的模型

118 **布朗城堡**

Castelul Bran

▶ **罗马尼亚** / 从布拉索夫第二巴士总站乘坐巴士约45分钟，在布朗下车，徒步约5分钟 ▶ 全年均可参观 ▶ www.bran-castle.com

布朗城堡坐落于特兰西瓦尼亚地区，是建于布切兹山脚下的一座拥有600年历史的古城堡。城堡建于14世纪末，为抵御奥斯曼帝国的入侵做准备，15世纪中叶，成为瓦拉几亚公爵长老米尔恰的住所。这座城堡也被称为德古拉城堡的模型，但是，与被称为德古拉原型的弗拉德三世（穿刺王弗拉德）之间却没有直接关系。进入20世纪，罗马尼亚王国成立后，城堡成为王室财产，曾被用作避暑胜地。在社会主义时代，城堡被国有化，但是，2006年，又返还给了王族子孙。

▲ 建在俯瞰布朗村的高地
◀◀ 位于布朗城堡院子里的水井，据说，向水井内投入钱币并且许愿，就一定会实现
◀ 斐迪南国王的妻子玛丽亚王后的卧室，她于1920年从布拉索夫市接管了布朗城堡

✎ **观光信息小贴士**：布朗城堡被用作新型冠状病毒的疫苗接种点，前往德古拉城堡，如果不想被吸血鬼用牙咬住并且吸走自己的血液，就要用针头接种疫苗，这还曾成为风靡一时的话题。

Special Choice 119

喀尔巴阡的珠宝

佩罗什城堡

Castelul Peleş

► www.peles.ro

🏴 罗马尼亚

▲罗马尼亚皇家夏季行宫建在海拔约 900 米处

一座与壮丽景观相协调的童话城堡

佩罗什城堡是罗马尼亚第一任国王卡罗尔一世建造的城堡，坐落于布加勒斯特以北约 100 公里处，位于喀尔巴阡山脉山坡上的锡纳亚镇，建筑于 1873 年开始建造，于 1914 年竣工。这是一座体现对中世纪浪漫向往的城堡，拥有仿佛从童话王国中一跃而出的外观与兼具来自世界各地的装饰风格的大厅，据说是罗马尼亚最宏伟的城堡。城堡现在依然归旧王室所有，但是，平时会作为博物馆面向公众开放。

▲城堡下的锡纳亚镇是罗马尼亚首屈一指的高原度假胜地
◄卡罗尔一世雕像矗立在城堡前

Access & Advice

🚊 **交通信息**

步行即可到达锡纳亚中心

从布加勒斯特乘火车约 1 小时 30 分钟，从锡纳亚站乘坐城市巴士，在 economat 站下车，徒步约 8 分钟。

🗺 **观光建议**

全年开放

收费，全年均可参观，但是，每年有几周会不定期关闭。

📷 **相关信息**

佩里索尔城堡

与佩罗什城堡同处一处的狩猎城堡。

✏ 观光信息小贴士：锡纳亚，佩罗什城堡的建造地，是一座作为夏季避暑胜地、冬季滑雪胜地而吸引众多游客的小镇。在建于 17 世纪的锡纳亚修道院内，可以看到美妙的壁画。

93

特兰西瓦尼亚最著名的城堡

科文城堡

Castelul Corvinilor
► www.castelulcorvinilor.ro

■ 罗马尼亚

▲在城堡正面建造的这座细长的桥梁是城堡与外部的连接纽带

匈雅提家族住宅

　　科文城堡是罗马尼亚西北部小城市胡内多阿拉的哥特式文艺复兴城堡，城堡建于险峻的悬崖之上，拥有几座塔楼，是一座防御能力万全的大城寨。15世纪中叶，城堡由亚诺什·匈雅提建造。科文城堡的名字源于匈雅提家族的纹章上的乌鸦（乌鸦星座），亚诺什的儿子、曾担任匈牙利国王的马加什一世也曾参与改造这座城堡，文艺复兴风格的马太楼就是在他的时代扩建的。

▲可能会举办特别活动
◀马太楼由马加什一世扩建

Access & Advice

🚆 **交通信息**
远离大都市
　　从锡比乌出发的巴士很少有直达班次，在德瓦等其他城镇换乘，3~4小时后下车，从巴士总站步行约25分钟。

🗺 **观光建议**
全年开放
　　收费，游客可于观光当日购票入场。

🧳 **住宿建议**
在胡内多阿拉留宿一晚
　　锡比乌一日游不现实，推荐在胡内多阿拉或德瓦留宿。

　　✏ 观光信息小贴士：马加什一世是打造匈牙利全盛时期的大师，坐落于布达城堡的马加什教堂也保留了他的名字，匈牙利1000福林纸币上也画有他的肖像。

共产党时代的象征
大国民议会宫

Casa Poporului
► cic.cdep.ro

🟦🟨🟥 罗马尼亚

▲仅次于美国国防部五角大楼的大国民议会宫

拥有3000余间房屋的大宫殿

　　大国民议会宫是罗马尼亚时任总统尼古拉·齐奥塞斯库规划的宫殿，是布加勒斯特重建的核心。宫殿于1984年开工，1989年，宫殿还未竣工，罗马尼亚国内革命之后，通过削减预算，建筑继续建造并且于1997年全面竣工。宫殿也被列入了吉尼斯世界纪录，是世界上最重的建筑。宫殿现在被用作罗马尼亚议会大厦、政党办公室以及美术馆等，游客可以在游览中参观那些特别壮观的房间。

Access & Advice

🚆 **交通信息**
布加勒斯特市中心
　　在布加勒斯特地铁1号线伊兹沃尔站下车，徒步约10分钟。

🏛 **观光建议**
参团巡游
　　收费，全年均可参观，内部游览仅限以团队形式观光。有多种类型的旅游，日程安排每天都在变化。

📷 **相关信息**
旅游需要护照
　　参观时不要忘记出示护照。

▲举办会议和音乐会的罗塞蒂音乐厅
◄拥有壮丽装饰的宫殿内部

✏ **观光信息小贴士**：大国民议会宫有时被称为齐奥塞斯库的宫殿，但这并非以居住为目的的建筑，齐奥塞斯库没有住在这里。齐奥塞斯库实际生活过的"春之宫殿"位于布加勒斯特市，也可以参观。

感受贵族情调
在城堡与宫殿留宿

在众多城堡与宫殿当中，有许多目前都会作为酒店经营。经过改建，游客可以通过在城堡或宫殿所呈现出的舒适环境中留宿，感受历史与门第带来的震撼，有些还建有健身设施和游泳池。建议游客们在观光期间一边想象着贵族们华丽的生活，一边度过奢华的时光。

▲西班牙的卡塞雷斯旅馆内带有异国情调的阿拉伯装饰

古堡酒店

由中世纪城堡或堡垒改建而成的酒店，大多坐落于西欧。德国通常会将古堡酒店命名为施洛斯酒店或伯格酒店，在法国，则被称为城堡酒店等。在英国，虽然不属于城堡，但是，将领主府邸用作酒店的庄园酒店往往也人气爆棚，而这些酒店大多都位于远离嘈杂都市的静谧之地。

◄德国的特伦德尔堡城堡，据说是格林童话《长发公主》的取景地

皇宫酒店

由皇家贵族宅邸改造而成的酒店，除了坐落于郊外且面积广阔的宅邸之外，有的皇宫酒店还会建在市中心。除欧洲之外，印度也有很多将大王建造的豪华宫殿和豪宅用作酒店经营的皇宫酒店。此外，土耳其伊斯坦布尔也散布有经过翻修后用作经营的皇宫酒店，这些酒店原本都是奥斯曼官员在博斯普鲁斯海峡沿岸修建的宫殿和豪宅。

▲▲印度的萨莫德宫
▲土耳其博斯普鲁斯海峡沿岸的塞拉甘宫

被冠以城堡或宫殿称号的酒店

以城堡和宫殿命名的酒店当中，有很多并非历史性建筑。19世纪之后，随着旅游业的发展，许多酒店相继建成，其中，那些异常奢华的酒店往往会被命名为城堡或宫殿。这些超豪华酒店通常以奢华著称，绝对不愧对宫殿的称号，加拿大的芳堤娜城堡有时还会被用作国际会议等的举办场地。自2010年以来，法国旅游发展组织也将酒店的最高等级命名为"宫殿"级，截至目前已有24家酒店成功入选。

◄位于加拿大渥太华的城堡饭店，是一座建于20世纪初的建筑

政府经营旅店和国营宾馆

西班牙和葡萄牙有很多将古老城堡、宫殿以及修道院等国有历史建筑用作酒店并开展经营，西班牙人称其为政府经营旅店，葡萄牙人则为其命名为国营宾馆。

政府经营旅店
► www.parador.es

国营宾馆
► www.pousadas.pt

观光信息小贴士：截至目前，西班牙共有100家政府经营旅店。据说，西班牙的城堡数量曾在中世纪时的卡斯蒂利亚王国时代达到顶峰，而卡斯蒂利亚（Castel，意为城堡）这一地区也正是因为当地城堡众多而得名。

175 瓦维尔宫（波兰）

世界神奇的城堡和宫殿327座 122~178

中 欧
Central Europe

数字为本书中的项目编号

因天鹅城堡之名而闻名的路德维希二世的梦想城堡

新天鹅堡

Schloss Neuschwanstein
► www.neuschwanstein.de

德国

▲白墙城堡装饰了浪漫之路的终点

德国未完工的著名城堡

　　巴伐利亚国王路德维希二世在德国
阿尔卑斯山前山地区的山上建造的白墙城
堡，国王深入参与到了城堡的设计、建造
以及内装等各个环节，构建了自己理想中
的世界。1869 年开工，1884 年完成了
国王寝室等居住区域，但是，国王突然死
亡，导致城堡并未整体完工。而国王也仅
仅在这座城堡中居住了 172 天，如果想从
正面捕捉城堡的全貌，推荐在乘索道前往
泰格尔贝格山顶途中拍摄。

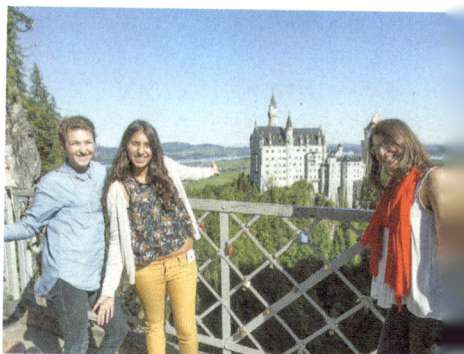

▲山谷上的玛丽恩桥是游客喜欢拍照的地方

观光信息小贴士：经常可以在装饰城堡内部的绘画作品与摆件上看到天鹅的身影，在瓦格纳的《罗恩格林》中，天鹅
便是十分重要的角色，此外，天鹅也曾被用在这片土地的领主施万高家族的纹章上，因此，国王十分喜爱天鹅。

A 金色的枝形吊灯闪耀光芒
王位厅 Thronsaal

在看点颇多的城堡内部，王位厅是最为闪耀的房间之一。皇冠形状的金色吊灯重达 900 公斤，白色大理石上方原本设有王位，但是，由于路德维希二世的突然去世，至今一直没有再将王位放置于此。

圆柱形楼梯

C

5层

前厅 Unterer Vorplatz

洞穴 Grotte

饭厅 Speisezimmer

更衣室 Ankleidezimmer

A B D

4层

看点
游览过程中，城堡中会突现一处洞穴。洞穴是在石膏中混入一种名为"麻"的草本植物后制作而成的，对歌剧《汤霍瑟传说》中的场景进行了重现。同时，洞穴还有效地利用了人工瀑布与照明装饰等，使观看效果得到了很大程度地提升。

B 令人惊叹的橡木家具
卧室 Schlafzimmer

布满纤细雕刻的卧室，专为身高 191 厘米的国王定制的豪华寝床引人注目，墙壁上的绘画作品来源于《特里斯坦与伊索尔德》。

©Bayerische Schlösserverwaltung URL www.schloesser.bayern.de

交通信息
从州首府慕尼黑出发

从慕尼黑到菲森火车站用时 2 小时，从车站搭乘巴士或出租车 10 分钟即可到达售票中心。

观光建议
全年开放

收费，门票预售制度，游客需要按照指定的日期与时间前往观光，只能在导游的带领下参观。

住宿建议
入住能看到城堡景色的酒店

该地区有几家酒店，游客可以在房间内看到城堡，被点亮的夜晚也很迷人。

C 比本家更为豪华的装饰
歌手大厅 Sängersaal

以瓦尔特堡为蓝本的大厅，曾是歌剧《汤霍瑟传说》的取景地，这个大厅在路德维希二世在世期间从未使用过。

D 国王曾在此祈愿
拜堂 Hauskapelle

位于寝室旁边的国王专属小型拜堂，祭坛中央是圣路德维希，祈愿台通过布满金银刺绣的紫色绸布进行装饰。

观光信息小贴士：城堡脚下有一条环绕阿卑斯山的徒步旅行线路，在"阿尔卑斯山巡回线路 Alpsee Rundweg"标识的指引下徒步走完全程约用时 2 小时。中途，有一个地方可以同时看到新天鹅堡和旧天鹅堡。

谈论德国历史与世界构成时不可或缺的存在

波茨坦和柏林的宫殿

世界遗产
1990

Paläste in Potsdam und Berlin

🏳 德国

湖水与森林环绕的都城

普鲁士的腓特烈大帝（腓特烈二世，1712~1786 年）十分喜爱位于首都柏林西南约 30 公里处的波茨坦，相继在该地建造了无忧宫、新宫等颇受大帝本人喜爱的优美的宫殿与庭园。

▲无忧宫周边的观光马车

123 腓特烈大帝度过了一段轻松的时光
无忧宫

Schloss Sanssouci

▶ 从柏林中央车站乘火车到波茨坦中央车站约 25 分钟，从车站乘巴士到无忧宫下车。▶ 全年均可参观 ▶ www.spsg.de

由腓特烈大帝建于 1747 年的华丽洛可可夏宫，大帝本人亲自参与设计，建筑师诺贝尔斯多夫实现了伟大国王的理想。

大帝从 35 岁至 74 岁离世前的这段时间几乎都是在这座宫殿内度过的，这座高 6 层的宫殿建造在葡萄田上，从楼梯下方向上仰望时看到的宫殿景色尤为美丽。

▶▲腓特烈大帝也曾欣赏演奏表演的音乐室
▶ 阶梯式葡萄田上呈现出优美身姿的宫殿

▼木质构造十分美观的英国风格宫殿
▼▶内部依然保存有当时举办首脑会谈的房间，游客可以在此参观并围绕历史上著名的一幕展开联想

124 王储夫妇的城堡，波茨坦会议的举办地
波茨坦采琪莲霍夫宫

Schloss Cecilienhof

▶ 从波茨坦中央车站乘坐电车到波茨坦采琪莲霍夫宫，徒步约 3 分钟 ▶ 全年均可参观 ▶ www.spsg.de

按照英国乡村别墅风格建造的城堡，于 1917 年完工，霍亨索伦家族的最后一位亲王威廉一家一直在此定居到 1945 年。1945 年，因作为由美国、英国以及苏联三国共同参与的波茨坦会议的举办地而闻名，举办会议的房间至今依然保留有当时的陈设并且对游客开放。

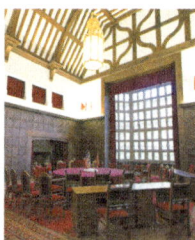

100 ✏ 观光信息小贴士：沿葡萄园的楼梯上行，在无忧宫右侧的花园中有一座坟墓，这里是腓特烈大帝和他心爱的狗狗们的长眠之地。鼓励在寒冷和贫瘠的土地上种植土豆的大帝的墓碑上，供奉有土豆。

柏林中央车站
Berlin Hauptbahnhof

勃兰登堡门
Brandenburger Tor

哈弗尔河
Havel

125

柏林
Berlin

124

普芬斯特贝格山观景台
Belvedere Pfingstberg

勃兰登堡州波茨坦新花园公园
Neuer Garten

大理石宫
Marmorpalais

亚历山大洛卡
Alexandrowka

波茨坦市
Potsdam

放大图下

0   5km

观景楼
Belvedere

橘园
Orangerie

123

无忧宫公园
Park Sanssouci

波茨坦新宫
Neues Palais

中国茶亭
Chinesisches Teehaus

和平教会
Fridenskirche

罗马浴场
Römische Bäder

Potsdam
波茨坦市

0   1km

N

荷兰区
Holländisches Viertel

波茨坦中央车站
Potsdam Hbf.

看点

波茨坦的勃兰登堡门建于
1771 年，是七年战争的
凯旋门。

---

125 **以女王姓名命名的洛可可风格的城堡**

夏洛腾堡宫
Schloss Charlottenburg

▶ 在柏林的瓦德纳广场地铁站下车，徒步约 15 分钟 ▶ 全年均可
参观 ▶ www.spsg.de

　　位于柏林西区，是普鲁士第一任国王弗
里德里希为他的妻子索菲亚·夏洛特建造的
夏季城堡。1699 年完工时，这里曾被称为里
森堡城堡，女王 36 岁去世后更名为夏洛腾
堡宫，宫殿内的"历史博物馆"与"瓷器屋"
不容错过。

Access & Advice

🗺 **观光建议**

荷兰风格的街道

　　这里有一个叫荷兰城的地方，两旁都是
荷兰式的红砖房屋。为招揽荷兰生意人，在
18 世纪时建造了这座荷兰城，从此，这里
便成了可爱的杂货店和咖啡馆的集合地。

🧭 **拓展信息**

格林尼克桥被称为间谍桥

　　曾经属于东德的波茨坦与西柏林之间的
格林尼克大桥在东西冷战的时代，一直被用
作苏联和美国之间交换间谍和囚犯的场所，
而现在已经成了观光胜地。

📷 **相关信息**

波茨坦——电影之城

　　巴贝尔斯贝格工作室于 1912 年在波茨
坦建成，这座城市曾经号称是超越好莱坞的
电影之都。现在还开设有电影博物馆、电影
主题公园以及电影专科学校等。

✏ 观光信息小贴士：波茨坦是一个平坦的小镇，非常适合骑自行车，波茨坦中央车站也有自行车出租店，骑自行车穿
过宽敞的无忧宫非常惬意。但是，请注意公园内有禁行骑行的区域。

美丽的巴洛克城市，沿易北河而建，拥有繁花似锦的文化

德累斯顿的城堡和宫殿

Schlösser und Paläste in Dresden

德国

奥古斯特国王留下的历史遗产

曾经被歌颂为"百塔之都"的德累斯顿，作为萨克森州的首府，18世纪初，在奥古斯特（弗里德里希·奥古斯特一世，1670~1733年）的领导下建造了华丽的城堡与宫殿，发展成为巴洛克城市。他曾专注于世界名画、财宝与陶瓷器的收集，还曾首次在欧洲成功生产名贵瓷器。

▲奥古斯特国王被描绘在了王宫外墙的迈森瓷砖上

---

126 被称为巴洛克杰作的宫殿

茨温格宫

Zwinger

▶ 从柏林乘火车到德累斯顿中央车站约2小时，乘坐电车在postplatz下车，徒步约3分钟 ● 全年均可参观 ● www.der-dresdner-zwinger.de

由奥古斯特最喜欢的建筑师波佩尔曼于1728年完成，19世纪中叶，森帕歌剧院的设计者森帕以意大利文艺复兴风格进行了扩展，后来，扩建部分成了绘画馆。作为古典大师画廊向公众开放，展示有奥古斯特时期的陶器收藏与古典名画等经典杰作。

▲宫殿被描述为波佩尔曼的杰作，建筑环绕中庭庭院而建

---

127 被萨克森王室的巨大宝藏所震撼

路德维希堡王宫

Residenzschloss

▶ 德累斯顿市中心，搭乘电车前往旧市场，徒步约5分钟 ● 全年均可参观 ● www.skd.museum/besuch/residenzschloss/

1485年以来，这里一直是萨克森君主的住所。德国文艺复兴时期建造的城堡，大火后重建于奥古斯特国王时代，还进行了巴洛克与新文艺复兴风格的翻新，后又在第二次世界大战中惨遭烧毁。德国统一后重建，财宝展示室与居室现在均对外开放。

◀巨大的宫殿，曾是萨克森王室的住所。现在展示有工艺品、宝石以及武器等，构造十分复杂

观光信息小贴士：奥古斯特兼任萨克森选帝侯和波兰、立陶宛共和国国王，他曾在波兰首都华沙建造了一座名为萨斯卡宫的宫殿，但是，在第二次世界大战中遭到了破坏。萨斯卡在波兰语中意为萨克森。

Dresden
德累斯顿

0 ─── 2km

伊诗贝格
Eisenberg

博克斯多夫
Boxdorf

德累斯顿机场
Flughafen Dresden

荣格·海德
Junge Heide

▲红绿灯安佩尔曼是人气角色，德累斯顿也有女版

德累斯顿皮耶申膳食公寓酒店
Pieschen

腓特烈城
Friedrichstadt

德累斯顿新城站
Dresden-Neustadt Bhf.

金色骑士
Goldener Reiter

德累斯顿总站
Dresden Hbf.

扩大图右

奥古斯特桥
Augustusbrücke

森帕歌剧院
Semperoper

圣三一大教堂
Kathedrale St. Trinitatis

瓷砖画壁
Fürstenzug

阿尔贝廷宫
Albertinum

圣母教堂
Frauenkirche

新市场广场
Neumarkt

旧市场
Altmarkt

圣十字教堂
Kreuzkirche

市政厅
Rathaus

老城区

Prager Str.

布拉格大街

▼茨温格宫的宝藏，拉斐尔的《西斯廷圣母》中所描绘的天使，非常适合用作旅游纪念品

德累斯顿总站
Dresden Hbf.

0 ─── 400m

▲国最古老的圣诞市场

---

(128) 水池中的倒影宛如童话世界

莫里茨堡
Schloss Moritzburg

▶ 从德累斯顿新城乘坐巴士约 30 分钟，在莫里茨堡下车后即可抵达
▶ 全年均可参观 ▶ www.schloss-moritzburg.de

　　16 世纪中叶，由萨克森公国的莫里茨建造的狩猎城堡。由奥古斯特国王时期的建筑师波佩尔曼设计，重生为豪华的巴洛克城堡。以其独特的室内装饰而闻名，包括装饰有各种鸟类羽毛的挂毯和带天篷床的客房。

Access & Advice

观光建议
需要预约的门票

　　在路德维希堡王宫，只有名为"绿穹珍宝馆"的财宝展示室需要预约并且按照指定时间持入场券入场参观。有时也可以现场购票，但是，从网站提前预订更加保险。

相关信息
悠闲的 SL 之旅也充满乐趣

　　前往莫里茨堡，也可以搭乘从德累斯顿开往拉德博伊尔站的火车，再从这里乘坐蒸汽机车前往。

拓展信息
瓷城迈森

　　迈森，毗邻德累斯顿的小镇，欧洲首次成功生产瓷器的地方。在瓷器工厂中，可以参观到制造过程中的实演演示，馆内还有一家专卖奥特莱斯产品的精品店。

✎ 观光信息小贴士：德累斯顿有一家被吉尼斯纪录认定为"世界最美乳制品店"的商店，这是一家创建于 1880 年的老字号店铺，铺满店面的装饰瓷砖十分美观，值得一看，还有可以品尝乳制品的咖啡厅。

探索慕尼黑维特尔斯巴赫家族的历史
慕尼黑的城堡和宫殿
Schlösser und Paläste in München

德国

慕尼黑——巴伐利亚的首府

自 1180 年至 1918 年，约 738 年间，持续统治巴伐利亚首都慕尼黑的维特尔斯巴赫家族鼓励发展艺术，在城市内建造了众多宏伟的建筑物与美术馆。目前是德国第三大城市，还可以参观由啤酒厂直接管理的巨大啤酒馆和啤酒花园。同时，这里也因为举办世界上最大的啤酒节——慕尼黑啤酒节而闻名。

▲位于慕尼黑市中心玛恩亚广场的新市政厅，每逢卡拉库里人偶的活动时间，广场上便会挤满手捧照相机的游客

几经增改建的广阔宫殿
129 **慕尼黑王宫**

Residenz

▶ 慕尼黑市中心，在音乐厅广场地铁站下车即达 ▶ 全年均可参观 ▶ www.residenz-muenchen.de

巴伐利亚王室维特尔斯巴赫的主要宫殿，建于 1385 年的名为新威斯特的城堡是其核心，然后，又以文艺复兴、巴洛克以及洛可可等风格装修，形成了十分复杂的构造。歌德、莫扎特以及拿破仑也曾来访，均因其壮丽而备感惊叹。1918 年，巴伐利亚最后一位国王路德维希三世退位两年后开始向公众开放。

看点

拥有 121 幅维特尔斯巴赫家族肖像的祖传画廊。

▲格罗滕霍夫呈现出洞穴般的氛围，里面密布着贝壳

◀大厅为陈列古代雕刻而建，但是，栩栩如生的壁画反而在此脱颖而出

观光信息小贴士：慕尼黑王宫附近有几个啤酒馆，著名的皇家啤酒屋也包括在内。因宫殿参观而感到疲劳后，可以搭配慕尼黑著名的白香肠和椒盐脆饼品尝新鲜酿造的啤酒。

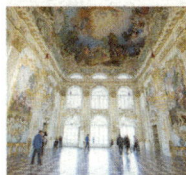

München
慕尼黑

0   2km

N

▲皇家啤酒屋的啤酒馆

凯旋门
Siegestor

慕尼黑新美术馆
Neue Pinakothek
慕尼黑老绘画陈列馆
Alte Pinakothek
现代艺术陈列馆
Pinakothek der Moderne

英国公园
Englischer Garten

中央巴士总站
ZOB

德国艺术之家
Haus der Kunst

慕尼黑中央火车站
München Hbf.

129

宫廷酿酒屋
Hofbräuhaus

▲热闹的谷物市场

新市政厅
Neues Rathaus

谷物市场
Viktualienmarkt

130 名为妖精之城的夏季行宫
宁芬堡
Schloss Nymphenburg

▶ 慕尼黑市中心，从慕尼黑中央车站乘坐电车到宁芬堡，徒步约5分钟 ● 全年均可参观 ● www.schloss-nymphenburg.de

巴伐利亚选帝侯斐迪南·马里亚为庆祝其子、王国继承者马克斯·伊曼纽尔的诞生，于1644年开始建造。

在马克斯·伊曼纽尔时代，几乎就已经扩张到了现在的规模。用于举办庆祝活动的大厅"施泰纳·萨尔"中有出自弗朗索瓦·库维利埃和约翰·普布提斯·齐默尔曼之手的令人惊叹的洛可可装饰。

◀◀ 位于主楼中央的洛可可式大厅"施泰纳·萨尔"
◀ 在庭园中建造的小城堡——阿美琳堡内的房间
▼ 美丽庭园中的白墙熠熠生辉，是一座十分优美的宫殿

Access & Advice

🗺 观光建议

在陈列馆欣赏艺术

建有新美术馆、老绘画陈列馆以及现代艺术陈列馆三座陈列馆（美术馆），可以依次对各个时代的名画进行鉴赏。

📷 相关信息

带啤酒花园的蓝天市场

靠近市中心玛丽恩广场的永久市场——谷物市场内开设有出售蔬菜与水果等的商店，全天开放，还有一个啤酒花园。

🍴 美食信息

慕尼黑特产3件套

质地柔软蓬松的白香肠、形状独特的椒盐卷饼以及用小麦麦芽制成的白啤酒是啤酒馆的主食。

✏ 观光信息小贴士：马车博物馆位于宁芬堡宫主楼南侧（与主楼入口不同），以路德维希二世使用的金饰马车与通过耽美装饰品进行装饰的雪橇（冰橇）为代表，展示有维特尔斯巴赫家族的豪华马车。

德国历史和文化中最重要的城堡之一

瓦尔特堡

世界遗产 1999

Die Wartburg
► www.wartburg.de

🇩🇪 德国

▲瓦尔特堡高耸于艾森纳赫背后的群山之上

可以说是德国文化发源地的城堡

相传于 1067 年由图林根领地的路德维希建造，城堡的主楼"帕拉斯"建于 1170 年，以晚期罗马式风格建造。13 世纪时，曾邀请被称为明尼森格的宫廷浪漫诗人，在此举办歌曲选秀竞赛。1777 年，参观废弃城堡的歌德对这座城堡的历史性价值进行了申诉，这也成了日后城堡得到修复与保存的契机。还可以在城堡内部看到一间简单的小房间，马丁·路德就是在这里将《新约·圣经》翻译成德文的。

▲位于主楼 3 层的宴会厅
◄从第 2 中庭眺望城堡，右侧是主楼帕拉斯

Access & Advice

🚆 **交通信息**
从法兰克福出发的一日游

从法兰克福乘火车到艾森纳赫车站大约需要 1 小时 45 分钟。从车站搭乘巴士并且在下车后步行前往，约用时 40 分钟。

🏛 **观光建议**
参加导览

收费，全年均可参观。主楼有很多景点，只能在导游的带领下参观。

📷 **相关信息**
伟人曾经居住过的城市

在艾森纳赫，可以参观巴赫和路德居住的房子。

✎ **观光信息小贴士**：在这座城堡中举办的歌曲选秀竞赛，后来被理查德·瓦格纳用作了歌剧《唐豪瑟》的主题。此外，画家施温的一幅令人惊叹的壁画（1855 年创作）描绘了歌曲选秀竞赛的盛况，这幅壁画现在装饰在城堡中一间名为"歌曲选秀室"的大厅当中。

至今依然保留有中世纪风貌的孤高古城

埃尔茨城堡

Burg Eltz
▶ www.burg-eltz.de

🇩🇪 德国

▲在远离喧嚣的森林深处，它静静地矗立在一座约 70 米高的石山上

隐藏在森林深处的名城

埃尔茨城堡高耸于摩泽尔河谷的森林之上，始建于 12 世纪中叶，后因武力原因曾一度陷落。城堡内至今仍然保留有一些罗马式风格的客厅并且保持着良好的山城构造，外形十分美观。三个埃尔茨家族在城堡里长期生活在一起，城堡也不断以各种不同的风格进行了扩建与改建。这座环绕狭窄中庭而建的高层建筑中约有 100 间房屋，结构错综复杂，现在的城主是埃尔茨家族的第三十三代传人。

▲穿过城门，一个崭新的世界即将映入眼帘
◀许多游客在夏季来到周边地区徒步旅行

Access & Advice

🚆 **交通信息**
平日巴士停运
从法兰克福火车经科布伦茨站到莫塞尔克恩站大约需要 2 小时 15 分钟，从车站出发，徒步前往城堡，约用时 1 小时 30 分钟。

👥 **观光建议**
当天可购票入场
收费，冬季不可入场。

📷 **相关信息**
英文导览
15 世纪的厨房是导游导览过程中的热门地点，可以实际感受到当时的城堡生活。

✏️ **观光信息小贴士：** 从城堡停车场步行前往城堡途中，有一处展望台，是俯瞰整个城堡的绝佳拍摄点。对城堡进行参观后，下到城堡旁边的埃尔茨河仰望城堡也是一种有趣的体验。

并排建有华丽塔楼的优雅城堡
什未林城堡
Schweriner Schloss
► www.mv-schloesser.de

🇩🇪 德国

▲ 参照卢瓦尔河地区的香波城堡（→ p.11）
建造，外形品位非凡

由德国著名建筑师联合创作

斯拉夫人在 9 世纪左右建造的堡垒，1160 年被萨克森公国的狮子亨利王子征服，建造了新城堡和什未林镇。在那之后又几经扩建与改建，自 1845 年至 1857 年，建成了现在呈现在世人面前的模样。

后来，经过大师申克尔的弟子登姆勒等著名建筑师的再次创作，这里又得以重生为德国北部最宏伟的城堡之一。尤其站在庭院内看到的城堡景色十分美观，很多人都会因为它独特的魅力而备受吸引。现在，城堡已经成了州议会的议事场地。

◄ 梅格伦堡大公座厅

▲ 位于什未林湖和布尔格湖之间的岛上

Access & Advice

🚆 **交通信息**
从汉堡出发的一日游
　　从汉堡乘火车到什未林站约 55 分钟，从车站出发，徒步前往城堡，约用时 20 分钟。

🗺 **观光建议**
全年开放
　　收费，可在游览当日购票入场。

📷 **相关信息**
州立博物馆
　　城堡附近的国家博物馆收藏了大量珍贵的荷兰佛兰芒电影，如勃鲁盖尔和鲁本斯等。

观光信息小贴士：除了登姆勒，因建造霍亨索伦城堡（→ p.109）而留名于世的著名建筑师蒂勒、对德累斯顿茨温格宫（→ p.102）进行扩建的森珀等代表历史主义建筑的明星建筑师都曾致力于这座城堡的改建。

在黑森林中屹立的孤高城堡

Special Choice 134

霍亨索伦城堡

Burg Hohenzollern
► www.burg-hohenzollern.com

德国

▲耸立在霍亨索伦家族的发源地

普鲁士王室的发祥地

11 世纪前叶，城堡曾一直存在于世，但是，在 1423 年时便全面损毁了。

不久后复建的城堡几乎也在 19 世纪初成为废墟。普鲁士国王（后来的国王弗里德里希·威廉四世）毅然决定再次对城堡进行复建。1867 年，由柏林著名建筑师蒂勒设计的新哥特式风格城堡竣工。德国最后一位皇帝的直系后裔至今仍在使用，在城堡居住期间，居住者会在塔楼上升起旗帜，圣诞市场于每年 12 月在庭院举行。

▲普鲁士王冠上镶嵌着钻石和蓝宝石
◄腓特烈大帝的制服

Access & Advice

🚆 交通信息
从车站乘坐巴士或出租车

从斯图加特乘火车到黑兴根站约 1 小时，从车站前到城堡停车场需要搭乘巴士，然后再转乘穿梭巴士。

🗺 观光建议
全年开放

收费，实行预约制度，游客需要按照指定的日期与时间前往观光。

📷 相关信息
极好的观点

推荐在山腰处的观景点泽勒·霍恩 Zeller Horn 观赏，这里距离城堡步行约 1 小时。

✏️ 观光信息小贴士：城堡中流传着被称为魏瑟弗劳（白女）的亡灵传说，曾一度遭到掩埋的中世纪地下炮台在 21 世纪得到了发掘。中庭中有通往"地下炮台 Kasematten"的入口标识，可以从这里出发，开启传说中秘密通道的探寻之路。

静静矗立在山间的路德维希二世的隐秘城堡

林德霍夫宫

Schloss Linderhof
► www.schlosslinderhof.de

德国

▲夏季时，喷泉会喷射出极高的水柱

德国洛可可式建筑的瑰宝

巴伐利亚国王路德维希二世为自己建造的宫殿，这位对法国的路易十四抱有崇拜之情的国王，融合法国洛可可和巴洛克风格，于1886年成功完成了建设。2层的10间房屋是国王的房间，1层是仆人的房间。散布在宫殿周围的"金星洞"（现在仍处于关闭状态，计划于2022年年底前完成改建与翻修）与"摩尔式售货亭"等配套设施都倾注了国王的心血，绝对不容错过。宫殿后方，还有沿山坡斜面形成的阶梯状瀑布，名为"小瀑布"。

▲外观看起来像充满幻想的"摩尔式售货亭"

◀在瓦格纳的《唐豪瑟》中一展锋芒的钟乳洞"金星洞"

Access & Advice

🚆 **交通信息**
从慕尼黑出发的一日游
从慕尼黑乘坐火车到上阿默高站大约需要1小时30分钟。从车站乘坐巴士约30分钟抵达城堡。

🏞 **观光建议**
全年开放
收费，可于观光当日购票入场，只能在导游的带领下游览城堡。

📷 **相关信息**
绘有壁画的房屋
据点城镇上阿默高有许多绘有壁画的房屋，极富浪漫色彩。

✏ 观光信息小贴士：讨厌人类的路德维希二世在用餐时间无法忍受仆人在自己身旁，因此，命人制作了一张"魔法餐桌"，就像升降舞台一般，把在一楼做的菜连同桌子一起升到二楼餐厅，然后独自用餐。

作为德国巴洛克代表建筑而闻名的宫殿

维尔茨堡官邸

Würzburger Residenz
► www.residenz-wuerzburg.de

🇩🇪 德国

▲从官邸广场看到的宫殿和弗兰科尼亚
喷泉

世界上最大的壁画

建于 1720~1744 年，是维尔茨堡主教的宫殿，基本设计出自当时的年轻建筑师巴尔塔萨·诺伊曼（Balthasar Neumann）之手。镇上有马林堡要塞，这座要塞从 13 世纪起就建在山上，是为战争做准备的，主教曾一直居住于该地。但是，18 世纪后，政局也逐渐趋于稳定，要塞本身也失去了自己的必要性，因此，又在这里建造了豪华的宫殿，以示权威。

最大看点是"楼梯大厅"，世界上最大的壁画便存在于广阔的中庭天花板上。

▲融入维尔茨堡镇的官邸
◀霍夫花园，放松的好去处

Access & Advice

🚆 **交通信息**

从法兰克福出发的一日游

从法兰克福乘火车到维尔茨堡站大约需要 1 小时 10 分钟，从车站出发，徒步前往城堡，约用时 20 分钟。

🏛 **观光建议**

全年开放

收费，可于观光当日购票入场。

📷 **相关信息**

烈性葡萄酒产区

维尔茨堡是著名的法兰克葡萄酒产区，以其干白葡萄酒而闻名。

✏ 观光信息小贴士：维尔茨堡镇是著名的葡萄酒产区，有许多酿酒厂和葡萄酒餐厅，可以在这里以合理的价格品尝到自制的葡萄酒，香肠也很好吃。

乘游船前往路德维希二世最后的梦想城堡

海伦基姆湖宫

Schloss Herrenchiemsee

▶ www.herrenchiemsee.de

德国

▲用于宫殿与庭园建设的费用远超新天鹅堡（→ p.98）

被湖水环绕的闪耀之城

　　位于基姆湖海伦因塞尔的城堡，巴伐利亚国王路德维希二世对太阳国王路易十四十分着迷，于 1878 年仿照凡尔赛宫（→ p.2）开始着手宫殿建设。内部以洛可可风格进行装饰，十分华丽，尤其是长达 98 米的镜厅，比原来的凡尔赛宫规模更大。然而，路德维希二世于 1886 年神秘死亡，因此，只在这座宫殿内居住了 9 天，宫殿内至今依然保留有未完成建造的区域。

▲晴空度假村基姆湖

◀重现凡尔赛宫花园中的"拉特娜女神喷泉"

Access & Advice

🚃 **交通信息**

从慕尼黑出发的一日游

　　从慕尼黑乘火车约 1 小时抵达基姆湖畔普林站，从车站出发前往城堡，需相继换乘 SL 与游船。

🗺 **观光建议**

全年开放

　　收费，实行预约制度，需要按照指定的日期与时间前往观光。

📷 **相关信息**

场内还开设有博物馆

　　希望游客在对宫殿内部进行参观后，再仔细看一看一楼的路德维希二世博物馆。

✏ 观光信息小贴士：从火车站到基姆湖码头，开设有仅在夏季运营的 SL 线路，如果能够有效利用这一公共交通工具，将为旅程增添不少有趣的色彩。此外，从城堡所在的海伦因塞尔岛上的码头到城堡，还不断往返有悠闲舒适的公共马车，颇具人气。

(138) 创造迈森瓷器的秘密城堡
阿尔布莱希特城堡
Albrechtsburg

▶德国／从德累斯顿到迈森站搭乘火车约35分钟，从车站出发徒步约25分钟即可抵达 ▶全年均可参观 ▶ www.albrechtsburg-meissen.de

晚期哥特式城堡，在15世纪时就已经形成了今天的模样。对东方白瓷着迷的萨克森选帝侯兼波兰国王奥古斯特，为开发白瓷并保持机密将炼金术士约翰·博特格囚禁在这座城堡中。之后，博特

格成功地生产出欧洲第一块白瓷，但监禁并未解除，在37岁时便英年早逝了。1710~1863年，城堡内一直开设有王族瓷器工厂并且坚持生产。从1865年起，迈森瓷器厂搬迁到城堡以南约2公里处。

现在，工厂内还开设有博物馆，游客可在此观看整个制作工艺。

▲易北河畔的深邃城堡
◀迈森瓷厂搬迁到了镇上

(139) 路德维希二世在此度过了快乐的童年
高天鹅堡
Schloss Hohenschwangau

▶德国／从慕尼黑乘火车约2小时抵达菲森站，从车站乘坐巴士或出租车约10分钟，从售票中心步行约25分钟 ▶全年均可参观 ▶ www.hohenschwangau.de

城堡建于12世纪前后，曾一直荒废，1832~1836年，由巴伐利亚国王马克西米利安二世重建，采用新哥特式风格，是供家族使用的夏季狩猎城堡。他的儿子路德维希二世，又名"疯王"，从孩提时代到青年时代，曾多次造访这座城堡，高天鹅

堡与瓦格纳的歌剧《罗恩格林》颇具渊源，陈列有瓦格纳曾经弹奏过的钢琴的音乐室也不容错过。

▲冬季披上雪白外衣的城堡格外美丽
◀从高天鹅堡可以清晰地眺望到新天鹅堡

✏ 观光信息小贴士：《罗恩格林》在瓦格纳的歌剧中最受欢迎，在一段时间内，曾一度成为演奏次数最多的作品。在国内也十分著名的《婚礼合唱》（瓦格纳的婚礼进行曲）等可以独立演奏的曲目中也有很多人气颇高的作品。

140 俯瞰摩泽尔河
科赫姆帝国城堡
Reichsburg Cochem

▶德国／从法兰克福乘火车到科赫姆站大约需要 2 小时 45 分钟，仅在夏季提供前往城堡的穿梭巴士服务，需时约 10 分钟 ▶全年均可参观 ▶ reichsburg-cochem.de

在高达 100 余米的高山上屹立的城堡，据说，城堡建于 11 世纪前后，1688年，被法国国王路易十四的军队占领，于次年遭到破坏。在那之后的很长一段时期，城堡一直处于废墟的状态，直至 1868 年，柏林商人路易斯·拉文出资将城堡遗址收入囊中，以新哥特式风格对城堡进行了重建。重建后的 75 年间，被用作拉文家族的避暑城堡，1942 年，出售给德意志帝国，战后，成为科赫姆市的财产。目前由帝国城堡管理公司运营，可以在导游的带领下参观内部。

▲被葡萄园包围的城堡，科赫姆的城市景观也很棒
◀◀以帝国（帝国之城）冠名的城堡
◀摩泽尔河夏季时有游船运营

141 中世纪骑士物语的世界
利希滕斯坦城堡
Schloss Lichtenstein

▶德国／从斯图加特到罗伊特林根火车站乘火车用时 35~50 分钟，从车站搭乘巴士，继而徒步前往，用时约 1 小时 10 分钟 ▶ 1·2 月不可入场 ▶ www.schloss-lichtenstein.de

建于 14 世纪末期，16 世纪时成为废城并一直搁置于此。在那之后，乌拉赫公爵威廉因向往 19 世纪作家豪夫的骑士故事《列支敦士登》，有意重现故事中的世界，于 1840~1842 年建造了这座体现对中世纪向往的新哥特式城堡。

▲建在惊险的悬崖上
◀在浓密的森林中若隐若现

✎ 观光信息小贴士：摩泽尔盆地是莱茵河的支流，同时也是著名的葡萄酒产区，科赫姆有很多出售葡萄酒的商店和供应美酒的餐厅。可以只点 1 杯，也可以整瓶购买，请尽情享受果味清爽的摩泽尔葡萄酒。

耸立在多瑙河上游的著名城堡

142

锡格马林根城堡
Schloss Sigmaringen

▶德国／从斯图加特乘火车到锡格马林根站约 2 小时，从车站出发，徒步约 5 分钟 ▶ 1・2 月不可入场 ▶ hohenzollern-schloss.de

据说，这座中世纪城堡的创建时间可以追溯到 1200 年以前，几经复建、改建后，成为霍亨索伦家族的分支霍亨索伦·锡格马林根家族的财产。锡格马林根在 1576~1850 年间曾是霍亨索伦·锡格

马林根公国的首都，该家族将这座城堡当作据点，也曾称其为霍亨索伦宫。整座城堡于 1630 年以文艺复兴时期的风格进行了翻修，在 19 世纪下半叶，又以新哥特式风格进行了翻建。城堡内有关狩猎与武器的个人收藏达 3000 余处，堪称欧洲最大规模。

▲建在岩石山上，可俯瞰多瑙河谷
◀可以对摆放有豪华家具与生活用品的房间与大厅等进行参观

德国首屈一指的洛可可风格城堡

143

奥古斯图斯城堡
Schloss Augustusburg

世界遗产 1984

▶德国／从科隆乘火车到布吕尔站约 15 分钟，从车站出发，徒步约 3 分钟 ▶ 1・12 月不可入场 ▶ www.schlossbruehl.de

科隆大主教和选帝侯，来自维特尔斯巴赫家族的克莱门斯·奥古斯特（1700~1761 年）建造的豪华城堡。这座城堡还因城堡所在地的名称而得名，又名布吕尔城堡。约翰·孔拉特·史劳于

© DZT/ Florian Trykowski

1725 年在中世纪城堡的废墟遗迹上开始建造，1728 年后，著名建筑师弗朗索瓦·德·库维利埃也投身于城堡建设，施展了自己的才能。来自欧洲各地的杰出艺术家们集合于此，创造出了融雕刻、绘画以及花园为一体的城堡，可以说是德国洛可可风格建筑中最好的艺术作品，曾参与维尔茨堡官邸（→ p.111）建设的巴尔塔萨·诺伊曼创作的楼梯间也堪称杰作。

▲可以对内部施以细腻装饰的居室进行参观
◀壮丽的楼梯间是最大看点

✎ 观光信息小贴士：奥古斯图斯城堡南侧是法式巴洛克风格的城堡花园，与花园尽头建造在长达约 1 公里的绿树成荫道路上的小型狩猎城堡法尔肯拉斯特城堡一并列入了联合国教科文组织《世界遗产名录》。

斯佩萨尔森林的明珠

梅斯佩尔布伦城堡
Schloss Mespelbrunn

▶ 德国／从法兰克福乘火车到阿沙芬堡站约 30 分钟，从车站搭乘巴士约 35 分钟。下车后，徒步 10~15 分钟 ▶ 冬季不可入场
▶ www.schloss-mespelbrunn.de

森林深处，极富浪漫色彩的城堡倒映在城堡前的池塘中。以 15 世纪时建造的骑士城堡为基础，通过 16 世纪后半叶进行的翻修，呈现出了现在的模样。现在，城堡所有者一家居住的南侧楼栋不可参观，但是，北侧楼栋面向公众开放。

(145) 倒映在水面的幸福之城

格吕克斯堡
Schloss Glücksburg

▶ 德国／乘火车从汉堡到弗伦斯堡站约 2 小时，乘坐镇上驶出巴士，大约需要 30 分钟，然后再步行前往 ▶ 全年均可参观 ▶ www.schloss-gluecksburg.de

文艺复兴风格的优雅城堡，1583~1587 年建造以来，从未卷入战争灾难，完好地保留了建造之初的形态，城堡所有者格吕克斯堡家族是与许多欧洲皇室都有血缘关系的知名家族。从 1922 年开始，城堡便演变成了展示民俗资料的博物馆。

辉煌的哈布斯堡家族的宏伟宫殿

维也纳的宫殿

Paläste in Wien

🇦🇹 奥地利

保留有众多帝国遗产的艺术、音乐之都

维也纳，哈布斯堡家族的故乡，他们在整个欧洲拥有广阔的领土，建立了 600 多年的庞大帝国。以地标性建筑圣史蒂芬大教堂为代表，位于老城区的王宫与郊区的夏季行宫丽泉宫将华丽的宫廷文化呈现在当今世人面前，陈列有哈布斯堡王朝名画等遗产的博物馆与聚集世界优秀艺术家的音乐之城至今依然吸引着众多人士前来拜访。

▲高耸于老城区中心购物区的圣史蒂芬大教堂

---

(146) 玛丽亚·特蕾西亚的宫殿　　世界遗产 1996

美泉宫

Schloss Schönbrunn

▶ 维也纳市内，搭乘地铁至美泉宫站，徒步约 10 分钟 ▶ 全年均可参观 ▶ www.schoenbrunn.at

看点
长约 40 米的大型画廊，曾举办舞会与晚宴，玛丽亚·特蕾西亚也出现在了中央的天花板画上。

原本是森林中的一座狩猎用宫殿，17 世纪末由利奥波德一世皇帝重建为大规模宫殿。在那之后，在皇后玛丽亚·特蕾西亚的指导下，以洛可可风格翻新为夏日行宫，包含广阔的庭园在内，建造工程一直持续到了 18 世纪 70 年代。宫殿内共有 1441 个房间，皇帝及其家人的豪华房间与大画廊等二楼区域向公众开放。

©Schloss Schoenbrunn Kultur-und Betriebsges.m.b.H./ Severin Wurnig

✎ 观光信息小贴士：位于宫殿西侧的奥地利潮流美泉宫公园酒店在美泉宫的主楼内设有一间豪华套房，在豪华的新洛可可风格房间内留宿一晚，将令人产生一种自己已经成为王室一员的错觉。

▲ 市政厅前广场举行圣诞
集市

维也纳市政厅
Rathaus der Stadt Wien

德梅尔咖啡馆
Café konditorei Demel

斯特凡大教堂
Stephansdom

(148)

位于王宫内的国家图书馆——
奥地利国家图书馆据说是世
界上最美丽的图书馆

萨赫咖啡馆
Café Sacher

▲ 观光马车车夫会引导游
客观光

维也纳西站
Wien Westbahnhof

(146)

N

Wien
维也纳

0 ━━━━━━ 1km

▲ 卡费萨赫维也纳的萨赫蛋糕

维也纳中央火车站
Wien Hauptbahnhof

(147)

---

(147) **奥地利巴洛克的象征**
世界遗产 2001

美景宫

Schloss Belvedere

▶ 维也纳市中心，在美景宫电车站下车即达 ▶ 全年均可参观 ▶ www.
belvedere.at

　　17 世纪，由活跃在与奥斯曼帝国的战斗
中的英雄欧根亲王建造。由著名建筑师希尔德
布兰特设计，曾被用作住所的下宫于 1716 年
竣工，而用于举办舞会与宴会的豪华上宫则于
1723 年完成建造。1752 年，宫殿归玛丽亚·
特蕾西亚所有。

Access & Advice

📍 **观光建议**
观光马车
　　可以乘坐经典马车游览老城景点，
是非常热门的观光线路。游客可以沉
浸在贵族体验当中，通过略高于平日
的视角眺望城区景色。

🧭 **拓展信息**
享受多瑙河游船之旅
　　瓦豪谷是多瑙盆地最美丽迷人的
地区，也可以从维也纳出发一日游，
从春天到秋天，享受游船之旅。

🍴 **美食信息**
维也纳炸肉排
　　通过《拉德茨基进行曲》而留名
于世的拉德茨基将军从米兰引进的美
味料理，使用小牛肉或猪肉熏制出美
味的炸肉排，还要挤上一些柠檬汁。

---

(148) **哈布斯堡家族在老城区的家**
世界遗产 2001

霍夫堡皇宫/维也纳

Hofburg

▶ 维也纳市中心，从伯格林克地铁站徒步约 5 分钟 ▶ 全年均可参观
▶ www.hofburg-wien.at

　　哈布斯堡家族从 13 世纪到 1918 年间在此居住，在现存
最古老的瑞士宫殿周围多次进行扩建和翻新，最终形成了复杂
的构造，可以对皇帝弗朗茨约瑟夫一世和皇后伊丽莎白（绰号
茜茜）的居室等进行参观。

　观光信息小贴士："萨赫咖啡馆"与"德梅尔咖啡馆"是为起源而战的两家萨赫蛋糕名店，均地处王宫附近，游客可以
分别品尝并比较两家店各自供应的浓郁香甜的正宗巧克力！咖啡方面，混入生牛奶的"混合咖啡"拥有最高的人气。

拥有众多中世纪景观的小型古都

萨尔茨堡的城堡和宫殿

Paläste in Salzburg

🇦🇹 奥地利

大主教创建的盐都

　　萨尔茨堡意为"盐城"，这一地区自古便因岩盐挖掘与交易而繁荣兴盛。在大主教兼任领主并且对国家进行统治的教会国家时代，这里曾发展为一座壮丽教堂、坚固城塞以及华丽宫殿鳞次栉比的都市。萨尔茨堡是莫扎特的出生地，同时也作为世界性音乐节举办地而闻名。郊外有一处被称为萨尔茨卡默古特的岩盐产地，山湖景色交织，风光十分明媚。

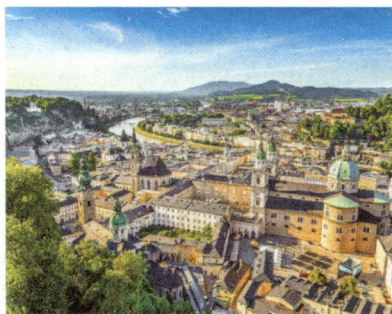
▲可以从霍亨萨尔茨堡远眺被河流山川环绕的城市美景

(149) 保卫萨尔茨堡的巨大城堡
世界遗产 1996

霍亨萨尔茨堡

Festung Hohensalzburg

▶从萨尔茨堡中央车站乘坐巴士约 10 分钟后下车，徒步约 15 分钟后乘坐城堡缆车 ● 全年均可参观 ● www.salzburg-burgen.at

　　萨尔茨堡大主教格布哈特于 1077 年开始建造的坚固城堡，经过扩建与改建，在 1500 年前后，最终形成了现在所呈现出的巨大身姿。游客还可以在导游的导览下参观城塞内部的大主教房间、拷问器具、武器以及可以遥望周围群山的 360 度全景观景台等。

◀ 向外敌展示了大主教莫大的财富与权力

(150) 大主教为爱人建造的城堡

米拉贝尔宫
世界遗产 1996

Schloss Mirabell

▶从萨尔茨堡中央车站乘坐巴士，约 5 分钟后在米拉贝尔广场下车即达 ● 全年均可参观 ● www.salzburg.info

　　沃尔夫·迪特里希大主教于 1606 年为他的爱人莎乐美·阿尔特建造的城堡，现在，米拉贝尔宫内部已经成为市政府办公地，只有名为马尔莫扎尔的大厅向公众开放，请游客千万不要错过通往该大厅途中装饰有大理石天使雕像的楼梯。

▲米拉贝尔宫也以维护良好的米拉贝尔花园的美丽而闻名

🖊 观光信息小贴士：音乐电影《音乐之声》以萨尔茨堡为背景，片中角色在米拉贝尔宫花园中唱响《哆来咪》，而在唱响《即将十七岁》的场景中使用的玻璃房便矗立在海尔布伦宫的花园当中。

151 历代大主教多次扩建的宫殿 世界遗产 1996

王宫/萨尔茨堡
Residenz

▶ 从萨尔茨堡中央车站搭乘巴士前往市议会厅，下车后徒步约 5 分钟即可抵达 ▶ 全年均可参观 ▶ www.domquartier.at

　　王宫是萨尔茨堡大主教居住与办公的场所，这座宫殿从 13 世纪开始建造并且于 16 世纪后半叶最终呈现出了现在的姿态。在 18 世纪末之前，王府进一步得到扩建并且被施以豪华装饰，年轻的莫扎特曾用于表演的场地"骑士厅"是游客游览过程中的必看景点。

观光景点
以电影背景舞台为主题的观光团

　　如果您对《音乐之声》中所呈现出的场景进行游览，推荐游客参加观光巴士之旅。游客可以高效地享受散落在萨尔茨卡默古特郊区的拍摄地点。

美食信息
莫扎特曲棍球

　　包裹在莫扎特画像中的球形巧克力是萨尔茨堡的经典纪念品，这种巧克力是在 1890 年时由萨尔茨堡糖果商研发出来的产品，在那之后，多家公司都将其作为经典产品长期出售。

美食信息
萨尔茨堡蛋奶酥

　　镇上的特色甜点，游客可以在餐厅品尝。用搅打好的蛋白酥皮和蛋奶糊烤制的舒芙蕾，外形仿佛阿尔卑斯山的雪山一般。味道非常甜，一般都会使用大盘子盛装供应，分量为 3~4 人份。

Salzburg
萨尔茨堡

萨尔茨堡火车站 Salzburg Hbf.

0　　　　1km

150 莫扎特故居 Mozart-Wohnhaus

莫扎特出生地 Mozarts Geburtshaus
151

莫扎特17岁之前的住所，里面展示着莫扎特亲笔书写的信件与乐谱等贵重物品

149

152 水中庭院人气颇高！

海尔布伦宫
Schloss Hellbrunn

▶ 从萨尔茨堡中央车站乘坐巴士约 25 分钟后下车，从巴士站出发徒步前往城堡，约用时 5 分钟 ▶ 冬季不可参观 ▶ www.hellbrunn.atobidos.pt

　　海尔布伦宫是大主教马克思·齐蒂奇于 1615 年建造的一座郊区宫殿，内部通过充满活力的壁画进行装饰的"祝祭厅"是一大看点。与宫殿相比，更加富有人气的是有效利用水利资源进行建造的水中庭院。庭院中，往往会在意想不到的地方突然喷射出水柱，让前来造访的游客在备感惊奇的同时享受观光乐趣。

▲海尔布伦宫花园中的玻璃屋

▲萨尔茨堡蛋奶酥的形状像极了阿尔卑斯山

152

观光信息小贴士：有关从萨尔茨堡出发的短途旅行，推荐将湖畔小镇哈尔施塔特作为观光的目的地。这里是世界最古老盐坑的所在地，游客可以在导游的带领下游览，湖水中的美丽倒影与从山间观景台瞭望到的全景都是非常棒的景色！

153 白墙城堡在阿尔卑斯山上熠熠生辉
皇宫/因斯布鲁克
Hofburg

▶ 奥地利／从维也纳乘火车到因斯布鲁克中央车站大约需要 4 小时 15 分钟，下车后，从车站出发，徒步 15～20 分钟即可抵达
▶ 全年均可参观 ▶ www.hofburg-innsbruck.at

因斯布鲁克皇宫是哈布斯堡家族的住所，由蒂罗尔领主齐格蒙德大公于 15 世纪中叶建造。1495～1519 年，马克西米利安一世皇帝按照晚期哥特式风格进行了扩建。

哈布斯堡王室于 1665 年迁往维也纳，之后，皇宫也仅仅是在蒂罗尔皇室逗留期间才会得到利用。从 1754 年起，玛丽亚·特蕾西亚皇后以维也纳的美泉宫（→ p.117）为范本进行了重大改造，将皇宫翻建成了巴洛克风格的建筑。还扩建了大厅、礼拜堂以及沙龙等区域，游客可以在皇宫内参观陈列有豪华家具与生活用品的房间。

▲玛丽亚·特蕾西亚将皇宫命名为"阿尔卑斯山的小丽泉"，可见她对这座皇宫的喜爱
◀◀因斯布鲁克老城，山脉紧邻城区
◀玛丽亚·特蕾西亚街是镇上最壮观的购物街

154 伫立在森林中的爱巢
阿姆布拉斯宫
Schloss Ambras

▶ 奥地利／参观因斯布鲁克附近景点的最便捷方式是使用观光者巴士 ▶ 全年均可参观（11月闭馆）▶ www.schlossambras-innsbruck.at

皇帝斐迪南一世的儿子、奥地利大公斐迪南二世（1520～1595 年）与奥格斯堡富商之女菲利宾妮秘密结婚。虽然菲利宾妮是富商之女，但是，二人之间仍然有不可磨灭的平民与皇族差异，因此，菲利宾妮在将近 20 年的时间内一直没有被正式认可为大公夫人。身为丈夫的斐迪南二世非常爱自己的妻子，因此，他翻新并且赠予菲利宾妮一座位于因斯布鲁克郊外的美丽城堡。

城堡内部的亮点是纵深达 43 米的西班牙厅与菲利宾妮的浴室，由大公自行整备的"世界最古老的博物馆"中，展示有他收集的绘画和珍品收藏。

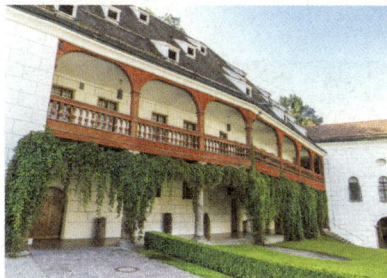

▲浓密绿荫环绕的白墙城堡
◀盔甲和稀有艺术品收藏在另外一栋建筑中

观光信息小贴士：以水晶饰品闻名的施华洛世奇是奥地利极具代表性的一家公司，本部设于因斯布鲁克以东约 15 公里处的小镇瓦腾斯。从因斯布鲁克皇宫出发，步行约 3 分钟便可抵达一家规模很大的三层商店。

155 矗立在面向因河的岩石山上
库夫施泰因要塞
Festung Kufstein

▶ 奥地利／从因斯布鲁克乘坐火车，在库夫施泰因站下车，车程约 35 分钟。下车后，徒步约 10 分钟便可抵达 ▶ 全年均可参观 ▶ www.festung.kufstein.at

库夫施泰因要塞于 1205 年首次出现在文书当中，库夫施泰因镇位于巴伐利亚和蒂罗尔的交界处，因此，每逢两国之间发生战争，城塞的统治者便会随之发生变化。最终，1814 年时，城堡与小镇一起成为奥地利的领土，城塞内部现在已经成为乡土博物馆。

156 倒映在多瑙河上的小城堡
申比尔城堡
Schloss Schönbühel

▶ 奥地利／如果希望观赏面向多瑙河一侧的景色，最好在多瑙河上搭乘瓦豪河谷游船前往观光，该游船在每年 4~10 月运行 ▶ 不可参观

申比尔城堡位于多瑙河畔，是坐落在高约 40 米的岩盘上的一座小城。12 世纪初叶，这座小型城塞建成后，所有者几经变更，最终在 1821 年时被翻建成了居住用的城堡。申比尔城堡现在是扎伊兰·阿斯潘克家族的私人住宅，因此，内部不对外开放。

157 萨尔茨堡群山环绕的城堡
霍亨维尔芬城堡
Burg Hohenwerfen

▶ 奥地利／从萨尔茨堡乘火车到维尔芬站约 40 分钟，从维尔芬市中心出发，徒步约 30 分钟即可抵达 ▶ 冬季不可入场 ▶ www.salzburg-burgen.at

与霍亨萨尔茨堡（→ p.119）相同，霍亨维尔芬城堡也是在 1077 年受大主教之命开始建造的。在漫长的历史长河中，城堡也曾在一段时间内被用作牢狱，内部还展示有拷问器具。15~16 世纪期间，这里曾一度成为与现在规模相当的城塞，但是，不久便成为废墟。19 世纪前叶，按照中世纪风格进行修复后，城堡主要被用作狩猎行宫。

158 埃斯特哈齐家族的城堡
福赫滕施坦城堡
Burg Forchtenstein

▶ 奥地利／从维也纳乘坐巴士约 1 小时 40 分钟便可抵达 ▶ 全年均可参观 ▶ Esterhazy.at/burg-forchtenstein

福赫滕施坦城堡靠近匈牙利边境，高耸于 1921 年并入奥地利的土地上。城堡起源于 1300 年前后，1622 年，由埃斯特哈齐家族所有，几经侵略却依然坚固的城塞构造与展示有数量庞大的古老武器以及装备品的武器库是城堡的看点所在。

🖊 观光信息小贴士：库夫施泰因要塞配备了世界上最大的户外管风琴，称为英雄管风琴。管子在城堡的塔上，但是，演奏台却设置在山麓地区。每天 12:00，极具魅力的音乐便会在四周回响。

(159) 小镇中保留的最大古城

世界遗产 2000

卡斯特尔格兰德

Castelgrande

▶瑞士／从苏黎世乘火车到贝林佐纳站需要 1 小时 40 分钟，下车后，从车站出发，徒步约 15 分钟即可抵达 ▶全年均可参观 ▶ www.bellinzonaevalli.ch

瑞士南部小镇贝林佐纳位于横跨阿尔卑斯山的贸易和军事要地，据说早在 4 世纪前后便建有城塞。小镇中建有 3 座城堡，其中，卡斯特尔格兰德历史最悠久，规模也最大，现在保留下来的主要区域是 13~16 世纪期间建造而成的。城堡中的两座塔（白塔高 27 米、黑塔高 28 米）是小镇的象征，其中，白塔可以攀登。城堡的核心建筑未能保留至今，现在已经成了一片草坪。

▲城堡中的部分区域现在已经被改建为考古学·历史博物馆
◀◀对面的蒙特贝罗城堡通过一堵名为穆拉托的城墙与卡斯特尔格兰德连接
◀身着中世纪欧洲服饰的游行

(160) 站在圆塔上的观景台俯瞰小镇

图恩城堡

Schloss Thun

▶瑞士／从伯尔尼乘火车约 20 分钟抵达图恩站，从车站出发，徒步约 15 分钟便可抵达 ▶全年均可参观 ▶ Schlossthun.ch

图恩城堡建于 12 世纪，由曾经建造图恩镇的札林根国王伯特霍尔德五世创建。

核心区域的巨大塔楼是为了向外界彰显统治者权力而特意建造的，塔楼内的"骑士厅（里特扎尔）"至今依然保留着中世纪时期风貌。伯特霍尔德五世死后，每次变更所有者时均会对城堡进行扩建与改建，17 世纪时，城堡还曾被用作刑务所。从 1888 年开始，城堡成为博物馆，陈列有镇上的历史类展品、古老的武器以及图恩烤陶等。塔楼周围的建筑是酒店、餐厅。

▲随处可见的城市象征
◀◀图恩老城与小山丘上的城堡
◀从塔顶可以看到图恩湖和阿尔卑斯山脉

✏ 观光信息小贴士：在卡斯特尔格兰德的庭院里，有一家名为"卡斯特尔格兰德"的餐厅。晴天也提供露台座位，游客可以一边用餐一边欣赏贝林佐纳镇和周围的自然风光。

耸立在俯瞰布拉格的小山上

布拉格城堡

世界遗产
1992

Pražský hrad
► www.hrad.cz

🇨🇿 捷克

▲建在一座名为弗拉查尼的小山上

1000多年来一直守护着布拉格的城堡

　　布拉格城堡建于9世纪末，城堡内部由宫殿与大圣堂等构成，是一座复合设施，曾经是波希米亚国王的王宫，目前作为捷克共和国的总统府，持续扮演着当地行政中心的角色。城堡内部的建筑在漫长的历史长河中几经扩建与改建，各种风格并存，宛如一座建筑博物馆。

看点

在通往第一中庭的入口处，门旁的卫兵笔直地站立，一动不动，每个整点，游客都可以在此观看交接仪式。中午的仪式格外盛大，还有音乐团的伴奏表演。如果拍照留念，务必要尽早前往。

◄布拉格城堡正门，门上装饰的一对看上去充满力量的雕像是"战斗的巨人们"，由伊格纳茨·普拉泽尔于18世纪后期制造（现在呈现在世人面前的是于20世纪初复制而成的）

🖊 观光信息小贴士：阿尔丰斯·穆夏是一位代表新艺术运动的艺术家，来自捷克共和国，从19世纪末到20世纪初活跃在巴黎。在布拉格市，除了穆夏博物馆之外，他本人还曾参与了市民会馆中的"市长厅"的内部装修等。

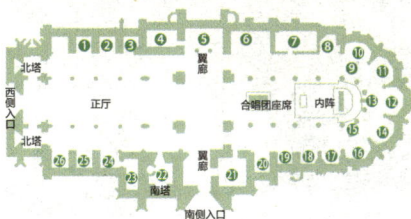

- ❶ 施瓦岑贝格礼拜堂
- ❷ 大主教的新礼拜堂
- ❸ 旧宝物库
- ❹ 新圣具室
- ❺ 管风琴画廊
- ❻ 圣西吉斯蒙德教堂
- ❼ 旧圣具室
- ❽ 圣安妮教堂
- ❾ 弗里德里希·施瓦岑贝格红衣主教雕像
- ❿ 大主教的旧礼拜堂
- ⓫ 圣者施洗的翰礼拜堂
- ⓬ 圣母礼拜堂
- ⓭ 圣维塔墓
- ⓮ 圣古箱礼拜堂
- ⓯ 圣约翰内波穆克墓
- ⓰ 圣约翰内波穆克礼拜堂
- ⓱ 沃尔德斯坦教堂
- ⓲ 王室礼拜堂
- ⓳ 圣血礼拜堂
- ⓴ 马丁尼茨教堂
- ㉑ 圣瓦茨拉夫教堂
- ㉒ 哈森堡教堂
- ㉓ 图书室
- ㉔ 圆恩教堂
- ㉕ 圣墓教堂
- ㉖ 圣卢德米拉教堂

A 捷克宗教建筑
圣维塔大教堂 Katedrála sv. Víta

进入第二中庭，即刻映入眼帘的便是充满视觉冲击的圣维塔大教堂。这是布拉格最大的教堂，历届波希米亚国王加冕典礼均在此举行。教堂建于 10 世纪，属于罗马式风格，查理四世在 14 世纪时又将其改建成了哥特式大教堂。

教堂最终于 1929 年竣工。

观点

大主教的新礼拜堂（❷）的一块彩色玻璃是被誉为新艺术运动旗手的阿尔丰斯·穆夏的作品。

▲塔高 96.6 米，登塔需要另行支付费用
▼1877 年制造的用于装饰沃尔德斯坦教堂（⓱）的彩色玻璃，左边是十二使徒之一巴塞洛缪，右边是马太

观光信息小贴士：现计划于 2026 年建成一座新的设施，由 20 部穆夏毕生作品组成的名作《斯拉夫史诗》将在这里得到永久展示。在设施竣工之前，该作品会一直存放在捷克共和国第二大城市布尔诺郊区的摩拉瓦克·克鲁姆洛夫城堡。

▲旧皇宫的弗拉迪斯拉夫大厅，纵深 62 米，宽 16 米

C 波希米亚历代国王的居所
旧皇宫 Starý Královský palác

旧皇宫建于
12 世纪，查理四
世与弗拉迪斯拉夫
二世等人均曾对其
进行过扩建与改
建。特别壮观的是弗拉迪斯拉夫大厅，拥有
美丽的扇形肋穹顶。议会厅是布拉格掷出窗
外事件发生的场所，同时，这也是三十年战
争的导火索之一。

圣维塔大教堂的珍宝陈列 ▶
在第一庭院的圣十字教堂
内

▼布拉格城堡附近的星巴克

B 军事资料展示地
火药塔 Prašná věž

火药塔是一座建
于 15 世纪的塔楼，用
于保卫布拉格城堡的北
侧，在那之后，又曾被
用作火药库。这座塔楼
现在已经成为对军事与
卫兵相关物品进行展示
的博物馆。

▲圣乔治教堂

D 粉红色的外观令人印象深刻
圣乔治教堂 Bazilika sv. Jiří

圣乔治教堂巴洛克风格的外观十分引人
注目，是建于 920 年的城堡内部最为古老的
一座教堂。教堂内部是罗马式风格，色彩斑
斓的壁画至今依然保留，地下小教堂是普杰
米苏尔家族的王室成员的埋葬地。

皇家花园
Královská zahrada

白塔
Bílá věž

黑塔
Černá věž

洛布科维茨宫
Lobkowiczký Palác

布拉格城堡画廊
Obrazárna Pražského
hradu

乔治广场

斯腾伯格宫
Sternberský palác

总主教宫
Arcibiskupský palác

拉德坎基广场
Hradčanské nám.

史瓦森堡宫
Schwarzenberský palác

第一中庭

第二中庭

正门

圣十字架礼拜堂
kaple sv. Kříže

星巴克咖啡布拉格城堡店

▲通往布拉格城堡的坡道

观光信息小贴士：圣乔治教堂因以消灭龙而闻名的圣乔治而得名，英语名为 Saint George。因此，在英文小册子里，
通常会记载为 St.George's Basilica。

▲查理大桥和布拉格城堡
▼卡夫卡之家以蓝色墙壁为标志

▲达利博尔塔

G 斯美塔那歌剧的主题
达利博尔塔 Daliborka

　　达利博尔塔是一座建于 15 世纪的塔楼，位于布拉格城堡的东北端。塔楼一层部分是牢狱，因为这里曾住有一位名叫达利博尔的骑士，所以，这座塔楼才会以达利博尔塔命名，捷克作曲家斯美塔那还创作了一部以他为主题的歌剧《达利博尔》，塔楼内部展示有中世纪的拷问器具等。

E 卡夫卡曾在此居住
黄金巷 Zlatá ulička

　　黄金巷是在城堡里工作的仆人等居住的地区，外形小巧可爱的房屋沿小路依次排开。据说，黄金巷得名于曾一直在此居住的金工艺品大师或者炼金术师，22 号地块在 1916~1917 年期间曾是弗兰兹·卡夫卡生活的地方。现在，大多数房屋都已被用作出售当地土特产品的商店。

F 壮丽的礼拜堂不容错过
罗森堡宫
Rožemberský Palác

　　罗森堡宫最初是一座建于 16 世纪中叶的文艺复兴风格的宫殿，由波希米亚著名贵族罗根伯格家族建造。此后，宫殿成为哈布斯堡家族的财产，18 世纪中叶，玛丽亚·特蕾西亚以巴洛克风格重建，成为一座专为没落贵族未婚女性建造的设施。

Access & Advice

🚋 **交通信息**
布拉格市中心

　　乘坐电车到 Prague Ratter 站，下车后徒步 2 分钟。如果搭乘地铁前往，在 A 线的 Maros Transca 站下车，徒步约 15 分钟。

🏛 **观光建议**
门票有效期为2天

　　全年均可参观，门票有效期为 2 天，但是，每张门票只能进入每个景点一次。

　　景点提供英语语音导览租赁和英语导游服务。

🧭 **拓展信息**
王道

　　从老城区的火药塔出发，途经老城区广场、查理大桥、马拉斯特拉纳，最终通往布拉格城堡的这条道路被称为"王道"，是历代国王游行的线路。

　　✏️ 观光信息小贴士：布拉格城堡正门附近的星巴克被冠以"世界最美"的称号，话虽如此，但并不是指它的内部装修有多么的豪华美观，而是从露台俯瞰到布拉格市的壮丽景色令人惊叹。

与周围景色融为一体的南波希米亚名城

捷克克鲁姆洛夫城堡

世界遗产 1992

Zámek Český Krumlov
▶ www.zamek-ceskykrumlov.cz

🇨🇿 捷克

▲俯瞰小镇的捷克克鲁姆洛夫城堡

捷克共和国仅次于布拉格城堡的第二大城堡

　　捷克克鲁姆洛夫城堡位于南波希米亚的捷克克鲁姆洛夫镇，坐落于蜿蜒的伏尔塔瓦河畔的山丘上，在镇上的任何一个角落都可以看到这座城堡。这是一座建于13世纪的哥特式风格城堡，在16世纪时以文艺复兴时期的风格进行了翻修。城堡内有5个中庭，每个中庭都由宫殿环绕四周。城堡内的建筑包含哥特、文艺复兴以及巴洛克等各种风格，巴洛克剧院也很壮观。

Access & Advice

🚆 **交通信息**
捷克克鲁姆洛夫镇中心

　　从布拉格出发，搭乘巴士列车前往，均用时约3小时。

🗺 **观光建议**
全年开放

　　收费，游客可于观光当日购票入场，城堡内有两种类型的导游。

🧭 **拓展信息**
捷克布杰约维采

　　捷克布杰约维采是南波希米亚中心城市，德语称为"Budweis"，百威啤酒的故乡，在郊区建有啤酒厂。

▲第二中庭
◀由绿色和粉红色等柔和色彩构成的塔楼

✏ **观光信息小贴士**：捷克克鲁姆洛夫是与当代绘画大师埃贡·席勒颇具渊源的一座小镇，当地还建有埃贡·席勒艺术中心。埃贡·席勒的母亲在这座小镇出生，席勒本人也曾移民至该地，与恋人一同生活了一段时间。

(163) 与查理四世颇具渊源的古老城堡
卡尔什特因城堡
Hrad Karlštejn

▶ 捷克／从布拉格中央东站乘火车约 45 分钟后，在卡尔什特因站下车。从车站出发，徒步约 30 分钟便可抵达 ▶ 全年均可参观
▶ www.hrad-karlstejn.cz

　　卡尔什特因城堡是布拉格西南约 25 公里处的一座 14 世纪城堡，由波希米亚国王查理四世建造，他也是神圣罗马帝国的皇帝。查理四世将布拉格设定为神圣罗马帝国的首都，是引领城市走向繁荣的一代明君。布拉格郊区的卡尔什特因城堡作为王族居所使用，此外，还曾被用作管理、保管王室财产的要塞，巨塔中的圣十字教堂曾经收藏了用于神圣罗马帝国皇帝和波希米亚国王加冕的皇冠。

▲山上屹立的坚固城堡，也可以搭乘马车前往
◀◀哥特式建筑，曾于 16 世纪与 19 世纪时进行改建
◀在巨塔上俯瞰卡尔什特因镇

(164) 美感不言而喻的白墙城堡
赫鲁波卡城堡
Zámek Hluboká

▶ 捷克／从布拉格乘巴士或火车到百威小镇用时 2~3 小时，从百威小镇乘巴士，15~30 分钟便可抵达 ▶ 全年均可参观
www.zamek-hluboka.cz

　　赫鲁波卡城堡是 13 世纪后期由波希米亚国王奥托卡二世建造的城堡，建造之初，原本是一座哥特式建筑，但是，在那之后，几经改建，进入 19 世纪后，最终呈现出现在展现在世人面前的模样。施瓦岑贝格家族的扬·阿道夫二世是当时的城主，当他去英国参加维多利亚女王的加冕典礼时，被温莎城堡的美丽所吸引并且无法自拔，回到捷克后，便以温莎城堡为样板重建了赫鲁波卡城堡。城堡内的各个房间均采用了极尽奢华的装饰风格，美得令人感叹。

▲拥有浪漫外观的新哥特式城堡
◀◀在城堡塔楼上眺望到的景色，伏尔塔瓦河就在附近
◀郊区城镇——伏尔塔瓦河畔赫鲁波卡

　　观光信息小贴士：卡尔什特因城堡展出的皇冠是复制品，最初的波希米亚王冠存放在布拉格城堡的圣维塔大教堂，但是，现在并未公开展示，神圣罗马帝国的皇冠是维也纳皇宫博物馆的藏品。

129

165 建于斯美塔那的诞生地
利托米什尔城堡
Zámek Litomyšl

世界遗产 1999

▶ **捷克**／乘巴士从布拉格到利托米什尔用时 3~4 小时，无直达班次，需要在赫拉德茨·克拉洛夫转乘 ▶ 冬季不可参观 ▶ www.zamek-litomysl.cz

　　利托米什尔城堡自 1567 年开始动工，整个建造工程历时 14 年。这座城堡是文艺复兴时期的杰作，通过在双层石膏上刮涂的方式，在整个墙壁上绘制了涂鸦装饰。18 世纪以巴洛克风格重新装修的城堡内部也很精彩，至今依然完好地保存着当时的剧场。

166 保养完善的庭园也很精彩
莱德尼采城堡
Zámek Lednice

世界遗产 1996

▶ **捷克**／从布尔诺市到布热茨拉夫站乘火车用时 30 分钟 ~1 小时，在布热茨拉夫换乘巴士约 20 分钟便可抵达 ▶ 冬季不可参观 ▶ www.zamek-lednice.com

　　莱德尼采城堡坐落于南摩拉维亚，靠近捷克与奥地利边境，用作列支敦士登家族的避暑胜地。城堡最初以文艺复兴风格建造，19 世纪中叶以新哥特式风格翻新。城堡以广阔的占地面积著称，周边的风景式庭园维护完善。

167 俯瞰多瑙河的小镇的象征
布拉迪斯拉发城堡
Bratislavský hrad

▶ **斯洛伐克**／从布拉迪斯拉发总站乘坐城市巴士约 15 分钟 ▶ 全年均可参观 ▶ www.snm.sk

　　布拉迪斯拉发城堡位于多瑙河畔的一座小山上，从战略性来看，这里地理位置绝佳，因此，自史前时代开始，便一直建有营垒。16 世纪中叶，匈牙利王国的首都布达佩斯被奥斯曼帝国征服，布拉迪斯拉发便成为匈牙利的首都，布拉迪斯拉发城堡也随之变成了一座皇家城堡，现在呈现在世人面前的由四座塔楼分列长方形建

筑四角的外观是在 17 世纪改建后完成的。城堡在 1811 年的大火灾中惨遭烧毁，变为废墟，但是，第二次世界大战后，又有幸得到了修复，城堡内的部分区域现在作为博物馆面向公众开放。

▲俯瞰老城区和多瑙河
◀◀一座被描述为桌子翻转的城堡
◀坐落于多瑙河畔，与奥地利的维也纳、匈牙利的布达佩斯相连

　　观光信息小贴士：距离莱德尼采城堡 10 公里处还有一座由列支敦士登家族建造的城堡，名为瓦尔季采城堡，这两座城堡以"莱德尼采－瓦尔季采文化景观"的名义被列入了联合国教科文组织《世界遗产名录》。

Special
Choice
168

为抵御鞑靼人入侵而兴建的大城堡

斯皮什城堡

世界遗产
1993

Spišský hrad
► www.snm.sk

🇸🇰 **斯洛伐克**

▲经过时间洗礼，看似荒凉的姿态让人深刻地感受到了它独特的美感

俯瞰草原、美丽的石头废墟

　　斯皮什城堡建于 12 世纪，是一座罗马式风格建筑，用以抵御当时肆虐的鞑靼军队入侵。在鞑靼威胁逐渐减弱之后，城堡经过扩建和翻新，同时增加了哥特与文艺复兴等元素，成为中欧最大的城堡之一。在 1780 年的大火灾中，城堡变为一片废墟，但是，基础的石筑构造至今依然完好保留，现在正在逐步修复。哥特式教堂、厨房以及拷问室等可供游客参观。

Access & Advice

🚉 **交通信息**
从效区小镇徒步攀登
　　从普雷绍夫乘坐巴士约 1 小时。从斯皮什斯凯波德赫拉杰到城堡步行约 40 分钟。

🗺 **观光建议**
5~10 月开放
　　收费，提供英文语音导览。

🧭 **拓展信息**
莱沃卡
　　莱沃卡历史中心与斯皮什城堡一起被列为了世界遗产。

▲城堡下的斯皮什斯凯波德赫拉杰镇
◄城堡由城墙环绕四周

🖊 观光信息小贴士：斯皮什城堡建于山丘之上，内部已经成为废墟，据说这座城堡可能是宫崎骏导演的《天空之城》的原型。

131

"多瑙河的珍珠"——布达佩斯的亮点

布达城堡

世界遗产 1987

Budai Vár

▶ www.budapestinfo.hu

匈牙利

皇宫山丘上建造的华丽建筑群

布达佩斯是由多瑙河西侧的布达与东侧的佩斯组成的小镇，高约 165 米的城堡山沿布达一侧的河流屹立，山顶部分便是布达城堡，同时，也是这座小镇的象征。这个地方从 13 世纪时开始便一直建有城堡，长期以来一直是匈牙利的政治中心。城堡内部以王宫为代表，至今依然保留有教堂、防御设施以及地下迷宫等，处处都可以感受匈牙利的悠久历史。

A 现在已经成为博物馆与美术馆
古皇宫 Királyi-palota

自 13 世纪以来，城堡山上便一直建有宫殿，玛丽亚·特蕾西亚于 18 世纪时将其改建成了巴洛克式宫殿，现在展现在世人面前的样貌是在第二次世界大战后修复而成的，古皇宫现已被用作布达佩斯历史博物馆与国家艺术博物馆等。

▲从位于多瑙河东岸的佩斯侧看到的布达城堡的古皇宫
▼在渔人堡上眺望到的景色

▲国家艺术博物馆展示了从 15 世纪至今的匈牙利艺术作品

观光信息小贴士：布达佩斯是世界遗产，登录名称为"布达佩斯（多瑙河两岸、布达城堡区和安德拉什大街）"。除布达城堡之外，在安德拉什大街地下运行的地铁 1 号线也被列入了世界遗产。

B 匈牙利的主要教堂
马加什教堂 Mátyás templom

马加什教堂是一座罗马式教堂，由国王贝拉四世于13世纪建造，后来又经历了各种翻修工程，例如，15世纪时由国王马加什建造了塔楼等，后来，教堂也因此而得名。当布达被奥斯曼帝国征服后，教堂曾被用作伊斯兰清真寺，大约为时150年，然后，再次成为基督教堂。教堂是举行加冕典礼和皇室婚礼的场所，与皇室颇具渊源。

▲彩色瓷砖由该国领先的窑炉若诺伊制造

C 外形美观的观景塔楼
渔人堡 Halászbástya

马加什教堂南侧的城墙在建造之初只是单纯地用作防御，但是，后于20世纪初改建成了装饰性极强的新罗马式建筑，7座塔楼代表匈牙利祖先马扎尔的七个部落。

看点
从渔夫堡可以俯瞰多瑙河东岸的佩斯一侧。

军事历史博物馆
Hadtörténeti
Intézet és Múzeum

玛利亚·玛格多纳塔
Mestna hiša

电话博物馆
Telefónia Múzeum

金鹰药店博物馆
Arany Sas Patikamúzeum

旧市政厅

古皇宫地下迷宫入口

塞切尼链桥
Széchenyi
Lánchíd

M Széll Kálmán tér

Batthyány tér

▲库萨里桥

路面电车

多瑙河

缆车

B

C

A

▲连接塞切尼链桥和布达城堡的缆车

▲古皇宫地下的地下迷宫

Access & Advice

🚆 **交通信息**
布达佩斯的中心

游客可以从塞切尼链桥附近的克拉克·阿德姆广场乘坐缆车到达山顶，市内公交也开往该地。

🏰 **观光建议**
城堡可自由出入

皇宫山丘并未针对入场游客做出特别限制，也不收取入场费。坐落于城堡内部的个别建筑物需个人购票。

🍴 **美食信息**
炖牛肉

匈牙利辣味汤，看似辛辣，实则完全没有辣味。

✏ 观光信息小贴士：匈牙利是欧洲领先的温泉强国之一，拥有众多著名温泉设施，其中涵盖16世纪奥斯曼帝国占领时期在布达佩斯建造的基莱温泉与鲁达斯温泉，除此之外，还有拥有美丽的新艺术风格建筑的盖勒特温泉浴场等。

170 多瑙河湾防御工事
维谢格拉德
Visegrád

▶ **匈牙利**／从布达佩斯乘坐巴士约 1 小时 15 分钟，4~9 月还有渡轮服务，需要 3 小时 20 分钟▶自由参观，各景点均须缴纳费用▶ visitvisegrad.hu

　　坐落于布达佩斯以北约 40 公里处的维谢格拉德是一座建在多瑙河湾的要塞城市，多瑙河在此处弯曲成弧形，山顶的要塞和山脚下的所罗门塔均建于 13 世纪中叶。王宫由匈牙利国王查理一世于 14 世纪建造，15 世纪由马提亚斯国王以文艺复兴时期的风格进行了翻修。这里

曾以荣华著称，甚至还被赞誉为"地上乐园"，但是，1544 年，因奥斯曼帝国而沦陷，17 世纪时遭到彻底损毁，最终变成了一片废墟。

▲维谢格拉德意为高处的城镇
◀◀从堡垒可以欣赏到多瑙河的美景
◀王宫现在是博物馆，当时的房间与喷泉也得到了重现

---

171 与海顿颇具渊源的宫殿
埃斯特哈齐宫
Eszterházy-Kastély

▶ **匈牙利**／从肖普朗乘坐巴士约 45 分钟，在宫殿前的巴士站下车即达▶全年均可参观▶ www.eszterhaza.hu

　　埃斯特哈齐宫是尼阁二世亲王于 1762 年至 1766 年建造的巴洛克式宫殿，被赞誉为"匈牙利凡尔赛宫"，游客可以通过极尽奢华的日常用品了解当时华丽的生活场景，音乐家海顿曾作为宫廷音乐家在此工作 20 多年。

172 伊丽莎白喜爱的夏日行宫
格德勒宫
Gödöllői Királyi Kastélys

▶ **匈牙利**／从布达佩斯乘火车约 30 分钟，在格德勒站下车，步行约 15 分钟▶全年均可参观▶ www.kiralyikastely.hu

　　格德勒宫是一座巴洛克式宫殿，建于 1735 年左右。1867 年，宫殿归哈布斯堡家族所有，曾一直被用作夏季行宫。不熟悉维也纳宫廷生活的伊丽莎白皇后（又名茜茜公主）对这座宫殿尤为钟爱，尤其是紫罗兰色的房间是她的最爱。

　✎ 观光信息小贴士：伊斯哈齐家族的德语名称是 Haus Esterházy，在匈牙利和奥地利边境附近拥有广阔的领土，同时，还是奥地利的福赫滕施坦城堡（→ p.122）与艾森施塔特的埃斯特哈齐宫的所有者。

忠实还原的华沙标志

旧王宫/华沙

世界遗产
1980

Zamek Królewski w Warszawie
► www.zamek-krolewski.pl

波兰

▲旧王宫所在地——王宫广场，亮橙色的外观让人眼前一亮

一座诉说着波兰荣光与艰辛的城堡

旧王宫坐落于华沙老城南端，面向王宫广场而建。1596年，华沙取代克拉科夫，成为波兰王国的首都，当时，作为国王居所，建造了这座宫殿。在那之后，宫殿几经扩建与改建，在18世纪后半叶，基本形成了现在呈现在世人面前的模样，但是，第二次世界大战期间被纳粹彻底摧毁。战后，在有幸保留的绘画与照片的基础上，对宫殿进行了忠实的还原，进入2009年后，修复工程全面竣工。

Access & Advice

🚊 **交通信息**
华沙市中心
搭乘电车或巴士在华沙旧城区下车。

🏛 **观光建议**
全年开放
游客可于观光当日购票入场，还提供导游和语音导览租赁服务。

📷 **相关信息**
搭乘马车在老城区巡游
王宫广场旁有待客的马车，游客可以搭乘马车巡游老城区。

▲曾举办过舞会等活动的大会议室
◀装饰大理石厅天花板的天花板画

✎ 观光信息小贴士：华沙是波兰的首都，肖邦成长的地方。

135

建在华沙南部的夏季行宫

维拉努夫宫

Pałac w Wilanowie
► www.wilanow-palac.pl

波兰

▲维拉努夫宫对称平衡的立面

拥有美丽花园的巴洛克式宫殿

维拉努夫宫是华沙南部郊区的一座巴洛克式宫殿，1677 年至 1696 年由波兰国王扬·索别斯基建造，用作夏季行宫。宫殿自 1805 年起开始作为博物馆面向公众开放，展出了扬·索别斯基和历任城堡所有者收集的绘画和家具。此外，宫殿拥有非常广阔的庭园，除几何构图的巴洛克花园之外，还有中国式庭院与英国式庭院等各种风格的庭院。

Access & Advice

🚉 **交通信息**
从华沙市中心出发的城市巴士
　　从华沙市中心乘坐城市巴士约 40 分钟，在维拉努夫巴士站下车。

🗺 **观光建议**
全年开放
　　收费，现在，入场人数有限，因此，最好预约。

🧭 **拓展信息**
瓦津基公园
　　在旧王宫和维拉努夫宫之间的瓦津基公园里有一座名为水宫的宫殿。

▲被豪华日常用品装点的宫殿内部
◄扬·索别斯基的妻子——玛丽亚·卡西米尔王后的卧室

观光信息小贴士：扬·索别斯基死后，身为萨克森选帝侯的奥古斯都二世登上王位。奥古斯都二世在华沙建造了萨克森宫，但是，宫殿在第二次世界大战中惨遭摧毁以来，一直没有复建。

维斯瓦河上的大城堡

瓦维尔宫

世界遗产
1978

Zamek Królewski na Wawelu
► wawel.krakow.pl

波兰

▲瓦维尔宫沿维斯瓦河而建。克拉科夫镇
在其之后

克拉科夫古城最大的亮点

瓦维尔宫坐落于克拉科夫老城以南，是波兰历代国王在维斯瓦河沿岸的一座小山上的住所。克拉科夫从 11 世纪到 16 世纪有大约 500 年的时间是波兰的首都，城堡内部建造有历代国王曾经生活的旧皇宫与国王加冕典礼的举办场所瓦维尔大教堂。旧皇宫最初以罗马式风格建造，但是，随着时代的不断变迁，又加入了哥特与文艺复兴的元素。城堡外观看上去坚实而稳重，但是，内部却进行了豪华的装饰。

▲历代波兰国王居住的旧皇宫
◄举行加冕礼的瓦维尔大教堂也是国王的墓地

Access & Advice

🚆 **交通信息**
克拉科夫市中心
在瓦维尔电车站下车。

🧭 **观光建议**
全年开放
收费，游客可于观光当日购票入场。入场人数有限，因此，可以的话，最好尽早前往购票。

🧭 **拓展信息**
奥斯威辛集中营
奥斯威辛集中营，人类的负面遗产，从克拉科夫乘坐巴士约 1 小时 30 分钟。

✏️ 观光信息小贴士：克拉科夫是一座以"克拉科夫历史地区"的名义被列入联合国教科文组织《世界遗产名录》的小镇，一日游区有奥斯威辛集中营与维利奇卡盐矿这两个世界遗产，在克拉科夫逗留期间，游客可以参观 3 个世界遗产地。

条顿骑士团总部

马尔堡城堡

世界遗产 1997

Zamek w Malborku

► www.zamek.malbork.pl

波兰

▲曾在第二次世界大战中遭受重创，但是，在那之后，有幸得到了修复

被誉为德国之母的骑士城堡

马尔堡城堡是一座哥特式城堡，从 1309 年到 1457 年是条顿骑士团的总部。城堡是坚固的巨大要塞，占地面积方面，以世界最大规模而著称，城堡的德国名字是 Ordensburg Marienburg。城堡内部的主要建筑物是高耸的塔楼与中部的两座城堡，中部的两座城堡中，坐落于西侧的一栋曾一直被用作骑士团团长的宫殿。在位于东侧的一栋城堡当中，展示有被誉为波罗的海沿岸的特产、骑士团的财富源泉的湖泊。

Access & Advice

🚆 **交通信息**
从格但斯克出发的一日游

从格但斯克乘火车 30 分钟~1 小时到马尔堡站，从车站出发，徒步约 15 分钟。

🗺 **观光建议**
全年开放

收费，游客可于观光当日购票入场，提供英文语音导览。

🧭 **拓展信息**
格但斯克

波罗的海沿岸繁荣的汉萨同盟城市之一，老城区是波兰最美丽的小镇之一。

▲条顿骑士团历任团长的雕像
◄条顿骑士团旗帜，黑十字是德国陆军徽章的由来

✏ 观光信息小贴士：16 世纪，条顿骑士团的团长阿尔布雷希特版依路德宗，条顿骑士团成为普鲁士公国，团长成为第一个普鲁士公国大公。普鲁士公国后来成为普鲁士王国，在德国统一中发挥了核心作用。

177 流传着纳粹黄金传说的古老城堡
克雄日城堡
Zamek Książ

▶ 波兰／从弗罗茨瓦夫到希维博济采乘火车约 1 小时，乘坐巴士约 1 小时 30 分钟，从希维博济采乘坐出租车约 5 分钟 ▶ 全年均可参观 ▶ www.ksiaz.walbrzych.pl

克雄日城堡坐落于波兰、德国以及捷克边境附近的西里西亚地区，城堡建造于 13 世纪后半叶，以该地区规模最大而著称。1509 年，城堡由著名贵族霍伯格家族所有，从那时起，霍伯格家族担任了 400 多年的城主，直到 1941 年被纳粹征用。城堡被纳粹征用后，改建为德国陆军总司令部，地下挖了一条长隧道，相传载有纳粹宝藏的金色火车就藏在那里。

▲建在西里西亚地区美丽的大自然中
◀◀拥有令人惊叹的金色装饰的马克西米利安厅
◀坐落于城堡内部，这里现在作为酒店使用

178 宫殿与庭园山谷的代表性宫殿
沃亚诺宫
Pałac Wojanów

▶ 波兰／从弗罗茨瓦夫乘坐巴士 2 小时到耶莱尼亚古拉，搭乘火车用时约 3 小时。从耶莱尼亚古拉乘坐出租车约 3 小时 ▶ 作为酒店营业 ▶ www.palac-wojanow.pl

西里西亚地区的耶莱尼亚古拉山谷是许多皇家贵族建造的城堡的所在地，被称作"宫殿与庭园山谷"，沃亚诺宫也是耶莱尼亚古拉的众多宫殿之一。宫殿建造于 17 世纪，但是，19 世纪上半叶，归普鲁士韦尔赫姆三世国王的女儿路易丝·冯·普鲁士所有，并且翻新成了今天所见的浪漫外观，位于宫殿周围的风景式庭园也是在同一时期建造而成的，宫殿现在被用作带有室内游泳池和水疗中心的豪华酒店。

▲仿佛从绘本中走出的可爱的宫殿外观吸引了很多人的目光
◀◀内部已改建为酒店
◀以中庭喷泉为核心，建有众多建筑

✎ 观光信息小贴士：西里西亚的中心城市是弗罗茨瓦夫，城市的各个角落均摆放有小型妖精像，数量约达 400 个。一边在市内参观，一边寻找富有个性的妖精像，也将成为一种愉快的体验。

187 芬兰堡（芬兰）

世界神奇的城堡和宫殿327座 179~192

北　欧
Northern Europe

【丹麦】179 腓特烈斯贝宫 /180 克隆堡宫 /181 克里斯蒂安堡宫 /182 阿美琳堡宫 /183 罗森堡宫 /【瑞典】184 德洛特宁宫 /185 王宫（斯德哥尔摩）/186 格里普斯霍尔姆城堡 /【芬兰】187 芬兰堡 /188 萨翁林纳城堡 /【挪威】189 王宫（奥斯陆）

【Column　长城】190 万里长城（中国）/191 哈德良长城（英国）/192 斯通长城（克罗地亚）

数字为本书中的项目编号

湖面上漂浮的壮丽宫殿
腓特烈斯贝宫

Frederiksborg Slot
▶ www.dnm.dk

🇩🇰 丹麦

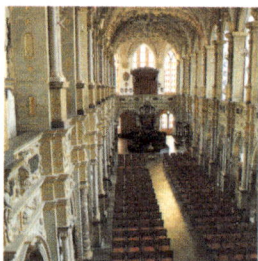

▲湖边的腓特烈斯贝宫和巴洛克花园

北欧风情与威严共存的名城

16 世纪中叶，腓特烈二世建造了这座城堡，因此，将其命名为腓特烈斯贝宫。在那之后，他的儿子克里斯蒂安四世在 17 世纪初将它重建成了今天呈现在世人面前的模样。19 世纪 50 年代，这座宫殿曾被用作腓特烈七世的住所，但是，因为 1859 年的一场大火，宫殿几乎完全被烧毁。著名啤酒制造商嘉士伯创始人雅各布森曾对宫殿重建给予了援助。他的提案得到了采纳，宫殿内部后来被用作国家历史博物馆面向公众开放。

Access & Advice

🚆 **交通信息**
哥本哈根近郊

从哥本哈根乘坐火车，约 45 分钟后抵达希勒罗。从车站出发，徒步约 15 分钟便可抵达，还有城市巴士服务。

🏛 **观光建议**
全年开放

收费，可以通过专用应用程序免费使用英语指南。

🍴 **美食信息**
嘉士伯啤酒限定款

嘉士伯特制是丹麦限量啤酒，游客可以在坐落于近郊的工厂品尝到新鲜酿造的啤酒。

▲文艺复兴风格的城堡
◀螺旋楼梯左侧的小教堂，曾经是接见室

142　✏ **观光信息小贴士**：如果在夏季前往，务必要乘坐游览船环湖观光。从市中心出发，前往湖对岸的庭园，用时约 15 分钟，乘船码头位于从宫殿前往庭园途中的栈桥，游客可以在游船期间拍摄漂浮在湖面上的城堡。

Special Choice 179

Special Choice 180

面向海峡屹立的坚固宫殿

克隆堡宫

世界遗产 2000

Kronborg Slot
► kongeligeslotte.dk

🇩🇰 丹麦

▲高耸于坚固城墙中央的克隆堡宫

《哈姆雷特》的背景舞台

克隆堡宫坐落于哥本哈根以北约44公里处，是一座矗立在靠近瑞典边境的海峡上的城堡，15世纪时，因征收海峡通行税而建造。在那之后，这座宫殿因多次遭遇战争与火灾而受到破坏。在环绕大庭院的文艺复兴风格的方形城堡内，除了国王与女王的居室之外，游客还可以对北欧最大的大厅与礼拜堂等进行参观。

宫殿内建有拥有145级台阶的塔楼，除此之外，这里还因为被用作莎士比亚的戏剧《哈姆雷特》的背景舞台而闻名。

▲夜间照明
◄一排摆放在地上的大炮

Access & Advice

🚆 **交通信息**

从哥本哈根出发的一日游

从哥本哈根乘火车，50分钟后抵达赫尔辛格站。从车站出发，徒步前往宫殿，约用时10分钟。

🗺 **观光建议**

全年开放

收费，游客可于观光当日购票入场，也有导览服务（现阶段暂停提供此项服务）。

🧭 **拓展信息**

搭乘渡轮前往瑞典

有渡轮连接赫尔辛格和瑞典赫尔辛堡，全程用时20分钟。

✏️ 观光信息小贴士：莎士比亚从未真正参观过这座城堡，创作期间，他曾参考围绕"阿姆莱斯 Amleth"展开的古老的北欧英雄传说，但是，莎士比亚把最后一个字母 h 放在了整个名字的最前面，作品《哈姆雷特 Hamlet》也由此而得名。

高耸于哥本哈根的起源地

克里斯蒂安堡宫

Christiansborg Slot
► kongeligeslotte.dk

🇩🇰 丹麦

▲巴洛克风格、新古典主义风格以及新巴洛克风格并存的城堡

豪华接待室众多

　　阿布萨隆大主教在 12 世纪建造的城堡便是克里斯蒂安堡宫的起源，在原有城堡的基础上，1740 年，克里斯蒂安六世建造了这座豪华的宫殿。这座宫殿曾几经火灾，1928 年，最终建造出了现在呈现在世人面前的建筑。现在，宫殿内部已经成为国会议事堂与迎宾馆等，但是，仍然有部分区域面向公众开放。主要看点是大厅、用挂毯装饰的骑士厅以及加冕厅等。游客可乘电梯上楼，在以市内最高（约 106 米）而著称的塔顶眺望到的周边景色绝对不容错过。

▲在塔顶上眺望到的景色
◄克里斯蒂安九世的雕像。他依次为子女安排政治婚姻，被称为"欧洲岳父"

Access & Advice

🚆 **交通信息**
哥本哈根市中心
　　从最近的老海滩车站出发，徒步前往，用时不足 5 分钟，也可以乘坐运河水上巴士。

🗺 **观光建议**
可于观光当日购票入场
　　收费，有时会因王室活动等原因而暂停开放。

📷 **相关信息**
世界首个徒步者天堂
　　哥本哈根的斯托耶距离城堡有 5 分钟的路程，是欧洲主要街道之一，建议游客前往漫步。

观光信息小贴士：宫殿内部有一间装饰有根瓷器（皇家瓷器制造厂）的永恒杰作"丹麦之花"的房间，这原本是作为皇室赠予俄罗斯叶卡捷琳娜二世的礼物而制作的，但是，后来因女皇的离世而被迫中断，这种花纹现在依然还会被用来作为官方晚宴的餐具。

182 女王一家生活的宫殿
阿美琳堡宫
Amalienborg Slot

▶ 丹麦／哥本哈根市中心，距大理石教堂地铁站步行约5分钟
▶ 全年均可参观▶ www.kongernessamling.dk

克里斯蒂安堡宫（→p.144）是当时的王宫，但宫殿在1794年的一场大火中惨遭烧毁，因此，王族购买了原本是高位贵族馆的4座建筑并且将其用作了自己的宫殿，由环广场而建的4座建筑构成的王族宫殿展现出了洛可可风格的优雅外观。在宫殿的4栋建筑当中，克里斯蒂安八世宫对公众开放，包括宝藏陈列室和豪华客厅等，玛格丽特二世女王和他的丈夫居住的克里斯蒂安九世宫与王储夫妇居住的腓特烈八世宫不对外开放，克里斯蒂安七世宫仅供团队游客参观。

▲庭园的树林平日里会得到精心的修整，务必要在宫殿观光的过程中一并欣赏参观
◀◀卫兵交接仪式在正午举行
◀女王居住期间会在房顶升起国旗

- -

183 展示有众多至宝且最受国王青睐的宫殿
罗森堡宫
Rosenborg Slot

▶ 丹麦／哥本哈根市中心，从最近的地铁诺鲁站出发，步行约10分钟▶ 全年均可参观▶ www.kongernessamling.dk

罗森堡宫是由克里斯蒂安四世自1605年起用时29年建造而成的荷兰文艺复兴风格宫殿，这座倾注了自己想法和财力而建成的城堡成为国王的宠儿，他最终在这里撒手人寰。

宫殿内部的房间也十分豪华，但是，位于地下的宝物馆更加吸引人的眼球，加冕仪式上所使用的王冠是不容错过的看点。

◀◀旁边的公园现在已经成为市民小憩的场所
◀因季节变化而展现不同色彩的庭园
▼拥有丰富的水和绿地的罗森堡宫

观光信息小贴士：如果丹麦国旗在阿美琳堡宫的屋顶飘扬，那便意味着女王就在宫中。正午时分，刚好可以在宫殿内观看华丽的卫兵交接仪式。守卫的黑帽子由熊的毛皮制作而成，因此，看上去十分温暖！

现王室生活的"北欧的凡尔赛宫"

德洛特宁宫

世界遗产
1991

Drottningholms slott
► www.kungligaslotten.se

🇸🇪 瑞典

▲从花园一侧看到的德洛特宁宫和赫拉克勒斯雕像

历代王妃的最爱

德洛特宁意为"王妃的小岛",宫殿曾因为历代王妃而得到扩建和改建。德洛特宁宫从 1662 年开始建造,于 1756 年最终形成了现在展现在世人面前的模样,受意大利和法国影响的巴洛克风格的优雅外观被誉为北欧的凡尔赛宫。1982 年之后,宫殿成为王室的居所,但是,除王室居住区域之外,部分历史性房间面向公众开放。不要错过路易丝王后的豪华客房,其内部在 18 世纪以洛可可风格进行了翻修。

Access & Advice

🚆 **交通信息**

从斯德哥尔摩出发的一日游

从斯德哥尔摩市中心出发,在布隆玛梵地铁站下车。从车站乘巴士约 5 分钟后抵达城堡。

🗺 **观光建议**

全年开放

夏季还可以从斯德哥尔摩乘坐渡轮前往。

📷 **相关信息**

德洛特宁宫剧院

德洛特宁宫剧院坐落于德洛特宁宫内,于 1776 年建造而成,至今仍然会举行歌剧和芭蕾舞表演。

▲包含路易丝·乌尔丽克王后收藏的图书馆

◄海德维格·埃莱奥诺拉王后的卧室

✏ 观光信息小贴士:德洛特宁宫内看点颇多,宫殿观光结束后,务必要按照庭园、中国城、宫廷剧院的顺序依次游览宫殿内的配套设施。所有这些都是联合国教科文组织的世界遗产,因此,一定要不留遗憾地将所有景色尽收眼底。

185 对王族房间与宝物出神
王宫／斯德哥尔摩
Stockholms slott

▶ 瑞典／斯德哥尔摩市中心，从老城站出发，步行5分钟便可抵达 ▶ 全年均可参观，旺季时可能会很拥挤 ▶ www.kungligaslotten.se

斯德哥尔摩王宫以建于13世纪的要塞为基础，后来又进一步得到了发展。16世纪与17世纪时分别以文艺复兴风格以及巴洛克风格重建，但是，在那之后，因火灾而几乎全部遭到烧毁。

这座宫殿于1754年以巴洛克和洛可可风格重建，拥有约600间房间，作为历代王室的居所而得到了使用。现王室自1981年以来迁居至郊区的德洛特宁宫（→p.146），王宫仅在国王执行公务与举办活动时才会使用，因此，曾经的王族们所居住的豪华居室现在通常会面向公众开放。

▲对岸圣灵岛的风景
◀◀卫兵交接仪式拥有极高的人气，尤其是夏天，人多聚集，小心扒手
◀皇宫旁边的诺贝尔博物馆也是一大亮点

186 圆形屋顶塔楼宛如童话世界中的城堡
格里普斯霍尔姆城堡
Gripsholm slott

▶ 瑞典／乘火车前往列格斯塔，换乘巴士在玛丽弗雷德下车 ▶ 冬季不可参观 ▶ www.kungligaslotten.se

格里普斯霍尔姆城堡坐落于梅拉伦湖畔，是一座位于田园诗般的小镇玛丽弗雷德的砖色城堡。

城堡由14世纪的当权者格里普建造并且以建造者姓名命名，但日后又惨遭烧毁。1537年，古斯塔夫一世将城堡作为兼具国防设备的居所进行了重建。城堡内部，历史悠久的房间和画室向公众开放。

在城堡内最为著名的"卡尔公爵厅"中，16世纪的室内陈设几乎保持原样。

在夏季，雷格斯塔和玛丽弗雷德之间运营有SL，游客也可以尝试在闲适的心境下乘车游览城堡。

▲被梅拉伦湖环绕的城堡
◀◀仿佛从童话世界中走出的红色砖瓦城墙
◀于16世纪前后建造而成的活动桥至今依然保留完好

观光信息小贴士：皇家宫殿的卫兵换岗仪式是斯德哥尔摩旅游的一大亮点！仪式前后，会有骑兵和管弦乐队的游行，非常华丽。开始时间是周一～周六的12:15（秋季～春季仅周三·周六有游行活动），周日的13:15，最晚也要提前15分钟抵达。

187 意为"芬兰城堡"的岛屿　世界遗产　1991

芬兰堡
Suomenlinna

▶芬兰／从赫尔辛基乘坐渡轮约 15 分钟便可抵达　▶自由参观
▶www.suomenlinna.fi

芬兰堡是 18 世纪中叶时由统治芬兰的瑞典建在赫尔辛基海岸附近岛屿上的城堡，在那之后，又在俄罗斯占领期间加固成了更加坚固的堡垒。

岛屿南端至今依然保留有以防御为目的的星形要塞与大炮，1917 年，芬兰独立，芬兰堡成为热门的旅游目的地。

◀◀前芬兰士兵宿舍
◀许多游客在夏季参观
▼现在作为公园免费开放

---

188 据说是《勇者斗恶龙》的城堡模型

萨翁林纳城堡
Olavinlinna

▶芬兰／从赫尔辛基乘坐火车到萨翁林纳站大约需要 4 小时，从车站出发，徒步前往城堡，约用时 20 分钟　▶全年均可参观
▶www.kansallismuseo.fi

萨翁林纳城堡是 1475 年时在瑞典统治下为对抗俄罗斯人而建的军事要塞，城堡内曾经共有 5 座塔楼，但是，现在只保留有其中 3 座。城堡坐落于湖面漂浮的小岛之上，是一座坚固有力且屹立不倒的石筑城塞。城堡内的通道狭窄而错综复杂，人们行走在古老的石筑阶梯等处非常容易滑倒，因此，务必要穿着方便行走的鞋子前往观光。

---

189 绿荫环绕、小山丘顶部的宫殿

王宫/奥斯陆
Det kongelige slott

▶挪威／奥斯陆市中心，乘坐地铁或电车在国家大剧院下车徒步前往，用时不足 10 分钟　▶内部只能在夏季的导览游中参观
▶www.kongehuset.no

奥斯陆王宫于 1824 年开始建造，期间，曾因资金不足而导致工程中断，最终于 1849 年开始投入使用，坐落于王宫前的大型骑马雕像是下令建造城堡的国王查理十四世。现在，王宫是兼具公务办公场所功能的国王与王妃的居所。王宫内部每天从 13:30 开始有卫兵交接仪式，夏季时往往人声鼎沸，十分拥挤。

　观光信息小贴士：芬兰堡有时尚的小酒馆和咖啡馆，还有一些商店出售居住在岛上的艺术家制作的陶器和家居用品，游客可以在这里悠闲散步，陈列有珍贵的"姆明"人物形象的玩具博物馆也不容错过！

绵延不断的城墙
长城

所谓长城，指长度较长并且曾经作为国境在抵御异族入侵的过程中起到重要作用的城墙。英格兰哈德良长城全长约 117 公里，而中国的长城规模更为宏大，全长 2 万多公里，连在一起可长达地球周长的一半，克罗地亚斯通的长城则拥有中世纪欧洲最长的城墙。

▲万里长城上的重要据点——居庸关

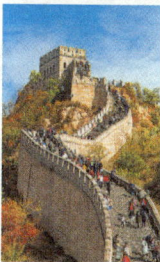
▲金山岭长城，城墙在山脊上不断绵延。据说这里是万里长城上最上镜的一个部分
▲八达岭长城，索道维护良好，是最方便游客观光的区域

190 长达地球周长一半的城墙突破人类想象
万里长城
The Great Wall
世界遗产1987

▶ **中国**／作为观光场所，八达岭长城维护最为完善，在北京地铁 2 号线"积水潭站"出来走到德胜门，搭乘巴士，约 1 小时后便可抵达 ▶ 全年均可参观 ▶ www.badaling.cn（八达岭长城）

万里长城是为了防御北方异族入侵而沿当时的国境建造的城墙，据说，这座长城由秦始皇建于公元前 3 世纪，但是，通过追溯，建造时间较早的部分自公元前 7 世纪时便已经存在，秦始皇时期，又将自己统一中国之前的各国城墙连为一体。在那之后，长城又几经扩建与改建，现在展现在世人面前的基本上是在 14～17 世纪的明朝建造而成的。城墙尺寸因地理位置与时代而存在差异，明代城墙平均高度为 7～8 米，厚度则在 6 米左右。

191 保护罗马免受北部凯尔特人的侵害
哈德良长城
Hadrian's Wall
世界遗产1987

▶ **英国**／连接海克瑟姆和霍特惠斯尔的 AD122 巴士会在夏季巡回相关遗址，从凯雷到海克瑟姆，乘火车约用时 50 分钟 ▶ 全年均可参观 ▶ www.english-heritage.org.uk

哈德良长城是由哈德良建造的城墙，他是罗马帝国的五贤帝之一。长城长达 117 公里，从东到西横穿不列颠，从公元 122 年开始建造，约 10 年后竣工。长城上每间隔 6 公里便会建造一座要塞，还专门为驻扎的罗马士兵建造了公共浴场等配套设施。

192 两座城市因城墙而贯通
斯通长城
Stonske zidine

▶ **克罗地亚**／从杜布罗夫尼克巴士总站乘坐城市巴士约 1 小时 10 分钟便可抵达 ▶ 全年均可参观 ▶ www.ston.hr

斯通是杜布罗夫尼克郊区一个因制盐而得到繁荣的小镇。

距离斯通 1 公里左右的地方，有一座姐妹城市马里通，那里以养殖牡蛎为主要产业，这两座城市通过全长约 7 公里的城墙相互连接贯通。即使是在现在，也依然可以在城墙上往返于两座城市。

观光信息小贴士：继承哈德良长城的皇帝安多尼努斯·皮乌斯进一步扩大罗马领土，在哈德良长城以北 160 公里处建造了安东尼长城。然而，大约 20 年后，又被迫退回哈德良长城。

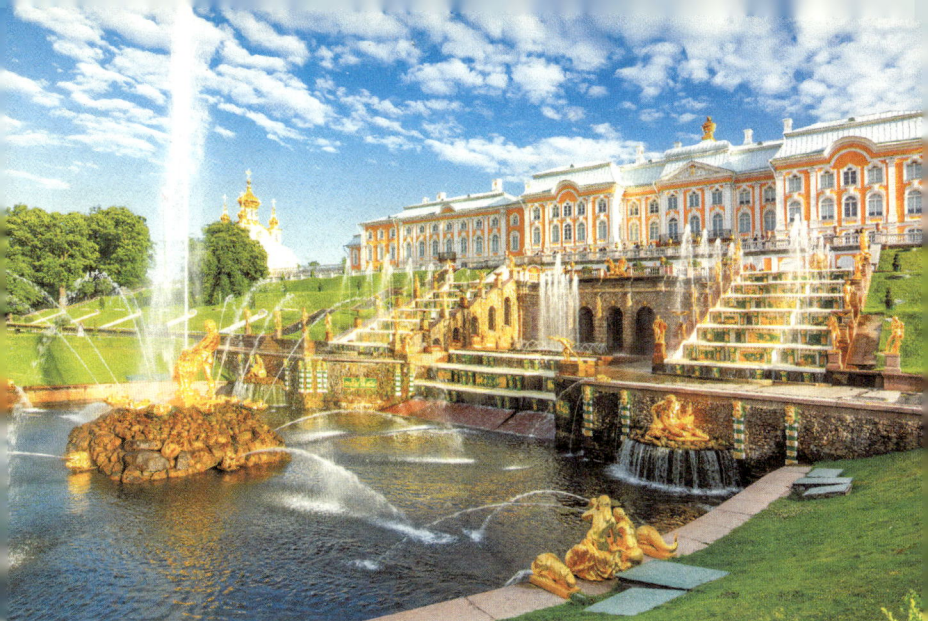

世界神奇的城堡和宫殿327座 193～210

东　欧

Eastern Europe

【爱沙尼亚】193 座堂山城堡 /194 纳尔瓦城堡 /195 库雷萨雷城堡 /【拉脱维亚】196 伦达尔宫 /【立陶宛】197 特拉凯城堡 /【俄罗斯】198 埃尔米塔日博物馆 /199 叶卡捷琳娜宫 /200 彼得大帝夏宫 /201 克里姆林宫（莫斯科）/202 克里姆林宫（喀山）/203 克里姆林宫（诺夫哥罗德）/204 彼得保罗要塞 /【白俄罗斯】205 涅斯维日城堡 /206 米尔城堡 /【乌克兰】207 卡缅涅茨－波多利斯基城堡

【Column　要塞教堂】208 圣米歇尔山（法国）/209 圣约翰修道院（希腊）/210 别尔坦要塞教堂（罗马尼亚）

数字为本书中的项目编号

193 爱沙尼亚动荡历史的纪念碑
座堂山城堡
世界遗产 1997
Toompea loss

▶ **爱沙尼亚**／塔林市中心，从老城区的拉科雅广场出发，步行约 10 分钟即可抵达 ▶ 周五 11:00 有免费英语之旅 ▶ www.riigikogu.ee

座堂山城堡的历史也可以说是当地的一部受侵略史，直到 13 世纪，丹麦曾一直占据着由爱沙尼亚人建造的这座城堡，然后，条顿骑士团、瑞典以及俄罗斯又接连入侵，城堡的外观也在反复遭到侵略的过程中多次改变，至今仍然保留的巴洛克式门面城堡建于 1767~1773 年俄罗斯帝国统治时期，这座城堡现在是爱沙尼亚议会大厦。城堡内高约 50 米的"赫尔曼高塔"上飘扬着由蓝、黑、白三种颜色组成的国旗，这已成为爱沙尼亚独立的象征。

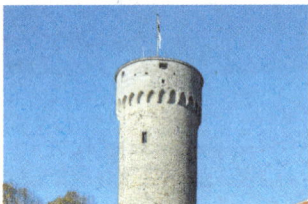

▲座堂山城堡和塔林市区，可以看到位于后方的波罗的海
◀◀ 珊瑚色的漂亮城堡
◀ 城堡左侧的"赫尔曼高塔"

194 耸立在爱沙尼亚与俄罗斯边界上的坚固城堡
纳尔瓦城堡
Narva linnus

▶ **爱沙尼亚**／从塔林乘坐巴士，约 3 小时 30 分钟后下车。如果搭乘列车，则用时 2 小时 50 分钟。从车站出发，徒步前往城堡，10~15 分钟后便可抵达 ▶ 全年均可参观 ▶ www.narvamuuseum.ee

纳尔瓦城堡是在 13 世纪丹麦统治期间建造的，作为保护爱沙尼亚与俄罗斯边界的堡垒，发挥了重要的作用。虽然城堡在第二次世界大战中因苏联军队的轰炸而严重损坏，但是，现在已经得到了修复并且成为介绍纳尔瓦历史的博物馆，从 9 楼的露台可以看到对岸的俄罗斯伊万哥罗德城堡。

195 爱沙尼亚最大岛屿上的中世纪城堡
库雷萨雷城堡
Kuressaare linnus

▶ **爱沙尼亚**／从塔林转乘巴士和渡轮，4~5 小时即可抵达 ▶ 全年均可参观 ▶ www.saaremaamuuseum.ee

库雷萨雷城堡由高耸的外墙环绕四周，如外形所示，这座正方形城堡异常坚固。14 世纪，条顿骑士团作为主教城塞建造了这座城堡，之后也伴随着所有者的几度更迭而不断进行改造与强化。城堡至今依然保存完好，经过修复的内部已经成为博物馆，游客可以在这里了解城堡所在地萨列马岛的自然和历史。

观光信息小贴士：苏打水煮猪肉被称为爱沙尼亚特产，外形呈凝胶状，富含胶原蛋白。此外，豆汤是一种含有大量豆类和培根的汤，属于家常风味汤品。喝过之后，身体暖洋洋的。

极尽奢华的"波罗的海凡尔赛宫"

伦达尔宫

Rundāles pils
► www.rundale.net

拉脱维亚

▲蓝色屋顶搭配奶油色墙壁，让人想起凡尔赛宫

辉煌宏大的宫殿令人流连忘返

伦达尔宫是为受俄罗斯女帝安娜一世·伊凡诺芙娜青睐的比伦王子建造的夏季行宫，由意大利人拉斯特雷利设计，他曾参与圣彼得堡的冬季行宫建造。1736 年，宫殿开始建造，外观为巴洛克风格，内部以华丽的洛可可风格装饰。宫殿因战争而遭到破坏，从 1972 年开始，作为博物馆，重新开始复建工程，在这座博物馆内，游客可以了解宫殿历史并且观赏到拉脱维亚艺术品，豪华房间与大厅等面向公众开放。

▲坐落于宫殿内部的巴洛克式法式花园

◀通往黄金大厅的楼梯

Access & Advice

🚆 交通信息

从里加出发的一日游

从里加到包斯卡乘坐巴士约用时 1 小时 30 分钟，从包斯卡到伦达尔宫，乘坐巴士约用时 15 分钟。

🗺 观光建议

全年开放

收费，由身着中世纪贵族服饰的导游担任领队的导览游很受欢迎。

🧭 拓展信息

包斯卡城堡遗址

位于包斯卡市中心的城堡，因大北方战争而惨遭破坏，但是，从塔顶眺望到的风景绝对不容错过。

✏ 观光信息小贴士：贫穷的贵族比伦成为女皇安娜的情夫，晋升为库尔兰大公。因此，比伦将巨额财产囊入手中，同时，还收获了名誉，但是，1740 年，女皇死亡，次年比伦失足，流亡西伯利亚。

红色砖瓦城堡在湖面上倒映出美景

特拉凯城堡

Trakų salos pilis
► www.trakai-visit.lt

立陶宛

湖中小岛上的坚固城堡

　　特拉凯城堡建于 14 世纪后期，由特拉凯公爵凯斯图蒂斯和他的儿子维塔塔斯（后来的立陶宛大公）建造。在与北方十字军的多次对抗中，这座坚固的堡垒成功地阻止了条顿骑士团的入侵。15 世纪，特拉凯的重要性逐渐凸显，但是，17 世纪时，又惨遭破坏，在那之后，便成为一片废墟，城堡于 1983 年起开始复建，并且在 1987 年时重现了 15 世纪前叶繁荣时期的姿态，城堡内部作为特拉凯历史博物馆向公众开放。

▲特拉凯城堡，湖光山色与红砖形成鲜明对比

Access & Advice

🚆 **交通信息**
从维尔纽斯出发的一日游
　　从维尔纽斯到特拉凯，乘坐巴士用时 30~50 分钟。下车后徒步前往城堡，约用时 30 分钟。

🏛 **观光建议**
全年开放
　　收费，城堡周围还有热气球之旅。

🍴 **美食信息**
乡土料理"起必娜"
　　肉馅馅饼，形状像一个巨大的饺子，城市里到处都在出售这种当地的传统美食。

▲桥梁的另一端便是城堡入口
◄特拉凯城堡的庭院

🖊 观光信息小贴士：特拉凯作为土耳其少数民族卡莱梅族居住的小镇而闻名，在特拉凯经常看到的三扇窗户的房子是他们的传统房屋。以此地为核心，有约 200 人现在依然在这里守护着自己的传统生活。

俄罗斯女皇叶卡捷琳娜二世的私人博物馆

埃尔米塔日博物馆

世界
遗产
1990

Государственный Эрмитаж

▶ www.hermitagemuseum.org

🇷🇺 俄罗斯

▲埃尔米塔日博物馆的主楼——冬宫南立面

展示有世界首屈一指的美术品的宫殿

埃尔米塔日博物馆（也叫冬宫）在圣彼得堡市中心罗曼诺夫宫的基础上改建而成，这座建筑始于叶卡捷琳娜二世于 1764 年建造的一座用作存放艺术品的小修道院，从 1852 年起，开始面向公众开放，博物馆现在由冬宫、小冬宫、旧冬宫以及新冬宫这四栋建筑组成。博物馆是由世界一流的艺术收藏和华丽的宫廷装饰打造而成的具有压倒性的美的世界，不断给慕名到访的人们带来感动。

▼尼古拉二世的书房

Ⓐ 梵蒂冈壁画遍布整面墙壁
拉斐尔走廊 Raphael Loggias

新冬宫于 1851 年由尼古拉一世建造，从一开始就以展示艺术作品为目的。拉斐尔走廊除了意大利艺术展区之外，还有装饰着拉斐尔壁画的宏伟走廊。

▲拉斐尔走廊附近有拉斐尔厅与意大利厅等

观光信息小贴士：与埃尔米塔日博物馆相向而建的是于 2014 年开放的埃尔米塔日博物馆新馆，两座博物馆隔宫殿广场而建。新馆建筑原本是建于 1827 年的旧参谋本部，4 层展示有 19~20 世纪的欧洲艺术品。

B 整个房间都异常闪耀
金色客厅 The Gold Drawing-room

整个金色客厅都被金箔覆盖，即便在整座冬宫当中，都是装饰得最为豪华的房间。除墙壁、门窗以及天花板之外，吊灯上也贴有金箔，异常耀眼。

C 历代皇帝都在此接受拜见
宴会大厅 The St.George Hall

放置有罗曼诺夫王位的大厅曾是人们拜见皇帝与举办宴会的场所。宝座上有灭龙的圣格奥尔基耶夫的浮雕，因此，宴会大厅也被称为格奥尔基耶夫厅。

D 厚重感十足的皇帝书房
尼古拉二世书房
The Library of Nicholas II

尼古拉二世书房位于皇帝私人房间集中的冬宫西侧，由俄罗斯末代皇帝尼古拉二世于 1895 年建造。书房以英式、哥特式风格装饰，具有中世纪的感觉。

看点

新冬宫二楼的 237~239 室内豪华绚烂的天花板装饰不容错过

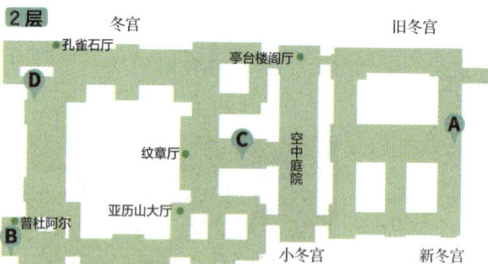

2层

冬宫　旧冬宫

孔雀石厅
亭台楼阁厅
D
纹章厅　C　空中庭院　A
普杜阿尔
亚历山大厅
B
小冬宫　新冬宫

Access & Advice

🚇 交通信息
圣彼得堡的中心

在圣彼得堡的阿德米拉斯卡娅地铁站下车，徒步约 5 分钟。

🏛 观光建议
全年开放

收费，现在实行预约制，游客需要在官网申请并且按照指定的日期与时间前往观光，金色客厅仅面向团队游客开放。

🍴 美食信息
俄式牛柳丝

斯特罗加诺夫宫一角的一家名为 Russian Ampir 的餐厅是俄式牛柳丝的发源地。

▲ 使用了大量乌拉尔地区孔雀石的孔雀石厅
◀ 拥有令人印象深刻的华丽吊灯的亭台楼阁厅

观光信息小贴士：毗邻埃尔米塔日博物馆东侧的冬宫剧院也是构成宫殿建筑群的建筑之一，由叶卡捷琳娜二世于 1787 年建造。剧院现在依然还在使用，平时也会举办芭蕾舞表演和音乐会。

叶卡捷琳娜宫

世界遗产
1990

Екатерининский дворец
► www.tzar.ru

俄罗斯

▲建在美丽而广阔的叶卡捷琳娜公园内

由黄金与琥珀点缀的宫殿

　　叶卡捷琳娜宫坐落于圣彼得堡以南 25 公里处，是位于皇村的一座夏宫，宫殿名称源自彼得大帝的王妃叶卡捷琳娜一世。宫殿于 1725 年创建，1756 年，改建为宏伟的洛可可风格建筑。极尽奢华的宫殿内部大量使用了黄金，异常闪耀。宫殿内有一间琥珀厅，整面墙都覆盖着琥珀色板，曾在第二次世界大战期间被纳粹军队带走，后于 2003 年得到了复原。

Access & Advice

🚆 **交通信息**
圣彼得堡市
　　从地铁 2 号线莫斯科站乘坐巴士约 30 分钟。

🗺 **观光建议**
全年开放
　　收费，建议从官网购买指定日期和时间的门票或者参加市内招募的一日游团队前往观光。

🧭 **拓展信息**
巴甫洛夫斯克宫
　　皇村东南 4 公里处的一座宫殿。

▲叶卡捷琳娜宫的大厅

◄ 白色和金色的对比很美

✏ 观光信息小贴士：叶卡捷琳娜宫所在的皇村，意为皇帝的村庄。1938 年，苏联时期，为纪念俄罗斯诗人亚历山大·普希金逝世 100 周年，更名为普希金。

用喷泉装饰的彼得大帝的宫殿

彼得大帝夏宫

Петергоф

世界遗产 1990

► www.peterhofmuseum.ru

🇷🇺 俄罗斯

▲喷泉有效利用了高台水源，借助天然构造自然形成

面向芬兰湾的宏伟宫殿

彼得大帝夏宫坐落于圣彼得堡以西约 30 公里处，是一座面向芬兰湾的宫殿。这座城堡也是罗曼诺夫王朝的夏宫，与叶卡捷琳娜宫齐名，由彼得大帝于 1710 年建造。长达 300 米的大宫殿建于高台之上，下方是面积广阔的公园。园内设置有充分利用高低差建造而成的喷泉，数量多达 150 余处，尤其是大宫殿前的大瀑布喷泉，由众多雕刻装饰，以壮丽的外观与压倒性的水量而著称，令人叹为观止。

▲从大皇宫的露台俯瞰海湾
◄楼梯上的雕像自大皇宫开始不断延伸

Access & Advice

🚆 **交通信息**
圣彼得堡市

从埃尔米塔日博物馆前的码头乘坐高速船约 30 分钟，地铁 1 号线的 Avtovo 站也有巴士服务，用时 30~45 分钟。

🗺 **观光建议**
全年开放

收费，城堡下方的喷泉于每年 10 月～次年 4 月期间暂停喷水，在此期间，城堡也会免费面向公众开放。旺季可能会限制散客入场，建议提前在官方网站上买票或者参加市内招募的一日游团队前往观光。

观光信息小贴士：彼得大帝夏宫在德语中意为彼得豪宅，源自彼得大帝。在苏联时代，城堡曾更名为彼得宫，在俄语中具有相同的含义，苏联解体后，又恢复了彼得大帝夏宫的叫法。

被城墙包围的俄罗斯中心
克里姆林宫/莫斯科

世界遗产
1990

Кремль
▶ www.kreml.ru

🇷🇺 **俄罗斯**

▲莫斯科克里姆林宫位于莫斯科河北岸，东侧毗邻红场

莫斯科的诞生地

　　克里姆林宫在俄语中意为堡垒，说起克里姆林宫，通常指莫斯科的克里姆林宫，在莫斯科克里姆林宫所在地初次建造木造要塞的时间是 1156 年。这一年被认为是莫斯科建都年，从此，莫斯科城围绕克里姆林宫呈放射状发展。宫殿内部建有俄罗斯帝国国家大教堂与历代皇帝居住的宫殿等，在俄罗斯政治和宗教中发挥核心作用，俄罗斯总统府至今仍然置于其中。

Access & Advice

🚆 **交通信息**
莫斯科市中心

　　在列宁图书馆地铁站、亚历山德罗夫斯基地铁站以及松树林站当中的任意一站下车，徒步即可抵达。

🗺 **观光建议**
全年开放

　　收费，门票类型不同，分别在不同的售票窗口出售，游客可持通票参观圣堂广场的建筑物群，建议在官网购买指定日期和时间的门票。

▲通往红场的斯帕斯卡亚塔
◀位于大教堂广场的俄罗斯帝国国家大教堂与乌斯别斯基大教堂

🖊 **观光信息小贴士：** 在克里姆林宫内，展示世界上最大钻石的钻石仓库与已经改建为历史博物馆的武器库不在通票游览范围之内，需要另行购票。

159

202 象征宗教共存的要塞
克里姆林宫/喀山
世界遗产 2000
Казанский Кремль

▶ **俄罗斯**／在克雷姆廖夫地铁站下车即达 ▶ 全年均可参观，各设施的入场时间与费用不同 www.kazan-kremlin.ru

喀山克里姆林宫是建在伏尔加河和喀山河交汇处的山丘上的堡垒，在 15 世纪时，这座宫殿曾是喀山汗国的中心，16 世纪中叶，被莫斯科大公国征服。宫殿被征服后，要塞得到改建，清真寺也被拆除，后于 2005 年重建。宫殿内的教堂和清真寺排成一排，已成为宗教共存的象征。

◀◀ 洋葱圆顶教堂和拥有四座塔楼的清真寺并排而立
◀ 重建的库尔谢甫夫清真寺的内部
▼ 被城墙环绕的喀山克里姆林宫

203 俄罗斯古都的城堡
克里姆林宫/诺夫哥罗德
世界遗产 1992
Новгородский кремль

▶ **俄罗斯**／从诺夫哥罗德站或者巴士总站步行约 20 分钟 ▶ 全年均可参观 www.novgorodmuseum.ru

诺夫哥罗德是俄罗斯最古老的城市，建于 9 世纪。诺夫哥罗德克里姆林宫原本是一座木造要塞，后于 15 世纪重建成了砖瓦建筑，城墙内部建有俄罗斯现存最古老的建筑索菲亚大教堂以及建于 15 世纪的大主教宫殿等历史上十分重要的建筑。

204 圣彼得堡的诞生地
彼得保罗要塞
世界遗产 1990
Петропавловская крепость

▶ **俄罗斯**／圣彼得堡市，从 Gorkovskaya 地铁站步行约 7 分钟 ▶ 全年均可参观 www.spbmuseum.ru

彼得保罗要塞是与埃尔米塔日博物馆（→ p.155）隔涅瓦河而建的堡垒，圣彼得堡建于 1703 年，这座堡垒的建造也同样开始于这一年。作为皇帝一族的墓地，要塞内的圣堂内埋葬有历代皇帝。

160 ✎ **观光信息小贴士**：圣彼得堡是位于波罗的海东部、芬兰湾最深处的一座小镇。1703 年，击败瑞典军队，彼得保罗要塞建成，十年后的 1713 年，取代了莫斯科，成为俄罗斯的首都。

205 东欧建筑史一目了然

世界遗产 2005

涅斯维日城堡

Нясвіжскі замак

▶ 白俄罗斯／从明斯克中央巴士总站乘巴士约 2 小时 ▶ 全年均可参观 ▶ niasvizh.by

涅斯维日城堡建于 16 世纪，是立陶宛大公国强大的贵族拉齐维尔家族的居所。虽然也曾在某一时期内惨遭流放，但是，拉齐维尔家族一直担任这座城堡的城主，直到 1939 年被苏联军队占领，因此，这里也被称为拉齐维尔城堡。城堡由护城河环绕四周，还曾于 17 世纪时在城堡四角建造了棱堡等，拥有了作为要塞所应该具备的防御功能。城堡内部在 16 世纪至 19 世纪期间反复得到改建，作为向后人传达东欧建筑发展史的绝佳案例，现已被列入联合国教科文组织《世界遗产名录》。

▲涅斯维日城堡至今依然由护城河环绕四周
◀◀通过桥梁跨过护城河后，即可踏入城堡内部
◀中庭呈六边形

206 5 座塔楼令人印象深刻

世界遗产 2000

米尔城堡

Мірскі замак

▶ 白俄罗斯／从明斯克中央巴士总站乘坐巴士约 1 小时 30 分钟
▶ 全年均可参观 ▶ mirzamak.by

米尔城堡是一座建于 16 世纪上半叶的哥特式城堡，为准备防御入侵的鞑靼人而建造，城墙上还建有 5 座高 25 米的塔楼。筑城 40 年左右后，城堡落入拉齐维尔家族的手中，该家族同时也是涅斯维日城堡的主人，在拉齐维尔家族的控制下，城堡曾得到改建并且新建了宫殿。此后，城堡因拿破仑战争而受损并惨遭摧毁，进入 19 世纪后，又有幸得到改建，并且还在城堡周围建造了公园。

▲湖岸边的米尔城堡，是一座代表森林与湖泊之国白俄罗斯的著名城堡
◀◀5 座塔楼的结构相同，但是，每一座都有自己的设计，对比几座塔楼之间的差异也是非常有趣的一个体验
◀北侧与东侧建有宫殿，与城墙融为一体

✏ 观光信息小贴士：涅斯维日城堡与米尔城堡之间仅有 30 公里左右的距离，可以在从明斯克出发的一日游中一起参观。如果在一天之内参观两个景点，将与明斯克之间交通更为便利的米尔城堡安排在后面进行参观，旅途中更加顺利。

⑳⑦ 卡缅涅茨-波多利斯基城堡

Кам'янець-Подільська фортеця

▶ **乌克兰**／从基辅乘火车到卡缅涅茨－波多利斯基大约需要 8 小时，从车站搭乘市内巴士 12 分钟，
在老城区下车，徒步约 10 分钟 ▶ 全年均可参观 ▶ muzeum.in.ua

▲拥有众多塔楼且由厚实的城墙环绕四周的城塞

　　卡缅涅茨－波多利斯基城堡是建于乌克兰西南部波迪利亚地区中心城市卡缅涅茨－波多利斯基的城堡，筑城时间是 14 世纪，城堡坐落于城市入口部分的悬崖之上。城堡作为立陶宛与波兰的重要基地坚不可摧，唯一的例外是 17 世纪末奥斯曼帝国的临时统治，除此之外，城堡一直在外敌入侵面前保持不败战绩。随着时代的变迁，城堡曾经历过各种各样的改建，但是，基础部分却从未发生过改变，中世纪城塞姿态至今依然完好地展现在世人面前。

◀ 在以城堡为背景的节日，人们身着 17 世纪的服饰与装备重现了当时的战斗场景

为自保而进行武装
要塞教堂

　　教堂与修道院是人们祈祷和平的设施，另外，由于掌控有财富与资产，所以，对于异族与敌国来说，也是他们攻击与掠夺的对象，这种为防止外敌入侵而具备超强防御功能的教堂便是要塞教堂。要塞教堂由城墙环绕四周，与粗俗外表形成鲜明对比，内部一片静寂，充满神圣感。

▲普莱日梅尔的堡垒教堂（罗马尼亚），特兰西瓦尼亚的七座堡垒教堂已被列为世界遗产

(208) 孤岛上屹立的修道院
圣米歇尔山
Mont Saint-Michel

世界遗产 1979

▶法国／从巴黎蒙巴纳斯大楼站搭乘 TGV 至雷恩站或布列塔尼多勒站换乘巴士，用时约 3 小时 ▶全年均可参观 ▶ www.abbaye-mont-saint-michel.fr

　　圣米歇尔山是坐落于英吉利海峡的法国一侧、圣马洛湾岛上的一座修道院，涨潮时，圣米歇尔山由大海环绕，但是，退潮时，又与陆地相连，特殊的地理位置充满了梦幻色彩，被誉为法国最受欢迎的旅游目的地。圣米歇尔山自 966 年起开始建造，在那之后的几个世纪，曾反复进行扩建与改建。圣米歇尔山所在岛屿经过要塞化处理，在 14~15 世纪的英法百年战争期间阻止了英国人的袭击。法国大革命后，圣米歇尔山也被用作漂浮在海上的监狱。

▲圣米歇尔山的神秘姿态，意为圣迈克尔山，大天使迈克尔的雕像被放置在塔上
◀绚丽夺目的哥特式修道院附属教堂

(209) 要塞化巡礼地
圣约翰修道院
Μονή του Αγίου Ιωάννου του Θεολόγου

世界遗产 1999

▶希腊／从罗得岛乘渡轮到帕特莫斯岛的斯卡拉港大约需要 6 小时，从斯卡拉到修道院大约距离 2 公里，乘坐巴士约 10 分钟 ▶全年均可参观

　　拔摩岛是爱琴海的一座小岛，与圣约翰颇具渊源，圣约翰修道院坐落于岛屿高台之上，于 10 世纪左右建造而成。防御工事完善的霍拉镇环绕修道院而建，在镇中心屹立的修道院本身也已经得到了要塞化处理。

(210) 由特兰西瓦尼亚的撒克逊人建造
别尔坦要塞教堂
Biserica fortificată din Biertan

世界遗产 1993

▶罗马尼亚／从布加勒斯特到锡吉什瓦拉搭乘火车或巴士约 5 小时 30 分钟，从锡吉什瓦拉乘车约 35 分钟 ▶冬季不可参观

　　自 13 世纪以来，撒克逊人在罗马尼亚的特兰西瓦尼亚地区定居，在他们的村落里建造了固守城池的要塞教堂。别尔坦要塞教堂是该地区的要塞教堂中最为坚固的一座，由三层墙壁环绕而建。

　　观光信息小贴士：圣约翰曾执笔《新约圣书》的《约翰福音》与《约翰启示录》，这位圣人也被称为使徒约翰与福音传道者约翰，据称《约翰启示录》是在他被囚禁在拔摩岛时完成的。

220 阿里·卡普宫（伊朗）

世界神奇的城堡和宫殿327座 ⟨211⟩～⟨249⟩

中东与非洲
Middle East & Africa

【土耳其】211 托普卡帕宫 /212 多尔玛巴赫切宫 /213 贝勒贝伊宫 /214 狄奥多西城堡 /215 鲁梅利堡垒 /216 博德鲁姆城堡 /217 马尔丁 /218 伊沙克帕夏宫 /219 基兹卡雷斯 /【伊朗】220 阿里·卡普宫 /221 戈勒斯坦宫 /222 波斯波利斯 /223 八重天宫 /224 卡里姆汗城堡 /【伊拉克】225 埃尔比勒城堡 /【叙利亚】226 骑士堡 /【以色列】227 马萨达 /228 阿卡 /【巴勒斯坦、以色列】229 耶路撒冷 /【巴勒斯坦】230 希沙姆王宫 /【格鲁吉亚】231 纳里卡拉要塞 /【阿塞拜疆】232 巴库城塞 /【塞浦路斯】233 帕福斯城堡 /【阿拉伯联合酋长国】234 阿布扎比总统府 /【也门】235 希巴姆 /236 哈扎拉 /【阿曼】237 巴赫莱要塞 /238 尼兹瓦古堡 /【沙特阿拉伯】239 萨尔瓦宫 /【埃及】240 大城堡（开罗）/241 卡特巴城堡 /242 蒙塔扎宫 /【突尼斯】243 里巴特要塞 /【摩洛哥】244 王宫（非斯）/245 阿伊特·本·哈杜筑垒村 /246 巴伊亚宫 /247 埃尔巴沙陈列馆 /【南非】248 好望堡 /【津巴布韦】249 大津巴布韦遗址

数字为本书中的项目编号

奥斯曼帝国的鼎盛时期、君主生活的宫殿
托普卡帕宫

世界遗产
1985

Topkapı Sarayı
► www.millisaraylar.gov.tr

🇹🇷 土耳其

▲从博斯普鲁斯海峡入口处看到的宫殿

可以看到奥斯曼帝国的辉煌

托普卡帕宫是奥斯曼帝国的宫殿，由 1453 年征服君士坦丁堡（伊斯坦布尔）的穆罕默德二世所建，是当地的政治中心。宫殿随着时代的变迁而不断扩建，还在 16 世纪的苏莱曼一世时期建造了后宫。截至 19 世纪中叶，在多尔玛巴赫切宫（→ p.170）建成前，这座宫殿曾一直被用作苏丹的住所，帝国灭亡后，自 1924 年起，开始作为博物馆面向公众开放。

▼广阔的中庭周围，各种建筑鳞次栉比

A 象征托普卡帕宫的大门
皇帝之门 Bâbüsselam

皇帝之门是穿过托普卡帕宫的第一庭园后即刻映入眼帘的一扇门，位于第二庭园入口处，也被称为"中门 Orta Kapı"。两边的塔楼和铁门都是苏莱曼一世时期建造的，与后宫的正义之塔一同被誉为托普卡帕宫的标志性建筑。

▲贯通第一庭园与第二庭园的巴布塞拉姆，所有入场者均需经由此门进入宫殿

🖊 观光信息小贴士：拜占庭皇帝居住的大皇宫，在 11 世纪下半叶便不再使用并且在被穆罕默德二世占领时遭到遗弃。宫殿的大部分区域均被掩埋于地下，但是，其中一部分已经得到挖掘并且在大皇宫马赛克博物馆展出。

B 用伊兹尼克瓷砖装点的后宫
后宫 Harem

伊斯兰宫殿分为公共空间和私人空间，这里便是私人空间。后宫不允许苏丹以外的男性进入，只有宦官在身边给予照料。后宫里面有浴池、伊斯兰寺庙以及医院等设施，宛如一座城市一般，各种设施齐备。

▲装饰有大吊灯的帝王厅

▲除黑人宦官们与女性之外，其他人均被禁止入内

▲负责守卫后宫的宦官厅

看点

奇夫特·卡斯鲁希姆位于后宫后方，被称为"鸟笼"，苏丹的兄弟等有继承权的王子会被囚禁于此，等待加冕。据说，曾有很多人因为孤独的生活而罹患精神疾病。

▲第一庭园中的神圣和平教堂是一座建于4世纪的古老教堂

▲宫殿入口前的建筑是艾哈迈德三世喷泉，建于1728年

郁金香园

F

圣物室
Mukaddes Emanetler Dairesi

梅迪埃·科西克
Mecidiye Köşkü

Konya
咖啡厅&餐厅

艾哈迈德一世房间
I. Ahmet Köşkü

艾哈迈德三世餐厅
III. Ahmet Yemiş Odası

帝王厅
Hünkâr Sefası

C

B

Ağalar Camii
Ağalar Camii

医院
Hastane

艾哈迈德三世图书馆
III. Ahmet Kütüphanesi

E

第三庭园

D

正义之塔
Adalet Kulesi

后宫入口

幸福之门
Bâbüssaâde

第二庭园

处方
Mutfaklar

A

第一庭园

古文书馆
Arşiv

▲穿过幸福之门后，第三庭园随即映入眼帘

✎ 观光信息小贴士：大概在多尔玛巴赫切宫（→p.170）建成后，这里便开始被称为托普卡帕宫了，由于穆罕默德二世曾在现在的大巴扎集市西侧建造了旧宫殿，因此，在那之前，这里曾一直被称作新宫殿。

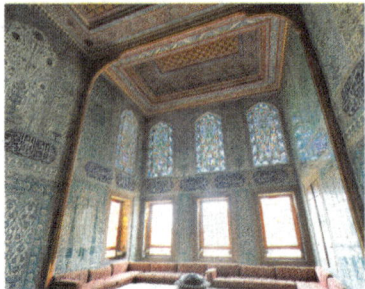

▲艾哈迈德一世的房间曾被用作图书馆，苏丹喜欢在名为敏德尔的垫子上阅读

◀艾哈迈德三世的餐厅建于18世纪的郁金香时期，装饰着带有水果图案的图片，也被称作"水果房"

C 君主的私人生活场所
苏丹私人宫殿 Has Odası

苏丹私人宫殿是他生活的核心区域，除宦官首领之外，他的生活主要由侍童与房间内配备的女性侍者照料。欧洲人发挥了各种想象力，创造了主题为宫女的绘画。房间内大量使用伊兹尼克瓷砖和金色装饰，其壮丽程度绝不愧对自己的名号。

看点

这里有一件与塞利姆一世在征服麦加与麦地那时带回的与预言者穆罕默德有关的物品。

D 苏丹举行会见的场所
觐见大殿 Arz Odası

拜见厅作为苏丹和官员会面并且开展政治活动的场所而建造，海外诸国大师也会在此进行拜见。随着时代的变迁，苏丹远离政坛，这里也逐渐开始面向公众开放，到访者可以通过被称为国王之眼的小窗户向内观察。

▼拜见厅对面的艾哈迈德三世图书馆，象征和平郁金香时期的建筑之一

▲苏丹私人宫殿的入口，紧邻后宫，但入口是分开的。私人宫殿北侧紧邻"圣物室"，收藏品中包含伊斯兰文物（禁止拍照）

观光信息小贴士：kiosk（科西克）指宫殿与庭园内建造的规模虽小但装饰豪华的建筑，通过英语翻译后，特指小店。

藏有众多光彩夺目的财宝
E 珍宝馆 Hazine Odası

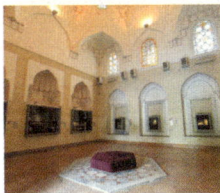

托普卡帕宫最古老的部分，还有一个以穆罕默德二世之名命名的名称，名为"征服者之家"。现在，这里已被用作珍宝馆，在收藏品中，除了造匙者钻石之外，镶嵌有三颗巨大的绿宝石和一个时钟的托普卡帕的匕首尤其出名。

代表奥斯曼帝国鼎盛时期的建筑
F 巴格达宫 Bağdat Köşkü

巴格达宫是为了纪念 1638 年收复曾在萨法维王朝被占领的巴格达而建造的，紧密嵌入的蔓藤花纹瓷砖非常震撼，在花园中享用开斋饭的场所，可以俯瞰金角湾和远处的新城区。

▼轻型建筑巴格达宫，金色屋顶处是开斋时的用餐场所

造匙者钻石

这颗"造匙者钻石"由 49 颗钻石环绕着一颗 86 克拉的巨大钻石，关于这颗钻石有一些说法，但是，据说，一个非常贫穷的人通过以物易物的方式用自己在垃圾堆中捡来的一块漂亮石头从勺子匠那里换来了 3 个木汤勺，在那之后，这颗钻石被带到了宝石店，其价值在宫廷内广为流传，最终被苏丹收入囊中，而"造匙者钻石"也因为这个故事而得名。

◀还有传言称，这颗钻石是法国军官在印度购买，之后曾一度落入法国皇帝拿破仑母亲的手中

Access & Advice

🚆 **交通信息**
坐落于老城区最里侧的东北角
　　从伊斯坦布尔老城区中心的贝亚兹特广场换乘 T1 电车线，在哈麦德站下车，步行 10 分钟。

🧭 **观光建议**
尽早参观后宫
　　收费，全年均可参观，珍宝馆等部分区域禁止拍照，后宫和神圣和平教堂需要单独购票。傍晚关闭，因此，需要尽早前往。

🍽 **美食信息**
一边眺望海峡美景，一边享用美食
　　半个世纪以来，珍宝馆旁的康亚尔餐厅一直坚持供应便餐与宫廷菜肴等各类餐品。

✏ 观光信息小贴士：到目前为止，后宫可参观的地方非常有限，可以入场的人数也很少，但是，随着修复工程的顺利推进，医院等区域也会向公众开放。据悉，在扩大开放范围之后，可容纳的入场人数将达到之前的 3 倍。

宣告新时代到来的宫殿

多尔玛巴赫切宫

Dolmabahçe Sarayı
► www.millisaraylar.gov.tr

🇹🇷 土耳其

▲仪式之屋，巨大的穹顶装饰在多尔玛巴赫切宫也很壮观
▼深受西欧建筑影响的宫殿

象征帝国近代化的宫殿

奉推动奥斯曼帝国西化的苏丹阿卜杜勒·迈吉德一世之命，建造了多尔玛巴赫切宫，以取代托普卡帕宫，于1858年竣工。宫殿由亚美尼亚巴里安父子负责设计，儿子尼戈·阿约斯·巴里安曾有过在巴黎留学的经历，宫殿将巴洛克与洛可可等欧洲风格大胆融入奥斯曼建筑并因此而闻名。

Ⓐ 曾举行参拜庆贺与重要活动的巨大空间
仪式之屋 Muayede Salonu

多尔玛巴赫切宫也因世界领先的吊灯收藏而闻名，其中，2250平方米的仪式之屋的吊灯共有644盏电灯，重4.5吨，是世界上最大的波希米亚玻璃吊灯。在36米高的大圆顶上，绘制有融合帝国风格的华丽且精致的花朵图案。

▲圆顶的设计与制作极其精细

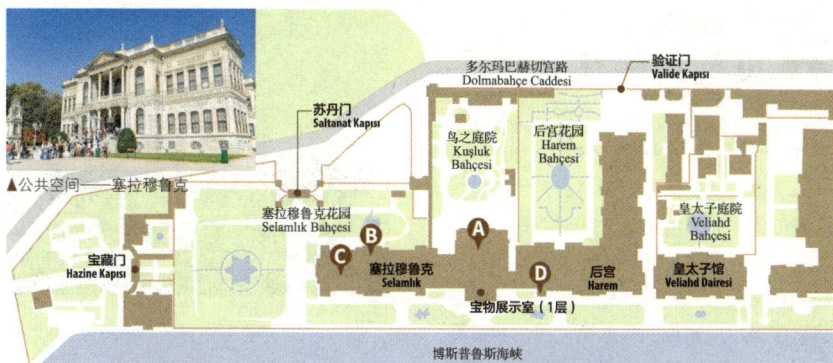

多尔玛巴赫切宫路
Dolmabahçe Caddesi

验证门
Valide Kapısı

苏丹门
Saltanat Kapısı

鸟之庭院
Kuşluk
Bahçesi

后宫花园
Harem
Bahçesi

▲公共空间——塞拉穆克

塞拉穆鲁克花园
Selamlık Bahçesi

皇太子庭院
Veliahd
Bahçesi

宝藏门
Hazine Kapısı

塞拉穆鲁克
Selamlık

后宫
Harem

皇太子馆
Veliahd Dairesi

宝物展示室（1层）

博斯普鲁斯海峡

Ⓑ 迎接重要人物的宫殿玄关
水晶阶梯 Kristal Merdiven

　　水晶阶梯曾被用于迎接外交使节与重要人物，栏杆由切割水晶制成。光线透过玻璃天花板照射进宫殿内部，还有一个 2.5 吨的豪华吊灯，环境明亮且具有开放性。

◀所有的栏杆都是由切割水晶制成的

Ⓒ 官方活动的举办场地
大使厅 Süfera Salonu

　　大使厅是举办公使任命等外交仪式的场所，装饰有东西方各种文物，例如，带有阿卜杜勒·迈吉德一世签名的埃拉德钢琴与大不里士地区的波斯地毯等。

▲在这里，阿塔图尔克将土耳其语拼写从阿拉伯字母改成了拉丁字母

Ⓓ 床上铺有土耳其国旗
阿塔图尔克的办公室
Atatürk'ün çalışma odası

　　1938 年 11 月 10 日上午 9:05 分，土耳其共和国第一任总统阿塔图尔克在宫殿工作时去世，房间现在依然保留着当时的模样。

看点

阿塔图尔克的办公室和卧室时钟均停在了他离世时的 9:05。

Access & Advice

🚇 **交通信息**
伊斯坦布尔市

　　乘坐电车 T1 线或地下缆车 F1 线在卡贝塔斯下车，从亚洲一侧，乘坐渡轮前往卡贝塔斯码头也很方便。从车站或码头出发，步行约 10 分钟。

🧭 **观光建议**
还有博斯普鲁斯海峡游轮

　　收费，全年均可参观。乘坐随上随下的博斯普鲁斯海峡游轮游览多尔玛巴赫切宫、贝勒贝伊宫以及库图斯宫殿，可以高效地探索海峡沿岸的宫殿（现已暂停运营）。

✏️ 观光信息小贴士：第一次世界大战奥斯曼帝国战败后，土耳其共和国成立，凯末尔·阿塔图尔克任第一任总统。阿塔图尔克将首都定为安卡拉，逗留伊斯坦布尔期间，在多尔玛巴赫切宫工作。

171

213 苏丹的夏季行宫
贝勒贝伊宫
Beylerbeyi Sarayı

▶ **土耳其**／伊斯坦布尔市，从乌斯库达尔站搭乘市营巴士约 10 分钟／全年均可参观，建议订票／www.millisaraylar.gov.tr

贝勒贝伊宫建在自拜占庭时代以来一直被称为"斯托洛斯（十字架）庭园"的地区，至今依然保留的建筑建于 1865 年，是苏丹阿卜杜勒·阿齐兹的夏季行宫，由建筑家族巴良家族的萨基斯·巴良建造而成。他曾就读于巴黎高等美术学院，游客可以通过这座宫殿感受到欧洲建筑的强烈

影响。宫殿也曾被用作招待所，直至土耳其共和国的早期，有拿破仑三世、弗朗茨·约瑟夫等贵宾入住。

▲博斯普鲁斯海峡分隔亚洲和欧洲，这是亚洲这侧的一座宫殿
◀◀宫殿一层的沙龙，装饰有令人印象深刻的大吊灯
◀在柱头和天花板的装饰中可以看到古典欧洲和奥斯曼风格的融合

214 完好无损的城墙
世界遗产 1985
狄奥多西城堡
Konstantinopolis Surları

▶ **土耳其**／伊斯坦布尔市，从锡尔凯兹站乘坐电车约 15 分钟，在埃迪尔内卡普或托普卡帕下车／自由参观

狄奥多西城堡始于罗马定都君士坦丁堡 330 年后，于 5 世纪中叶竣工。城墙环半岛而建，狄奥多西二世时期建造的陆侧城墙由 2 层墙壁环绕，以铁壁防御而著称。在 1453 年拜占庭帝国被奥斯曼帝国灭亡的攻防战中，除了压倒性的力量差异之外，

还遭受了炮火，但是，据说，这座城墙保存完好，丝毫未被摧毁。

▲陆侧城墙为双层结构，由相对较低的外墙与厚实高耸的内墙组成
◀◀汽车在沿城墙铺设的机动车专用道上行驶
◀多处都惨遭破坏，但是，保存状态良好，修复工程仍然在进行中

观光信息小贴士：君士坦丁堡城墙，据说坚不可摧，但是，1204 年的第四次十字军威尼斯海军从海边进入海湾并发动攻击，导致其陷落。在 1453 年的攻防战中，海湾封闭，当时用于封锁的锁头至今依然保留在军事博物馆当中。

215 建造时间仅用 4 个月
鲁梅利堡垒
Rumeli Hisarı

▶ **土耳其** / 伊斯坦布尔市，城市巴士从新城区的塔克西姆和卡巴塔斯出发，距塔克西姆约 30 分钟车程 ▶ 全年均可参观 ▶ muze.gov.tr

　　鲁梅利堡垒是在 1453 年爆发的君士坦丁堡战役的前一年，由奥斯曼的苏丹穆罕默德二世在短短 4 个月内建造而成的堡垒。堡垒建在博斯普鲁斯海峡最窄部分的欧洲一侧，这使得奥斯曼军队能够控制海上的补给线。攻防战之后，堡垒作为监视黑海与地中海海上交通的关卡，持续发挥了重要作用。近年来，堡垒曾一直被用作土耳其极具代表性的夏季节日——鲁梅利堡垒夏季音乐会的举办场地，直至 2008 年。

▲ 堡垒几经修复，保存状态依旧完好
◀◀ 横跨旁边海峡的桥以穆罕默德二世法提赫·苏丹·穆罕默德的名字命名
◀ 用时 4 个月建造，完成度令人惊叹

216 圣约翰骑士团基地
博德鲁姆城堡
Bodrum Kalesi

▶ **土耳其** / 从伊斯坦布尔乘坐巴士 7 小时 30 分钟，乘飞机到最近的米拉斯需要 1 小时 35 分钟，乘坐机场巴士 45 分钟 ▶ 全年均可参观 ▶ mugla.ktb.gov.tr

　　15 世纪，奥斯曼帝国的统治遭到冲击，圣约翰骑士团拆毁了摩索拉斯王陵的石材，建造了一座以圣彼得名字命名的城堡，现在以土耳其语名称博德鲁姆而闻名。就像由各国籍人士组成的骑士团一样，城堡内建有法国塔与意大利塔等以各国国名命名的塔楼。许多装饰城堡内部的装饰品在 19 世纪被带到了英国，收藏于伦敦大英博物馆。

▲ 塔楼林立的博德鲁姆城堡，中间最高的塔是法国塔，英国塔坐落其后，面朝大海
◀◀ 16 世纪时地中海最为坚固的城堡
◀ 如今，博德鲁姆作为土耳其屈指可数的度假胜地之一，在全球范围内越来越受欢迎

✐ **观光信息小贴士：** 将古代卡利亚王国首都迁至哈利卡纳苏斯的摩索拉斯的陵墓因为它的宏伟壮观被列入了"世界古代七大奇迹"，在博德鲁姆城堡，有一个关于他的女儿艾达的展览——"卡利亚公主殿堂"，她继承了摩索拉斯的王位，成为女王。

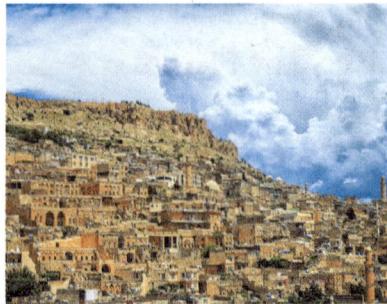

(217) 建筑呈阶梯状排列的城市
马尔丁
Mardin

▶ **土耳其** / 从伊斯坦布尔乘飞机约 2 小时，从安卡拉乘飞机约 1 小时 30 分钟 ▶ 自由参观（山顶不可进入）▶ mardin.ktb.gov. tr

马尔丁靠近土耳其和叙利亚边境，由岩山形成的城塞位于小镇的制高点，是一座沿山体斜面建造而成的城市。小镇的名字来源于亚述语中的"马利达"，意为"城塞"，历史源远流长，天主教堂、伊斯兰神学院、商队客店以及浴场等呈阶梯状分布的建筑大多始建于中世纪及更早时期。以

香皂与银质工艺品等为核心的手工业工坊以及充满活力的市场等风情满满，整座小镇宛如博物馆一般洋溢着复古情怀。

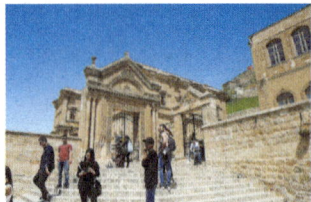

▲马尔丁的山坡上排列着密密麻麻的石头建筑
◀◀亚述教堂的中心，镇上有许多古老的基督教教堂
◀位于市中心的乌尔·贾米是建于 12 世纪的伊斯兰寺庙

---

(218) 位于亚拉腊山脚下
伊沙克帕夏宫
İshak Paşa Sarayı

▶ **土耳其** / 最近的机场坐落于厄德尔，距离伊斯坦布尔约 2 小时。出城换乘共享巴士，前往宫殿所在的杜巴亚祖特 ▶ 全年均可参观 ▶ agri.ktb.gov.tr

伊沙克帕夏宫在 17 世纪下半叶统治这片土地的伊沙克·帕夏的要求下开始建设，历时约 100 年，由他的孙子最终完成建造。据说这座宫殿是郁金香时期奥斯曼帝国最后的大型建筑，还可以看到依稀残留的塞尔柱风格，从宫殿可以看到壮丽的亚拉腊山。

---

(219) 地中海上充满悲剧情怀的城堡
基兹卡雷斯
Kız kalesi

▶ **土耳其** / 最近的机场是阿达纳机场，距离伊斯坦布尔大约需要 1 小时 40 分钟。从阿达纳出发，在梅尔辛换乘巴士，共计用时约 2 小时 ▶ 全年均可参观 ▶ muze.gov.tr

基兹卡雷斯建于拜占庭帝国的阿莱克修斯一世时期，意为"少女之城"。迫切希望拥有子女的国王在经过祈愿后喜得公主，但是，有预言称，公主将被蛇杀害。据说，国王在没有蛇生存的岛屿上建造了这座城堡并且将公主幽禁于此，但是，从大陆运来的葡萄里潜伏着一条蛇，公主终于还是惨遭杀害。

观光信息小贴士："基兹卡雷斯（少女之城）"或"基兹卡雷斯（少女之塔）"坐落于从伊斯坦布尔马尔马拉海进入博斯普鲁斯海峡处，流传着与基兹卡雷斯逸事几乎相同的传说。

Special Choice 220

阳台上的美景赋予人们轻松而自由的感觉

阿里·卡普宫

世界遗产 1979

Ali Qapu Palace
▶ isfahaninfo.com

🇮🇷 伊朗

▲面向曾经被称为"沙阿广场"的伊玛目广场

"半个世界"尽收眼底

伊斯法罕，萨法维王朝的首都，极尽荣华，甚至还被赋予了"半个世界"的称号。伊玛目广场上排列着多座宏伟的建筑，将曾经的繁荣景象毫无保留地呈现在了当今世界。其中，高达6层的高层建筑阿里·卡普宫阳台由18根巨大的柱子支撑，阳台上甚至还建有池塘，据悉，沙阿（旧时伊朗国王的称号）曾经在此观战马球，宫殿的顶层是音乐堂。在综合考量音响效果的基础上，对宫殿的音乐堂进行了精细的装饰。

▲从宫殿的阳台眺望广场的南侧
◀音乐堂的装饰由灰浆制作而成

Access & Advice

🚆 **交通信息**
伊斯法罕市中心
　从地铁1号线伊玛目·侯赛因站出发，步行15分钟。

🎫 **观光建议**
全年开放
　收费，游客可于观光当日购票入场。

🍴 **美食信息**
将著名的牛轧糖用作纪念品
　伊斯法罕著名的牛轧糖是用玫瑰水等揉制而成的糖果，有的还夹杂有开心果，很适合用作旅游纪念品送给亲友。

✏️ 观光信息小贴士：西方音乐厅的设计往往以保留余音为主要目的，而这座宫殿的音乐堂则纯粹是为了让人们畅享音乐，因此，建造之初便做足了功夫，以最大限度地消除余音。这是伊朗独有的装置，技术比西方更精细。

175

伊朗传统与欧洲时尚相交

戈勒斯坦宫

世界遗产
2013

Golestan Palace
► www.golestanpalace.ir

🇮🇷 伊朗

▲坐落于老城区南部，附近有集市（市场）

德黑兰最古老的建筑

　　18 世纪末至 20 世纪初统治伊朗的卡扎尔王朝在伊朗历史上首次将德黑兰确立为首都，建造了戈勒斯坦宫。宫殿是王族的居所，也是使节团拜见的场所，同时，还是当时的政治中心，建筑风格是融合了传统伊朗风格和欧式建筑的独特风格。宫殿被城墙环绕，布局是典型的伊朗建筑，建筑在花园周围一字排开。

▲迎宾馆塔拉莱·阿斯里的装饰
◄即使在夏天也很凉爽的照片展览室，配备了名为集风口的传统空调

Access & Advice

🚆 **交通信息**

德黑兰市中心

　　从德黑兰地铁 1 号线帕恩斯达赫·霍尔达德站出发，步行约 5 分钟。

🗺 **观光建议**

全年开放

　　收费，庭院内的博物馆需要另行缴费。

🧭 **拓展信息**

宝石博物馆

　　宝石博物馆位于戈勒斯坦宫以北约 1 公里处，展出有皇家珠宝系列。

✎ 观光信息小贴士：1971 年 8 月 16 日，中国与伊朗伊斯兰共和国建交，2022 年是两国建交的第 51 周年。

Special
Choice
222

2500 年前的世界至今依然富有光彩
波斯波利斯

世界遗产
1979

Takht-e Jamshid
►persepolis.info

伊朗

▲大流士大帝的冬宫——大流士宫殿的浮雕

惨遭破坏却依然能够展现荣华的"波斯首都"

波斯波利斯是古代世界的伟大帝国阿契美尼德的首都,与行政首都苏萨不同,波斯波利斯一直扮演着礼仪与宗教之都的角色。波斯波利斯始于公元前 520 年,由大流士大帝主张创建,其子薛西斯一世最终建成。拜见厅的楼梯处,向国王赠送礼物的各个附庸国的使者的浮雕依然存在,西至利比亚,东至印度与甘达拉,帝国以广阔领土著称,其强大程度显而易见。

▲宫殿入口处的薛西斯门

◄"百柱厅"是最为广阔的空间,但是,遭受破坏的程度也最大

Access & Advice

🚆 **交通信息**

起点是设拉子

从德黑兰飞往设拉子,需要 1 小时 40 分钟,从设拉子乘坐出租车约用时 1 小时。

🗺 **观光建议**

全年开放

收费,也有往返设拉子的旅游团。

🧭 **拓展信息**

帕萨尔加德

阿契美尼德帝国的第一个首都帕萨尔加德,距波斯波利斯约 1 小时车程。

✏ 观光信息小贴士:公元前 330 年,入侵波斯的亚历山大大帝摧毁阿契美尼德帝国时,在百柱厅放了一把大火,彻底破坏了首都并且掠夺了大量财宝,财宝需要 1 万头驴和 5000 头骆驼来搬运,可见其数量之大。

177

(223) 伊朗代表性八重天宫
八重天宫
Hasht Behesht Palace
▶ 伊朗／伊斯法罕市，从地铁 1 号线伊玛目·侯赛因站出发步行 5 分钟，从塔赫提站步行约 15 分钟 ▶ 全年均可参观 ▶ www.isfahaninfo.ir

　　八重天宫建于 1669 年，时处萨法维沙阿苏莱曼一世统治时期。Hasht Behesht 在波斯语中意为"八重天宫"，宫殿以八角形建筑为核心，属于伊朗的传统建筑和园林风格，建筑和大门对称布置在八个分开的空间当中。这座宫殿作为当地极具代表性的八重天宫而闻名，8 个房间规则分布，仿佛夹杂在 4 个面朝庭院的带穹顶大厅（入口装饰）内一般，中央还有一口泉。

▲八重天宫被树木环绕
◀◀天花板上装饰着精致的穆卡纳斯
◀天花板也蕴藏有八角形理念

(224) 耸立在古城设拉子的中心
卡里姆汗城堡
Karim Khan Citadel
▶ 伊朗／从德黑兰乘飞机到设拉子大约需要 1 小时 40 分钟，从机场乘坐地铁 1 号线至瓦基罗尔·劳亚站，下车后步行 5 分钟 ▶ 全年均可参观 ▶ visitiran.ir

　　卡里姆汗城堡由赞德王朝的创始人卡里姆汗建造，后来，卡里姆汗把波斯都城从伊斯法罕迁到设拉子。之后，以设拉子为首都建造各种建筑。

　　城堡很快就建在设拉子的中心，于 1767 年竣工，作为王族居所使用，在卡扎尔时代成为设拉子的政府办公室。

　　城堡的城墙高大，四角有四座高 14 米的瞭望塔，正门入口处有一处萌萌的壁画。进入城堡后，是一片伊朗传统布局的建筑和水池，水池两边是橙子林。周围房间里有一些伊朗的手工艺人在现场制作工艺品并售卖，也可以自己体验一下制作过程。

▲高 14 米、厚 3 米的城墙在城中心屹立
◀◀入口处的精美瓷砖是在卡扎尔时期添加的
◀进入城堡后，被水道隔开的波斯花园即可映入眼帘

178　　✎ 观光信息小贴士：经常在设拉子餐厅出现的设拉子沙拉是在切碎的洋葱和西红柿中添加了一种由小而酸的葡萄榨出的果汁，是一道葡萄产量很高的地区的地方菜。

环山而建的坚固城墙
(225) 埃尔比勒城堡 世界遗产 2014
Erbil Citadel

▶伊拉克／除了巴格达，埃尔比勒机场还有从国外各地飞往当地的航班，距卡塔尔与伊斯坦布尔约用时2小时30分钟，有发往市区的穿梭巴士▶自由参观

拥有8000年历史的埃尔比勒（Erbil）自古被称作"阿尔比拉"，城墙在约25米的山丘上环山而建。城墙是大约5000年前用楔形文字写成的泥板，这在泥板文书中也有描述，但是，据说，现在展现在世人面前的模样是19世纪奥斯曼帝国末期时建造而成的。

城堡的内部分为贵族居住的serai、宗教人士居住的takiya以及工匠和农民居住的topuhana三个区域。

▲埃尔比勒城堡建在几乎是圆形的山丘上
◀◀在城墙上眺望喷泉公园
◀南门旁有小型剧场与在埃尔比勒出生的历史学家伊本·阿尔·穆斯托菲的雕像

坚实而牢固的十字军要塞
(226) 骑士堡 世界遗产 2006
Krak des Chevaliers

▶叙利亚／最近的城市是霍姆斯▶全年均可参观

骑士堡是11世纪时由库尔德国家的米尔达斯王朝建造的城堡，"Krak"一词源于"Akrād"，意为库尔德人。12世纪中叶，米尔达斯王朝灭亡后，城堡成为医院骑士团的住所并且大规模设防。城堡采用双层城墙构造，与外侧城墙相比，内侧城墙更高，当敌军攻至外侧城墙时，人们会灵活运用城墙的高低差，在内侧城墙上展

开强有效的反击。在十字军远征期间访问的英格兰国王爱德华一世对其坚固性感到惊讶，在英格兰和威尔士建造了类似形状的城堡。

▲威严的骑士堡建在海拔650米的小山上
◀◀通往内厅的走廊也是哥特式的
◀城堡坐落于高台之上，可将周围状况尽收眼底

✎ 观光信息小贴士：骑士堡在2011年开始的叙利亚内战期间也被用作堡垒，2014年，在持不同政见者和叙利亚军队的攻防期间，部分区域惨遭摧毁，其中包括遭到轰炸的塔楼等。

179

(227) 犹太人最后的抵抗之地
马萨达
Masada

世界遗产 2001

▶以色列／耶路撒冷郊区，从耶路撒冷搭乘巴士约 1 小时 30 分钟抵达堡垒脚下。通过步行的方式前往要塞需用时 1 小时 30 分钟左右，也可以选择搭乘索道前往▶全年均可参观▶www.parks.org.il

死海旁有一处高 400 米的崖壁赫然屹立，顶部便是马萨达堡垒，建于公元前 2 世纪末，希律王将其改成了冬宫。约瑟夫斯的《犹太战争》向后世传达了当时的战争盛况，而马萨达则被称为公元 70 年犹太人与罗马帝国之战的舞台。犹太人挺身而战，两年多后全军覆没，城塞惨遭破坏。但是，现在通过发掘，巨大的储水槽、食材库以及大型浴场等遗迹逐一显现，人们可以通过这些现有遗迹联想当时城堡内的情景。

▲位于陡峭悬崖顶部的马萨达堡垒
◀◀可以在要塞眺望到被誉为"世界最低湖泊"的死海
◀巨大的仓库遗迹，据说，即便当时的人们固守城池，也保存了足够维持多年生活的食材

(228) 海岸线旁不断延伸的城墙
阿卡
Acre

世界遗产 2001

▶以色列／从特拉维夫乘火车到阿卡站大约需要 1 小时 40 分钟，从车站出发，通过步行的方式前往城墙所在的老城区，约用时 15 分钟▶自由参观▶israel.travel

阿卡的城墙创建于 10 世纪，即埃及法蒂玛王朝统治时期。之后，包括阿卡在内的巴勒斯坦土地成为十字军和伊斯兰势力之间激烈战斗的舞台，城墙得到了持续扩张。大约在这个时候，圣约翰骑士团使用的十字军堡垒建成。13 世纪，被马穆鲁克王朝摧毁，18 世纪，当贾扎尔·艾哈迈德·帕夏成为奥斯曼帝国的总督时，城墙再次被修复，形成了现在的模样。

▲从地中海一侧看到的阿卡城墙和老城
◀◀老城区的伊斯兰寺庙——贾扎尔清真寺采用奥斯曼风格建造
◀圣殿骑士团隧道于 1994 年被重新发现

环绕圣地的城墙
229
耶路撒冷
Jerusalem

世界遗产 1981

▶ 巴勒斯坦、以色列／从特拉维夫乘坐火车约 35 分钟，巴士约 1 小时，从车站和巴士总站到老城区都有电车▶自由参观

　　耶路撒冷是犹太教、基督教以及伊斯兰教的圣地，除城市本身之外，城墙也拥有着同样悠久的历史。身为圣地，这里曾多次成为攻防战的舞台，反复遭到破坏并且进行重建，现在展现在世人面前的模样大多是 16 世纪奥斯曼帝国苏莱曼一世时代建造而成的。现在共有 7 扇门面向公众开放，城墙上的大部分区域也可供游客游览观光。登上城墙，一定会因其惊人的高度与坚固的外观而感到震撼。

▲从东侧眺望神殿所在山丘，可以清晰地看到耶路撒冷城墙、岩石圆顶以及教堂尖塔
◀◀雅法门附近的大卫塔，现在是介绍城市历史的博物馆
◀"哭墙"也是罗马城墙的一部分

- -

伊斯兰早期的宫殿
230
希沙姆王宫
Hisham's Palace

▶ 巴勒斯坦／从耶路撒冷郊区的阿扎里亚（伯大尼）乘坐共享出租车到耶利哥约 30 分钟，从市中心出发，通过步行的方式前往宫殿，约用时 40 分钟▶全年均可参观

　　希沙姆王宫是公元 8 世纪倭马亚哈里发阿卜杜勒·麦利克时代的宫殿。宫殿内有美丽的马赛克和灰泥装饰，即使在伊斯兰时期，仍然可以看到希腊和罗马文明的强大影响。尤其是浴场地面上描绘的"生命之树"马赛克，因自身华美而闻名。"生命之树"自古以来就是重要的主题，后在伊斯兰文化中得到了传承。此外，这里发现的星形浮雕也是杰里科小镇的象征。

▲"生命之树"马赛克中绿荫繁茂的树叶令人印象深刻
◀◀建在城镇的北侧，是哈里发的冬宫
◀浮雕和柱子受到了希腊·罗马时代的强烈影响

✎ 观光信息小贴士：希沙姆王宫所在的杰里科的创建可追溯至公元前 9600 年，这里也被称为世界上最古老的城市。

(231) 俯瞰第比利斯城区

纳里卡拉要塞
Narikala

▶ **格鲁吉亚**／第比利斯市，从里克公园乘坐索道约2分钟，亦可徒步前往 ▶ 自由参观

　　纳里卡拉要塞是一座建在第比利斯市中心南部山丘上的堡垒，要塞是由萨珊帝国在4世纪建造的，之后又不断进行了改建与扩建。现在展现在世人面前的模样几乎都是在16~17世纪期间建造而成的，要塞内部建有始建于13世纪，后又于20世纪末再建的教堂，室内装饰有壁画。

(232) 环绕巴库老城

巴库城塞
Bakı qalası

世界遗产 2000

▶ **阿塞拜疆**／巴库市，在伊切里·沙哈尔地铁站下车即达
▶ 自由参观，少女塔与西尔万沙夫宫收费，全年均可参观 ▶ salambaku.travel

　　巴库的老城区完好地保存有围城区而建的12世纪城墙，已被列入联合国教科文组织《世界遗产名录》。作为城墙的一个重要组成部分而建造的少女塔是一座高31米的坚实塔楼，也是巴库的象征，建于15世纪的西尔万沙夫宫仍保留在城墙内。

(233) 对港口进行守护的要塞

帕福斯城堡
Κάστρο της Πάφου

世界遗产 1980

▶ **塞浦路斯**／从莱夫科西亚乘巴士约2小时后下车，在帕福斯搭乘市内巴士约10分钟后即可抵达 ▶ 全年均可参观 ▶ www.visitcyprus.com

　　帕福斯城堡是一座建在帕福斯港的要塞，这里的古遗址也是世界遗产。城堡建于13世纪，但是，后被威尼斯共和国拆毁，现在展现在世人面前的是16世纪时复建后的模样。城堡结构坚固，非常重视实用性，游客可以在屋顶俯瞰帕福斯港口和城市。

✏️ 观光信息小贴士：自2016年以来，F1大奖赛在巴库举行。在比赛期间，赛车手还会驾车途经老城区的城墙脚下，届时可以看到方程式赛车以城墙为背景风驰电掣的场景。

234 豪华绚烂的"国家宫殿"
阿布扎比总统府
Qasr Al-Watan

▶ **阿拉伯联合酋长国**／从阿布扎比市中心乘坐出租车约 15 分钟
▶ 现在实行预约制，游客需要按照指定的日期与时间前往观光
▶ www.qasralwatan.ae

阿布扎比总统府是阿联酋的总统府和迎宾馆，2019 年，面向公众开放后，很快就成为阿联酋最受欢迎的旅游目的地，

兼具图书馆功能的"智慧宫"等所在的东栋与国际会议等的举办地西栋通过一个有着巨大圆顶的大厅相连，内部装修极尽豪华。

▲灯廊也是传统的阿拉伯风格
▼白色阿布扎比总统府在蓝色天空的映衬下异常闪耀

235 高耸的"沙漠中的曼哈顿"
希巴姆
Shibam
世界遗产 1982

▶ **也门**／离希巴姆最近的机场是塞云机场，从萨那出发大约需要 1 小时／自由参观

希巴姆在公元前 8 世纪成为哈德拉米王国的首都，拥有悠久的历史。由水泥砖瓦建造而成的高层建筑鳞次栉比，有"沙漠中的曼哈顿"之称。建造此类高层建筑的主要原因是为了防御外敌入侵，每一座建筑都起到了类似城堡的作用。

236 海拔 2500 米的"天空之村"
哈扎拉
Al Hajjarah

▶ **也门**／最近的城市是萨那附近的马纳，也可以从这里步行前往／自由参观

哈扎拉是高耸的崖壁之上不断向高处延伸的建筑群，也门有很多坚固的城镇和村庄，最有名的就是这个哈扎拉。车辆无法通行，因此，人们通常用驴子沿着楼梯搬运行李。悬崖下方，田地沿山体斜面逐级扩展延伸。

✏ **观光信息小贴士**：希巴姆的泥砖建筑覆盖着白色的灰泥，在雨水等的冲刷下，水分不断向泥砖渗透，建筑也因此而免遭损伤。

237

纳巴尼王朝要塞城市

世界遗产 1987

巴赫莱要塞
Bahla Fort

▶ 阿曼／从马斯喀特乘坐巴士约 3 小时 ▶ 全年均可参观 ▶
www.omantourism.gov.om

　　巴赫莱，12~17 世纪统治阿曼的纳巴
尼王朝的中心城市。阿曼作为印度洋贸易
的中转站而繁荣，被用作海上丝绸之路。
这是一座典型的绿洲城市，由一条名为法
拉吉的地下运河供水，支持着这座拥有以
棕榈树为代表的众多绿植的绿色小镇，城
堡和毗邻的伊斯兰寺庙均由晒干的砖块建
造而成。联合国教科文组织支持的修复工

作于 2017 年完成，恢复原貌后，巴赫莱
要塞再次面向公众开放。

▲ 要塞内部仍然保留有传统
房屋、公众浴场、议会以及
伊斯兰寺庙等建筑
◀ 据说，城墙总长达 12
公里
◀ 即使在沙漠地区，巴赫莱
的棕榈树的绿色也很突出

238

作为行政中枢发挥作用

尼兹瓦古堡
Nizwa Fort

▶ 阿曼／从马斯喀特乘坐巴士，用时 2 小时 30 分钟 ~3 小时
▶ 全年均可参观 ▶ www.omantourism.gov.om

　　尼兹瓦是一个曾经成为阿曼首都的
老城，17 世纪，尼兹瓦再次回归首都身
份，雅鲁巴王朝从葡萄牙夺回马斯喀特
港，利用从印度洋贸易中获得的财富建造
了尼兹瓦古堡。曲折狭窄的通道与伪装门
等，城堡内为防御而进行的特别设计随处
可见。

239

沙特宫

萨尔瓦宫
Salwa Palace

世界遗产 2010

▶ 沙特阿拉伯／从利雅得市中心乘坐出租车约 20 分钟 ▶ 全年均
可参观 ▶ www.visitsaudi.com

　　萨尔瓦宫是沙特王室在德拉伊耶建造
的第一座王朝住所，因与奥斯曼帝国的冲
突而邀请埃及军队远征，1818 年，在为
时 1 年的攻防后惨遭攻陷。宫殿在当时遭
到了破坏，但鉴于这里曾是现任沙特阿拉
伯王室的发源地，因此，自 1981 年开始
精心修复。

观光信息小贴士：巴赫莱（→ p.184）也是著名的陶器小镇，承建陶艺中心，传承传统工艺，至今依然有众多陶工活
跃于此，很多工坊都会展示制作工艺。

240 在俯瞰城市的山丘上建造而成

大城堡/开罗

Cairo Citadel

世界遗产 1979

▶ **埃及**／开罗市，从开罗各地到阿鲁阿（城堡）巴士总站都有城市巴士和小巴 ▶ 全年均可参观 ▶ egymonuments.gov.eg

　　开罗大城堡是在与十字军的战斗中异常活跃的阿尤布王朝创始人萨拉丁于1176年在莫卡塔姆山上建造的城堡，在开罗方言中，城堡被称为"阿鲁阿"。之后，作为埃及的中心，在马穆鲁克王朝与奥斯曼帝国时期继续发展。山丘脚下是被称作"伊斯兰开罗"的老城区，有各种风格的伊斯兰寺庙聚集在一起，除开罗之外，没有任何一个城镇可以做到这一点。对于伊斯兰建筑爱好者来说，这里将是一个可供游客漫步伊斯兰建筑历史的异常豪华的地区。

▲ 城堡内的伊斯兰清真寺穆罕默德·阿里清真寺建于19世纪中叶
◀◀ 城堡北侧是阿扎尔公园，从这里向远处眺望，景色也非常不错
◀ 城堡旁边的苏丹哈桑清真寺和瑞法伊清真寺

241 地中海上漂浮的白色城堡

卡特巴城堡

Citadel of Qaitbay

▶ **埃及**／从亚历山大市中心乘坐出租车约30分钟到堡垒 ▶ 全年均可参观 ▶ www.alexandria.gov.eg

　　卡特巴城堡由马穆鲁克苏丹凯图贝在14世纪时因地震而损坏的世界七大奇迹之一——亚历山大灯塔遗迹上建造而成。

　　对于15世纪下半叶的埃及来说，防御正在征服地中海的奥斯曼帝国是一项十分紧迫的任务。这是一座三层结构的坚固城堡，现在已经成为海军博物馆。

242 历代总统均曾入驻

蒙塔扎宫

Montaza Palace

▶ **埃及**／从亚历山大市中心乘坐出租车约40分钟，或者从拉美西斯火车站乘坐电车约45分钟 ▶ 现在已暂时关闭 ▶ www.alexandria.gov.eg

　　蒙塔扎宫有两个组成部分，分别是由穆罕默德·阿里王朝的第7代阿巴斯二世于1892年建造的萨拉姆莱克与由第9代福阿德二世于1932年建造的哈拉姆莱克。穆罕默德·阿里王朝垮台后，萨拉姆莱克变成了一家酒店，哈拉姆莱克成为总统等贵宾下榻的设施，现在内部均面向公众开放。

✎ 观光信息小贴士：蒙塔扎宫的花园是俯瞰地中海的美丽花园，是一个很棒的约会地点。萨拉姆莱克是一家受欢迎的豪华酒店，在阿拉伯之春后关闭，现在，修复工程正在进行当中。

243 从塔顶看到的大全景
里巴特要塞
Ribat of Monastir

► 突尼斯／从哈比卜·布尔吉巴机场搭乘火车约 10 分钟，或从突尼斯乘火车约 3 小时 ► 可于观光当日购票入场 ► www.discovertunisia.com

里巴特是 8 世纪末在莫纳斯提尔建造的堡垒，在阿格拉布王朝得到大幅加强，11 世纪时几乎完全竣工。18~19 世纪期间，要塞内增建了塔楼并且最终形成了现在呈现在世人面前的模样。小教堂是伊斯兰艺术博物馆，在东北侧的圆形塔楼上，可以眺望到地中海与老城区。

244 代表摩洛哥的"王室宅邸"
王宫／非斯
世界遗产 1981
Royal Palace of Fez

► 摩洛哥／从卡萨布兰卡乘飞机约 1 小时，此外，亦可搭乘火车前往，约用时 4 小时，从车站乘出租车 10 分钟到王宫 ► 不可参观

非斯王宫建于 13 世纪，是马里尼德王宫，同时，也是几代苏丹的住所。在那之后，王宫惨遭荒废，但是，17 世纪阿拉维王朝统一摩洛哥时，又重新成为王宫，现在保留的建筑几乎都是在该时代之后建造而成的，主入口、阿拉维广场和正门于 1971 年完工。

245 曾成为众多电影作品的背景舞台
阿伊特·本·哈杜筑垒村
世界遗产 1987
Ksar of Aït-Ben-Haddou

► 摩洛哥／从卡萨布兰卡乘飞机到最近的城镇瓦尔扎扎特，用时 1 小时 20 分钟。或者乘坐巴士，用时 8~9 小时。从瓦尔扎扎特乘出租车 30 分钟到城堡 ► 自由参观

阿伊特·本·哈杜筑垒村是连接马拉喀什和瓦尔扎扎特的公路上的一座大型设防城市，周围也散布有几座与这座村落类似的经过塞化处理的村子与城镇，但是，只有这座村子依然完好地保留着过去的风情。现在只有几户人家依然在村落中居住，但是，

有一些地方对原来的豪宅进行了修复，作为酒店对外开放，这里还曾是《阿拉伯的劳伦斯》《角斗士》以及《波斯王子》等电影的拍摄地，也是美剧《权力的游戏》里龙妈势力崛起的地方——渊凯城的取景地。

▲村里还有纪念品商店和咖啡馆
▼如此规模的大型村落只有一个入口

观光信息小贴士：莫纳斯提尔现在作为度假小镇闻名，这要归功于当地自古便建有古老的基督教修道院。在中世纪，里巴特成为一所伊斯兰学校，宗派发生了变化，但是，这里却作为宗教城市持续发挥着作用。(→ p.186)

246 宰相赠予妻子的美丽宅邸
巴伊亚宫
Bahia Palace

世界遗产 1985

▶摩洛哥／从卡萨布兰卡乘火车到马拉喀什站3小时，从车站搭乘巴士约30分钟到老城呼那广场，从广场出发，通过步行的方式前往宫殿，约用时10分钟 ▶全年均可参观 ▶ www.visitmarrakech.com

巴伊亚宫是19世纪后半叶由大维齐尔斯·穆萨为他的妻子建造的宫殿，继任大维齐尔的儿子巴·艾哈迈德继承了这座宫殿，巴·艾哈迈德死后，宫殿由王室所有。现只有部分区域面向公众开放，但是，这座拥有生动装饰和美丽瓷砖的"摩洛哥阿尔罕布拉宫"依然非常壮观。

247 最好的摩洛哥建筑
埃尔巴沙陈列馆
Dar el Bacha Museum of Confluences

世界遗产 1985

▶摩洛哥／从卡萨布兰卡乘火车到马拉喀什站3小时，从车站搭乘巴士约30分钟到老城呼那广场，从广场出发，通过步行的方式前往，用时15分钟 ▶全年均可参观 ▶ www.fnm.ma

埃尔巴沙意为"高官宅邸"，由马拉喀什州州长泰米尔·格拉维建造。立柱、墙壁以及天花板上的几何图案等均为非常精致的马赛克装饰，显示了传统摩洛哥建筑的极致。

248 南非最古老的建筑
好望堡
Castle of good hope

▶南非／距离普敦中央车站5分钟步行路程 ▶全年均可参观 ▶ www.castleofgoodhope.co.za

好望堡是荷兰东印度公司最早于1666年开工，到1679年才建成完工的南非最古老的殖民建筑。目前是西开普陆军的总部，但是，部分区域面向公众开放，有展示城堡与军队历史的陆海军博物馆以及展示绘画、陶瓷器、家具等的威廉古堡收藏室。

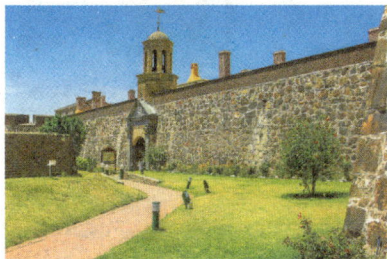

249 绍纳人的巨大"石屋"
大津巴布韦遗址
Great Zimbabwe

世界遗产 1986

▶津巴布韦／最近的城镇是马斯温哥，还有一条巴士线路贯通津巴布韦首都哈拉雷和南非约翰内斯堡，从马斯温哥乘坐出租车约30分钟 ▶全年均可参观 ▶ www.greatzimbabweruins.com

大津巴布韦遗址是在15世纪后半叶前曾得到繁荣发展的城市遗址，众所周知，这里曾经是湿婆王国，而大津巴布韦则是长期居住在该地区的绍纳人所建造的遗迹。津巴布韦意为"石屋"，这也是国家名称的起源，居所遗迹有长达200米的墙壁高耸。

观光信息小贴士：埃尔巴沙陈列馆有一家咖啡店，许多人会在参观陈列馆时一并前往。使用阿拉比卡咖啡豆的原始混合物调制而成的"1910Marrakech Basha Coffee"现在也会面向世界各地发售。

走遍全球
GLOBE-TROTTER TRAVEL GUIDEBOOK

《旅行图鉴》系列

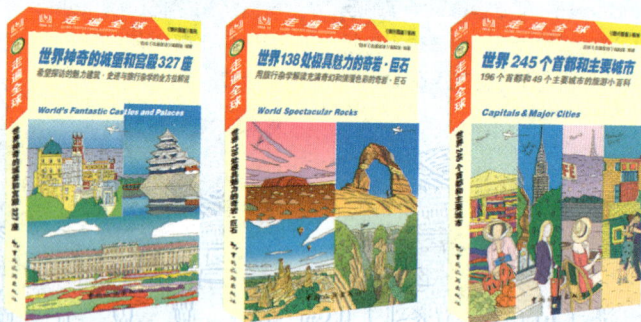

世界神奇的城堡和宫殿327座
希望探访的魅力建筑·史迹与旅行家学的全方位解读
World's Fantastic Castles and Palaces

世界138处极具魅力的奇岩·巨石
用旅行淡学解读龙谭奇幻的岩浆色系的奇岩·巨石
World Spectacular Rocks

世界245个首都和主要城市
196个首都和49个主要城市的旅游小百科
Capitals & Major Cities

走遍全球《旅行图鉴》系列是中国旅游出版社全新推出的一个系列，不同于以往以资讯为主体的国别系列，这个新的系列定位于世界各地的历史和文化知识的科普，通过翻开书页，仔细地阅读，仿佛亲临的目击者，无限扩容读者的知识宝库。

世界城堡和宫殿百科大全

- 介绍了世界各地 327 座有特色的城堡和宫殿。
- 每个城堡和宫殿都有官网。
- 这些官网提供连续性和扩展性的科普信息，便于学习。
- 这是目前国内图书市场上为数不多的以精美彩插的图文形式介绍世界神奇的城堡和宫殿的图书，具有很好的收藏性、阅读性和欣赏性。
- 内容涉及广泛，涵盖历史、文化、风俗、建筑等方面，深浅适中，适合大众阅读。
- 这些城堡和宫殿是热门影视剧的取景地。

世界神奇的城堡和宫殿327座
希望探访的魅力建筑·史迹与旅行家学的全方位解读
World's Fantastic Castles and Palaces

世界神奇的城堡和宫殿327座 250～316

亚　洲

Asia

数字为本书中的项目编号

明、清两朝皇帝的居所，象征皇帝的黄色屋顶瓦片有序陈列，诗意起伏

北京故宫

世界遗产 1987

The Palace Summer

▶ www.dpm.org.cn

中国

曾有24位皇帝在此统治中国

明朝的第三位皇帝朱棣（永乐帝）夺得帝位后，从南京迁都至北京，于1420年建成故宫。1911年的辛亥革命结束清朝统治，退位后的溥仪于1924年被驱逐出故宫。500余年间，这里曾是24位皇帝的居所，也是他们统治中国的核心领导场所。周围由高12米的城墙环绕，面积达72万平方米，建筑物占地共计约15万平方米，现在已经成为"故宫博物院"。

A 故宫的正门入口
午门 Meridian Gate

午门是故宫的正门入口，因居中向阳，位当子午，故名午门。午门平面呈"凹"字形，是"阙门"一体的典范。午门创建于1420年，但是，经过火灾的洗礼，现存建筑是1647年与1801年改建而成的。每年阴历十月初一，都曾在此举行隆重仪式，向全国颁布次年的历书，称为"颁历"典礼。

▲故宫内大小不一的众多建筑连绵起伏
▼故宫的端门

▲故宫采用的是黄琉璃瓦屋顶与红色墙壁，黄色象征着皇帝

观光信息小贴士：1988年上映的电影《末代皇帝》是在故宫内完成拍摄的，上映之初，曾作为首部在故宫内摄制的电影而成为街头巷尾热议的话题。

Ⓑ 享有盛誉的权威象征
太和门 Gate of Supreme Harmony

　　太和门始建于 1420 年，创建之初，曾被称作"奉天门"。1562 年，改名为"皇极门"，而"太和门"这一命名则起源于 1645 年，现在的建筑是 1889 年再建而成的。两侧分别放置有一只青铜狮子像，权威性得到了淋漓尽致的展现。明代时，也曾被用作皇帝听取大臣上奏以及发布诏令的场所。

▲ 守护宫殿的狮子

▲ 依据阴阳五行，因河流从西而来，所以，取金字，命名为金水河

▲ 坐落于御花园的千秋亭

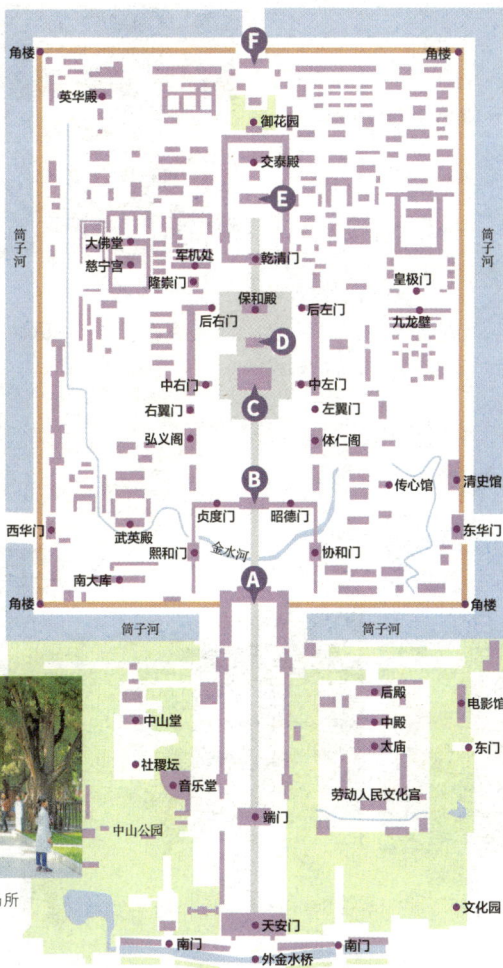

角楼　　　　　　　Ⓕ　　　　　　角楼
英华殿
　　　　　御花园
　　　　　交泰殿
筒子河　　　　　　Ⓔ　　　　　　筒子河
大佛堂　　军机处　乾清门
慈宁宫　隆崇门
　　　　　保和殿　　　皇极门
后右门　　后左门　　九龙壁
　　　　　Ⓓ
中右门　　中左门
右翼门　Ⓒ　左翼门
弘义阁　　体仁阁
　　　　Ⓑ　　　传心馆　清史馆
西华门　贞度门　昭德门
武英殿　　　　　　　东华门
南大库　照和门　金水河　协和门
角楼　　　　Ⓐ　　　　角楼
筒子河　　　　　　　　筒子河

后殿　电影馆
中山堂　中殿
社稷坛　太庙　东门
音乐堂
　　　　劳动人民文化宫
中山公园
　　　　端门
　　　　天安门
南门　　　　南门
外金水桥
文化园

▲ 4 座角楼之一——东南角楼

▲ 象征时来运转的风车是北京的传统工艺品

▲ 与天安门相互贯通的外金水桥

▲ 现已成为市民憩息场所的中山公园

　　🖊 观光信息小贴士：太和殿前的广场在电影《末代皇帝》中也曾出现，清朝第十二个皇帝——宣统帝溥仪的登基仪式上官员们列队参拜的场景就是在这里拍摄的，太和殿是中国现存规模最大的木造建筑。

政治活动与各类仪式的核心举办场所
太和殿 Hall of Supreme Harmony

太和殿建于1420年，是故宫的核心正殿，这里曾举行政治活动、皇帝即位、婚礼、国家性活动以及各类仪式。太和殿建于白色大理石质的三层基台之上，面阔11间，长64.24米，宽约37米，总建筑面积2377平方米。包含基台在内，太和殿总高达35.05米，是故宫最高的一座建筑，现在的建筑是于1695年再建而成的。

皇帝的休息场所
中和殿 Hall of Central Harmony

中和殿坐落于太和殿后侧，是皇帝前往太和殿参加各类活动前的休息场所。此外，这里也曾是祭祀前检查农具与种子或者查验皇室家谱的场所。中和殿始建于1420年，创建之初，曾被称作"华盖殿"，但是，后遭遇火灾，在重建时又改名为"中极殿"。1645年，被最终命名为中和殿。

▲中国现存规模最大的木造建筑物太和殿

▼中和殿内部，中和殿与太和殿、保和殿一并被称为三大殿

看点

九龙壁位于宁寿宫区皇极门外南三宫后，是一座背倚宫墙而建的单面琉璃影壁，壁上九龙以高浮雕手法制成。长29.47米，高3.59米，于1770年建造而成。明朝与清朝曾建造了众多九龙壁，多建于王宫与庭院门前，用于遮挡视线。

▲太和殿顶部的仙人神兽装饰，寓意祈盼国泰民安

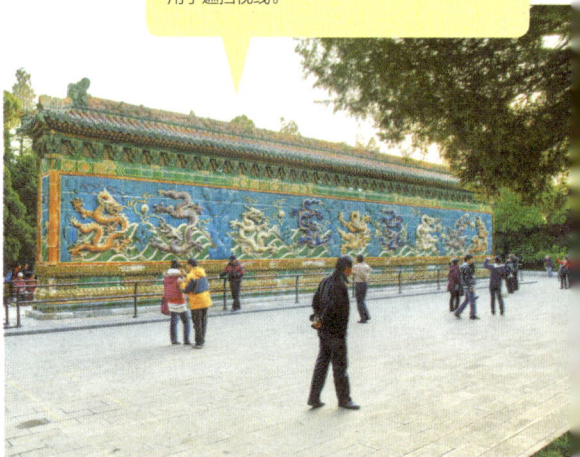

观光信息小贴士：故宫博物院每天的入场人数限制为3万人（新冠病毒肺炎疫情前为8万人），每逢中国的大型节假日，到访人数会达到上限。游客很难在前往观光当日购买门票入场，因此，最好避开高峰时节前往。

看点

"正大光明"的匾额背后藏有决定太子命运的"建储匣",皇帝驾崩后,由专人取出公布。

E 内廷核心宫殿
乾清宫 Palace of Heavenly Purity

自明朝至清康熙帝时期,乾清宫曾被用作皇帝就寝的"寝宫",但是,在雍正皇帝时,寝宫迁至养心殿,这里便成为皇帝接见各大臣的政务场所。此外,乾清宫还曾被用作接见其他皇室以及举行宴会的场所。

▲明、清两朝皇帝的居所

F 现在是故宫博物院的出口
神武门 Gate of Divine Might

神武门是坐落于内中路北端的故宫后门。墙壁上悬挂着由中国近代文学、历史学先驱郭沫若先生题名的"故宫博物院"的巨大匾额,神武门创建于1420年,因北方守护神玄武而得名"玄武门"。据说,清朝的宫女们均由此门进入故宫。

天安门及天安门广场

毛泽东主席于1949年10月1日在天安门城楼上宣布中华人民共和国成立,之后,天安门便成为中国的象征。天安门坐落于故宫城外城墙南端,建于1417年的"承天门"是它的原型。惨遭烧毁后,于1651年得到扩建,形成现在的规模并且得名天安门。天安门广场南北长880米,东西宽500米,是世界上规模最大的广场,最多可同时容纳100万人。

Access & Advice

🚆 交通信息
北京市的核心区域

在地铁1号线"天安门东站"或者"天安门西站"下车,天安门距离故宫午门约500米。

🗺 观光建议
全年开放

收费,有入场人数限制(本书调查时每天的入场人数上限为3万人),但是,非长期居住中国的外国人可以通过网上预约,或现场购票。

🧭 拓展信息
可眺望故宫的景山公园

景山公园位于故宫北出口(神武门)外,从景山公园的人造山山顶,可以将故宫地区的全景尽收眼底。白天逆光,因此,建议在清晨或者傍晚时前往观光。

清朝初期的皇宫

沈阳故宫

世界遗产
2004

Shenyang Imperial Palace

🇨🇳 中国

现在是沈阳故宫博物院

　　沈阳故宫为清朝初期的皇宫，于1625年动工建造，1636年竣工。总面积约6万平方米，规模约为北京故宫的1/12，由大小不一的90余座建筑物与20余座庭园构成。宫殿东侧有大政殿与十王亭，中央区域有大清门、崇政殿、清宁宫以及后花园等，西侧有乾隆时期新建的行宫。都城迁至北京后，这里也曾被用作离宫，皇帝在前往东北地区探访民情与祭拜扫墓时均会入住此地。

▲沈阳故宫崇政殿
▼位于崇政殿内部中央区域的皇位，细节之处也有十分美观的装饰

Ⓐ 执行公务的办公场所
崇政殿 Chongzherg Hall

　　崇政殿是皇太极处理日常事务和军事事务、接见外国使臣时的场所，于1635年竣工，这座建筑采用中国北方十分常见的一种被称作硬山式的建筑风格建造而成。迁都北京后，皇帝出行东北地区时，也会在这里处理政务并且举行典礼。

▲坐落于崇政殿中轴线上的正殿，这里也是皇帝的办公场所

　　🖊 观光信息小贴士：沈阳是众所周知的美食宝库，当地在传统宫廷菜手法的基础上对食物的烹饪进行了更深层次的钻研。其中，有很多著名的饺子和烧卖名店，甚至还有一些起源于18世纪后叶并且一直传承至今的老字号店铺。

B 沈阳故宫内的最高建筑
凤凰楼 Phoenix Tower

凤凰楼是皇帝商议军政与召开宴会的场所，玻璃瓦和绿边瓦被放置在三层山墙的屋顶上，是一座回廊环绕的 3 层建筑。建造之初，这里曾是沈阳的最高建筑，可以站在楼上眺望城市全景。清朝入关后，这里曾一直是五朝实录、圣训以及清朝初期宝物等的保管场所。

C 重大仪式的举行场所
大政殿 Dazheng Hall

大政殿是清代初期皇帝举行仪式的场所，也是宫殿群中的主要建筑。这座建筑模仿了蒙古族在游牧生活中使用的移动住宅，有汉族十分喜爱的龙形装饰。此外，还包括藏传佛教和满族设计，也是民族和谐的象征。

▲ 八角形建筑被誉为满族最具代表性的建筑形式

▲ 在楼上观赏到的日出场景非常震撼，被赞誉为"盛京（沈阳）八景"之一

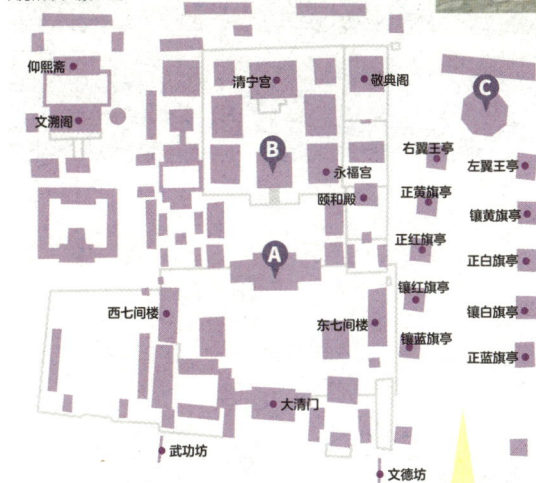

仰熙斋
文溯阁
清宁宫
敬典阁
B
永福宫
颐和殿
A
右翼王亭
左翼王亭
正黄旗亭
镶黄旗亭
正红旗亭
正白旗亭
西七间楼
镶红旗亭
镶蓝旗亭
东七间楼
镶白旗亭
正蓝旗亭
大清门
武功坊
文德坊
C

Access & Advice

🚉 交通信息
沈阳的核心区域

在沈阳的地铁 1 号线"忆远门站"下车，步行 5 分钟。或搭乘 140、213 路公交车等，在"故宫"站下车即达。

🗺 观光建议
全年开放

收费。与北京故宫相比，沈阳故宫规模更小，但是，建筑的数量很多，至少需要 2 小时的时间来参观。

看点

清初八旗制度是由努尔哈赤创立的军事组织制度，它将平民百姓纳入八旗之下，便于统治者进行军事管理，同时，也方便他们统治民众并且对行政、经济以及宗族等各个方面进行管理。将军政制度融入建筑风格的十王亭拥有独特的结构配置，在整个中国都具有唯一性。

▲ 以大政殿为核心的十王亭依次排开

中国园林艺术的最高峰

Special Choice 252

颐和园

世界遗产 1998

Summer Palace
► www.summerpalace-china.com

🇨🇳 中国

▲坐落于人工山——万寿山顶部的颐和园象征——佛香阁，高41米

中国首屈一指的名园

颐和园是清朝第6代皇帝乾隆帝为孝敬母亲于1750年而建，当初，曾一直被称作"清漪园"。它在鸦片战争中登陆的英法联军的攻击下成为一片废墟，1888年，由西太后再建，更名为"颐和园"。总面积290公顷，其中，3/4都是人工湖昆明湖，以仁寿殿、玉澜堂以及乐寿堂为代表，湖畔建有100栋以上的建筑物。

▲全长36米的石舫，一座模仿游船形状建造的石质建筑物
◄可以在佛香阁上将颐和园的景色尽收眼底

Access & Advice

🚆 **交通信息**
北京市内
　　在北京地铁4号线"西苑站"或"北宫门站"下车，步行5~10分钟。

📍 **观光建议**
全年开放
　　收费。夏季与冬季的收费标准与入园时间不同，提供语音导览。

📷 **相关信息**
需要较长的观光时间
　　园内面积广阔，景点颇多，因此，观光至少需要3小时。

清朝历代皇帝的离宫

(253) **承德避暑山庄** 世界遗产 1994

Chengde Mountain Resort

► **中国**／[北京到承德乘坐巴士约 3 小时 30 分钟，从巴士总站乘出租车 20 分钟到离宫] ► 全年均可参观
► www.bishushanzhuang.com.cn

▲环绕山庄排列的寺庙群"外八庙"，以建于 18 世纪的藏传佛教寺庙而闻名

承德避暑山庄是清朝历代皇帝避暑与处理政务的离宫，坐落于距离北京约 225 公里处的风光明媚的承德市。山庄面积 564 万平方米，建筑达 110 栋以上，城墙长 10 公里，规模很大，约占城市面积的一半。

康熙皇帝对此地十分钟爱，于 1703 年开始建造，89 年后（1792 年），在乾隆皇帝时期竣工。

有正宫、松鹤斋以及东方宫等耳熟能详的建筑，清代皇帝处理日常政务的正宫现在已经被复原为当时的姿态，面向公众开放。

▼可以搭乘游船游览湖上风光的湖景区　▼湖景区仿照江南地区的杭州与苏州等地的景色建造而成

254 曾经是历代达赖喇嘛的宫殿
布达拉宫

世界遗产 1994

Potala Palace

▶ **中国** ╱ 可参观游览 ▶ www.potalapalace.cn

布达拉宫坐落于中国西藏自治区首府拉萨市一座名为红山（藏语为玛布日）的山丘之上，长期以来是西藏政治和宗教的中心。五世达赖喇嘛扩建了7世纪中叶的宫殿遗址，于1648年建成了布达拉宫。"布达拉"由来于观音菩萨的住处"布达拉卡"（藏语中的普陀），是被称作观世音菩萨化身的历代达赖喇嘛的宫殿，宫内还建有灵庙。

◀ ◀ 转动转经筒，就相当于读过一次经文
◀ 白宫曾是历代达赖喇嘛办公和生活的场所
▼ 雄伟壮观的布达拉宫

255 曾经是历代达赖喇嘛的夏宫
罗布林卡

世界遗产 2001

Norbulingka

▶ **中国** ╱ 可参观游览

罗布林卡是位于西藏自治区拉萨市布达拉宫以西约3公里处的一座独立宫殿及其花园，总面积36万平方米，"罗布林卡"在藏语中意为"宝贝园林"。七世达赖喇嘛于1755年开始建造，用作历届达赖喇嘛的夏宫。1956年，十四世达赖喇嘛建成"达旦明久颇章"，藏语意为"永恒不变宫"。整个罗布林卡现在已经成为一座公园，是人们憩息的场所。

▲ 2层建筑"达旦明久颇章"内部陈列有当时的家具
◀ ◀ 八世达赖喇嘛的宫殿"格桑颇章"
◀ 坐落于池塘中央的"湖心宫"

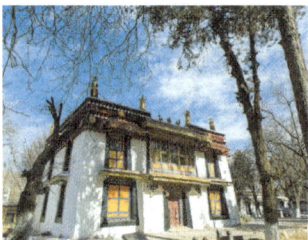

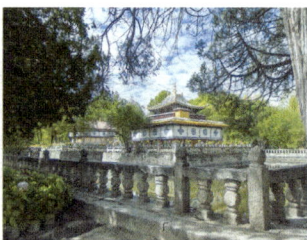

🖊 观光信息小贴士：每年8月，罗布林卡都会举办藏传佛教最大的节日之一——"雪顿节"（庆祝夏安居结束／酸奶节）。在同一时期，还将上演藏戏。

(256) 曾被称作长安的古都
西安
Xi'an

▶ **中国**／西安市的核心区域，从西安机场乘巴士 1 小时 30 分钟到市中心 ▶ 自由参观

西安是陕西省省会，也是中国首屈一指的古都，自公元前 11 世纪以来的 3100 年里，曾作为十三个王朝的都城保持繁荣，市内的核心区域由长达 14 公里的城墙环绕。城墙的建造始于前汉时代，现在的城市格局是自 1370 年至 1378 年间使用砖瓦加盖而成的，游客可以通过自行车骑行的方式在城墙上环绕一周，大

雁塔、钟鼓楼与历代贵重石碑林立的"碑林博物馆"等具有极高历史性价值的看点颇多。

▲西安城墙高 12 米，上部宽幅达 12～14 米
◀◀ 14 世纪建造的钟楼高 36 米
◀建于 652 年的大雁塔，在 1556 年的地震中，塔楼上部倒塌，现在呈现在世人面前的姿态是在那之后改建而成的

- -

(257) 现存的明代城墙
平遥古城
Pingyao Ancient City

世界遗产 1997

▶ **中国**／从北京出发，搭乘火车前往平遥古城站，约用时 4 小时。从车站出发，通过步行的方式前往古城，约用时 10 分钟 ▶ 自由参观

平遥古城是清代末期作为金融核心地繁荣发展的城郭都市，古城扩建于 1370 年，时处明代，直至清朝，曾一直持续进行补修。自明代至清朝的城墙、街道、役所以及市场等均保留着当时的风貌，原本

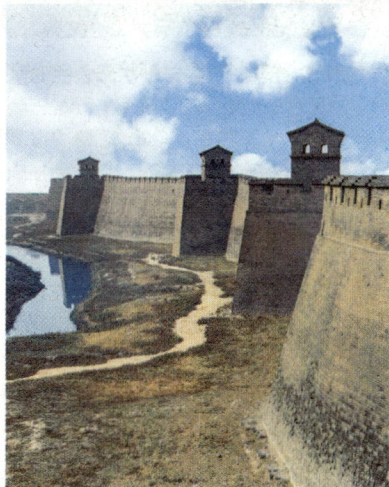

为城郭都市的城市本身现在已经成为一座露天博物馆。

▲明代洪武三年（1370 年）扩修的城墙
◀虽然是明代至清朝期间建造的古建筑，但是，保存状态良好

🖊 观光信息小贴士：平遥古城的住宅区内，传统建筑风格的"四合院"鳞次栉比，4 栋建筑环地处中央的中庭而建。面向观光游客开放，内部可供参观。

199

Special Choice 258

拥有广阔庭院的朝鲜王朝宫殿

昌德宫
世界遗产 1997

Changdeokgung Palace
▶ www.cdg.go.kr

韩国

在五大古老宫殿中，因保存状态最佳而享有盛誉

昌德宫是坐落于首尔的五大朝鲜王朝王宫之一，其中，景福宫（→ p.202）是门第最高的正宫，景福宫烧毁之后在很长一段时间内都没有得到复建，在 1618~1868 年的约 250 年间，原本是离宫的昌德宫实际上一直作为正宫发挥了极其重要的作用。昌德宫保存状态良好，在五大古老宫殿中，是唯一一座被列入联合国教科文组织《世界遗产名录》的宫殿，以国宝仁政殿为代表的的宫殿群北侧是作为传统朝鲜式庭院杰作而享誉盛名的后苑（秘苑）。

A 举行重要活动的宫殿核心区域
仁政殿 Injeongjeon Hall

仁政殿是举行国王即位仪式、臣下之礼以及接见外国使节等重要国家活动的正殿，现在展现在世人面前的姿态是仁政殿在 1803 年纯祖统治时期的火灾中惨遭烧毁后复建而成的。

▲昌德宫的正殿——仁政殿
▼坐落于后苑芙蓉池附近的宙合楼，曾被用作图书馆与研究学问的场所

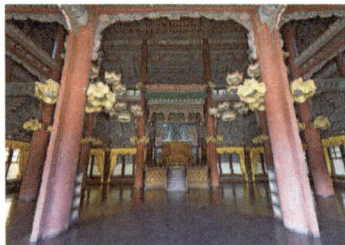

▲仁政殿的中央放置有国王宝座

观光信息小贴士：昌德宫与景福宫均在 16 世纪后叶丰臣秀吉向朝鲜出兵期间惨遭烧毁，在之后的约 270 年间，景福宫并未得到复建，而昌德宫则由光海君于 1609 年进行了复建。

B 庄严气派的木造2层宫门
敦化门 Donhwamun

敦化门是昌德宫的正门，创建于1402年，但是，在那之后曾惨遭烧毁，后又于1609年得到复建，这座宫门是五大古老宫殿现存正门中最古老的一座。

▲国王的生活居所位于熙政堂后方

▲位于售票处旁边的正门

看点

春季与秋季会举行名为"月光纪行"的点灯活动，但参与人数有限。

C 王妃的生活居所
大造殿 Daejojeon Hall

大造殿是一座曾被用作王妃寝殿与生活居所的建筑，曾于1917年惨遭烧毁，因此，1920年，使用来自景福宫的废墟对这里进行了重建。

D 国王处理政务的便殿
宣政殿 Seonjeongjeon Hall

与举行国家活动的正殿仁政殿不同，宣政殿是国王处理日常工作的场所，蓝色瓦片令人印象深刻。

▲房屋点灯后，褙裱也呈现出了非同一般的景致，绝对不容错过

宙合楼
芙蓉池
芙蓉亭
后苑

熙政堂
诚正阁
仁政门 肃章门
锦川桥 进善门
售票处 B
乐善斋

▲可以在昌德宫拍摄纪念照，只要将智能手机交给工作人员，对方便会代为拍摄

Access & Advice

交通信息
首尔市中心

从首尔地铁3号线"安国站"的3号出口出站后步行8分钟。

观光建议
身着韩服可免费入场

收费。后苑需要另行支付费用（身着韩服可以免费进入任意区域）。

观光建议
昌庆宫与宗庙

昌德宫东侧坐落有同为五大古老宫殿之一的昌庆宫，南侧紧邻朝鲜王朝历代国王祭祀朝拜的宗庙，因此，可以一并游览观光。

观光信息小贴士：从敦化门进入后，即刻映入眼帘的便是锦川桥，这是首尔现存最古老的桥梁，建于1411年。作为守护神，桥梁上雕刻了神兽玄武和獬豸的雕像。

朝鲜王朝的正宫

景福宫

Gyeongbokgung Palace

www.royalpalace.go.kr

🇰🇷 韩国

▲兴礼门前每天都会举行的守门将换岗交接仪式

也曾成为历史剧的舞台

景福宫是李成桂于 1395 年建造的朝鲜王朝的宫殿，在风水思想的基础上，他将宫殿建造在了可吸取白岳山祥瑞之气的场所。这座宫殿曾被用作朝鲜王朝的正殿，但是，在丰臣秀吉向朝鲜出兵的混乱局势中，宫殿于 1592 年惨遭烧毁，直至约 270 年后的 1867 年才得以重建。勤政殿与庆会楼均于此时建造，现已被列为韩国国宝。目前，这座宫殿作为代表首尔的旅游胜地而热闹非凡，还会重现朝鲜王朝时代的守门将换岗交接仪式。

Access & Advice

🚇 **交通信息**
首尔市中心
首尔地铁 5 号线"景福宫站"下车即达。

🗺 **观光建议**
全年开放
收费。身着韩服的人可以免费入场。

📷 **相关信息**
国立古宫博物馆
国立古宫博物馆是坐落于景福宫内的一座博物馆，展示有各种朝鲜王朝王室物品，免费入场。

▲举行即位典礼与接见外交使节的勤政殿

◀坐落于池畔的庆会楼

观光信息小贴士：现已被指定为国宝的庆会楼平时不会面向公众开放，但是，4~10 月会举办仅面向团队游客开设的特别观赏活动，但人数有限（仅提供韩语导览服务，现已暂停），必须预约。

Special Choice 260

朝鲜第 22 代王朝正祖大王为悼念自己的父王而修建的

水原华城

世界遗产 1997

Suwon Hwaseong Fortress
► www.swcf.or.kr

🇰🇷 韩国

环绕1周需用时2小时以上的大城郭

　　水原华城是朝鲜第 22 代王朝正祖大王建造的城郭，长达 5.7 公里的城墙拥有四座巨大城门，分别位于四个方向。

　　正祖因计划从长期作为王朝都城的汉阳（现在的首尔）向南迁都至 35 公里开外的水原，在 1794~1796 年间建造了这座城郭，工期仅为时 2 年。建成后不久，正祖便撒手人寰，因此，迁都计划也随之化为泡影，但是，鉴于水原华城在朝鲜自古以来的城堡建造方法的基础上巧妙融合了西洋的近代工艺，作为一座风格罕见的城堡，已被列入联合国教科文组织《世界遗产名录》。

▲ 守护城郭南侧的八达门，紧邻旅游信息中心

▲ 仿佛跨河而建的华虹门
◄ 西北方向的城墙异常陡峭，建有楼梯供游客攀爬

Access & Advice

🚆 **交通信息**
从首尔出发的一日游
　　从首尔坐火车前往"水原站"，用时约 1 小时。从车站搭乘市内巴士，在八达门车站下车。

🗺 **观光建议**
全年开放
　　收费。门票还包含世界遗产华城行宫。

🍴 **美食信息**
韩国烤肉
　　比普通肋骨更大的水原牛排骨是水原的特产。

　　✏ 观光信息小贴士：水原华城的建造者正祖的一生被拍成了电视剧《李祘》，该剧曾于 2007 年至 2008 年间放映。正祖由李瑞镇饰演，由李秉勋担任导演，他曾因《大长今》《同伊》以及《商道》而闻名。

首尔西南部的山城

南汉山城

世界遗产
2014

Namhansanseong
▶ www.gg.go.kr/namhansansung-2

🇰🇷 韩国

▲北门是南汉山城的4座城门之一，也被称作全胜门

曾遭十万大军包围的丙子之役的舞台

南汉山城是位于首尔以南约25公里的山城，这座充分利用险峻地形建造的要塞曾在紧急情况发生之时被用作临时首都。在建城10年后的1636年，清王朝10万大军向当地发起进攻的丙子之役爆发。朝鲜王朝第16代仁祖与1.4万名士兵一同被困于城中，经过40余天的顽强抵抗，最终投降了。可以从城堡俯瞰首尔的街道，作为远足线路也很受欢迎。

▲城墙长达11公里
◀仁祖在丙子之役期间的指挥部——守御将台

Access & Advice

🚆 交通信息
首尔市中心
在首尔地铁8号线"山城站"搭乘巴士约15分钟。

🧭 观光建议
全年开放
行宫收费。城墙可自由参观。

📷 观光建议
结合自身时间与体力参观
因为是一座山城，所以，地势略有起伏。游览三座城门和守御将台的标准线路约1小时30分钟，观光完4座城门需要3个多小时。

262 环绕韩国首都的大城郭
首尔城墙
Hanyangdoseong

▶ **韩国**／环绕首尔城区，景点在各地区均有散布。兴仁之门距离地铁东大门站最近，崇礼门离首尔地铁站最近 ▶ 自由参观 ▶ seoulcitywall.seoul.go.kr

汉阳，即现在的首尔，是朝鲜王朝建国者李成桂于 14 世纪建造的都城。城区由城墙环绕，总长达 18.6 公里。后因城市开发，部分区域惨遭破坏，城墙虽不完整，但是，绝大部分仍然有幸保留至今。城墙的东、南、西、北四个方向分别建有大门与小门，其中，崇礼门（南大门）与兴仁之门（东大门）最为闻名并且一并指定为韩国国宝与第一号宝物。

▲因 2008 年的一场火灾，崇礼门的木造部分惨遭烧毁，但是，在那之后又得到了重建
◀◀城墙脚下是维护良好的散步道
◀从 N 首尔塔看到的城墙

263 百济时代建造的山城
公山城
Gongsanseong

世界遗产 2015

▶ **韩国**／从首尔到公州乘坐巴士约 1 小时 20 分钟，从巴士总站步行约 20 分钟 ▶ 全年均可参观 ▶ www.gongju.go.kr

公山城是坐落于贯穿公州城区的锦江南岸的山城，三国时代，公州名为熊津，475 年，在高句丽的攻击之下，汉城（现在的首尔）陷落，之后的 63 年间，公州便成为百济的首都。公山城由长 2600 米的城墙环绕，但是，百济时代曾一直是土筑城墙，而现在呈现在世人面前的石垣长城是进入朝鲜王朝时代之后建造而成的。以百济时代的王宫遗迹为代表的，可以参观到公山城内建于高丽时代的灵隐寺与朝鲜王朝时代的双树亭等建筑。

▲ 4~10 月的周六·周日，每一小时便会举行一次守门将换岗交接仪式
◀◀锦西楼高耸于售票处上方
◀公州在百济时代的名称是熊津，公山城旁边矗立着一座熊的雕像

观光信息小贴士：在首尔城墙中，位于西北部的白岳区间被用于军事领域，必须携带护照。兴仁之门北侧有汉阳都城博物馆，可以围绕城郭知识展开详细的了解与学习。

美观与功能性共存的近代城郭杰作

姬路城

世界遗产 1993

Himeji Castle
► www.city.himeji.lg.jp

🔴 日本

令人思忆白鹭的世界遗产

姬路城在关原之战后由城主池田辉政进行了大规模改建，这是一座连立式平山城，可以看到粉墙绿瓦的大天守阁，还有另外三个小的天守阁。天守阁建筑群的 8 栋建筑已被指定为日本国宝，除此之外，姬路城内的其他 74 栋建筑物也已被认定为重要文化财产，作为日本首批文化遗产，平成 5 年（1993 年）与法隆寺同时被列入了联合国教科文组织《世界遗产名录》。城郭采用了巧妙的三重螺旋形防御工事，包括外部、中部和内部壕沟，结构严密，固若金汤，从 3 条同心圆护城河开始，城壕环绕高大曲折的石城郭，修筑得十分精巧，除姬路城之外，只有江户城拥有如此复杂且巧妙的防御构造。

▲ 天守内的武具存放区（图片提供：姬路市）
◀ 位于西之丸的千姬化妆橹

▲ 平成 27 年（2015 年）结束大规模修建，恢复了纯白色的姿态（图片提供：姬路市）

Access & Advice

🚆 **交通信息**
姬路市的核心区域
从 JR "姬路站" 北口乘坐神姬巴士在 "大手门前" 下车，步行 5 分钟。

🏯 **观光信息**
全年开放
收费。游客可于观光当日购票入场。提供付费导览、语音导览服务。

📷 **相关信息**
划算的通票
借姬路城美景营造的好古园与姬路城有通票，与分别购买门票相比，通票更加划算。

✏️ 观光信息小贴士：姬路城是连立式天守阁群，外形看起来就像是展翅翱翔的白鹭，因此，它还拥有白鹭城这样一个别名。平成时代进行大规模改建后，因天守颜色过白，曾一度成为街头巷尾热议的话题，但是，随着时间的推移，灰泥逐渐发霉，颜色看上去也已经越来越黑了。

Special Choice 265

因豪华绚烂而令人惊叹的现存御殿

二条城

世界遗产 1994

Nijo-jo Castle
► nijo-jocastle.city.kyoto.lg.jp

🔴 日本

▲二之丸御殿正门唐门，由彩色雕刻进行装饰

德川家族荣盛兴衰的见证

二条城由德川家康建造，第 3 代将军德川家光为迎接后水尾天皇的行幸，开始对其进行大规模改建。二之丸御殿作为日本国内城郭中唯一保留至今的御殿群，现已被指定为国宝。书院造御殿的 6 栋建筑呈大雁飞行时的形状依次排列，33 个房间均由狩野派壁画与豪华绚烂的格窗雕刻等进行装饰。二条城是众多著名历史事件的舞台，例如，这里曾被用作德川家康与丰臣秀赖的会见场所，也是德川庆喜宣布大政奉还的地方。

▲小堀远州改建的二之丸庭园
◄二之丸御殿的大厅
图片提供：京都市 元离宫二条城事务所

Access & Advice

🚆 **交通信息**
京都市的核心区域
京都市营地铁东西线"二条城前站"下车即达。

🏯 **观光建议**
全年开放
收费。可于观光当日进入内部游览。

📷 **相关信息**
欣赏二条城壁画的原画
在"二条城壁画 展示收藏馆"展厅，可以透过玻璃欣赏部分收纳在此的与御殿相同配置的壁画。有专门面向游客开放的时段，需要另行购买门票。

✏️ 观光信息小贴士：现在的本丸御殿由明治时代坐落于京都御所北侧的旧桂宫御殿移建而来，从平成29年（2017年）起，保存修理工程开始，计划于令和 6 年（2024 年）完工。

严密监视西国动向的谱代大名的居所

彦根城

Hikone Castle
► hikonecastle.com

🇯🇵 日本

▲坐落于136米的金龟山上，因此也被称作金龟城

完整保留了近代城郭形态

彦根城是声名显赫的谱代大名彦根藩主井伊家的居所，关原之战后，为了严密监视曾经受丰臣恩顾的大名们，从天守已然成为废墟的大津城移建而来。保存状态极佳，以天守为代表，附橹、多闻橹已被指定为国宝，而天秤橹、太鼓门橹以及马屋等也已经被认定为重要文化财产。彦根城的大名庭园有幸保留至今，借天守美景营造的玄宫园现在也已经成为日本的名胜。

▲3层且内外3重结构的国宝天守的内部
◄在凤翔台上眺望到的庭园风景
图片提供：彦根城运营管理中心

Access & Advice

🚆 **交通信息**

从米原市出发的一日游

从JR"米原站"出发，搭乘琵琶湖线在"彦根站"下车，步行15分钟

🏞 **观光建议**

全年开放

收费。门票包含玄宫园，有包含以计划修复表御殿为目的而建造的彦根城博物馆的套票。

📷 **相关信息**

有时会点亮霓虹

"月明"是琵琶湖八景之一，意指彦根古城在月光下的美景，为映衬这一美景，彦根城有时会在限定时间内点亮霓虹。

观光信息小贴士：彦根城旨在注册为联合国教科文组织世界遗产，平成4年（1992年），已被列入世界遗产候选名单。为了能够在令和6年（2024年）成功申遗，现在正在紧锣密鼓地做着各种准备工作。

Special
Choice
267

琉球王国的荣华史迹

首里城

世界遗产
2000

Shurijo Castle
▶ oki-park.jp/shurijo

🔴 日本

▲ 2019 年 1 月在高空拍摄的首里城

俯瞰那霸港的冲绳象征

　　1426 年，尚巴志统一琉球，将首里城定为首都，在为时约 450 年的漫长历史中，这里曾一直是琉球王国的政治、外交以及文化的中心。首里城仿佛就是因东亚转口贸易而繁荣的海上王国，在中日两国文化的碰撞和熏陶之下，孕育出了自己独特的文化，而首里城充满文化融合特性的建筑风格便对这一点做出了完美的诠释。历史上，首里城曾数度被焚毁和重建，昭和 20 年（1945 年），美国海军在冲绳战役中开火炮轰首里城，将其完全摧毁，后于平成 4 年（1992 年）复原，作为首里城公园面向公众开放。平成 12 年（2000 年），首里城迹被登录为日本第 11 个世界遗产。

▲通往御庭的奉神门
◀世界遗产——正殿遗址
图片提供：国营冲绳记念公园（首里城公园）

Access & Advice

🚃 **交通信息**
那霸市的核心区域
　　在首里站前巴士站"首里城公园入口"下车，步行约 5 分钟。

🏛 **观光建议**
全年开放
　　收费。游客可于观光当日购票入场。有音频指南应用程序，可以将其下载到智能手机来使用。

📷 **相关信息**
清晨的开门仪式
　　在奉神门前，每天清晨开门时都会举行开门仪式，日语中称其为"御开门式（Ukeiijyuu）"。

✏️ 观光信息小贴士：因令和元年（2019 年）10 月 31 日发生的一场大火，首里城内包含正殿在内的 8 栋建筑惨遭焚毁，现计划于令和 8 年（2026 年）前将全部烧毁的正殿复原。

268 不同时代建造的天守群
松本城
Matsumoto Castle

▶ **日本**／在 JR "松本站" 下车，步行约 20 分钟 ▶ 全年均可参观 ▶ www.matsumoto-castle.jp

　　松本城以雄伟的北阿尔卑斯山为背景，是现存天守阁中唯一的在平地上建造的城堡，由大天守、干小天守、渡橹、辰巳副橹、月见橹连接成的复合连接式天守建筑群是目前日本现存最古老的五重六层式国宝之城。松本城的大天守、干小天守以及渡橹早在战国时代就已建立，结构缜密，富有实战性，而于江户时代扩建的辰巳副橹与月见橹没有考虑战争因素，反而采用了外观优美的开放性结构，各自彰显了建造时期所独有的时代特征。

▲以北阿尔卑斯山为背景的天守阁（图片提供：松本城管理科）
◀◀如果将红色勾栏令人印象深刻的月见橹的舞良户拆下，有 3 个方向都是开放式结构（图片提供：松本城管理科）
◀连接本丸与二之丸的红漆埋桥，因强度不足，无法跨桥通行

269 天守与本丸御殿同存的南海名城
高知城
Kochi Castle

▶ **日本**／从 JR "高知站" 出发，乘坐土佐电交通巴士，在"高知城前"下车 ▶ 全年均可参观 ▶ kochipark.jp/kochijyo

　　高知城由土佐藩的初代藩主山内一丰在进入土佐国后下令建造，在享保 12 年（1727 年）的火灾中，几乎所有的建筑均惨遭焚毁，但是，在那之后，历经 25 年，几乎所有的建筑都得到了重建。如今，日本全国也只有 12 座从江户时代起一直保留到现代的天守，甚至连本丸御殿也只有高知城与川越城这 2 处而已。而高知城不但有珍贵的天守，还同时保留有本丸御殿，是日本唯一一座二者同存的名城。天守内部是 3 个单元 6 层楼高，顶层安装有护栏，可以巡回一周，进行全方位的观光。

▲坐落于原野石砌城墙之上的高知城天守
◀◀藩祖山内一丰的骑马像
◀享和元年（1801 年）建造的追手门，只有高知城至今依然保留有江户时代的天守与追手门

观光信息小贴士：日语中的"廻缘"一词意为围绕天守阁顶层一周的游廊，"高栏"指扶手。在现存 12 天守中，只有高知城与犬山城可以在室外环绕天守一周。

(270) 筑城名手建造的难攻不落之城
熊本城
Kumamoto Castle

▶ **日本**／从 JR"熊本站"出发，搭乘熊本城观光巴士 "shiromegurin"，在"熊本城·二之丸停车场"下车 ▶ 现阶段限时参观 ▶ castle.kumamoto-guide.jp

　　熊本城由作为筑城名手而享誉盛名的加藤清正在自己的领国内建造而成，石垣一开始的坡度较为平缓，看似可以简单地登上去，但上面突然变得非常的陡峭，近乎垂直，无法攀登，此外，这里还有 49 座橹、18 座橹门以及 29 座城门，是最有名的难攻不落之城。天守与本丸御殿在明治 10 年（1877 年）的西南战争中烧毁了，昭和 35 年（1960 年）用钢筋混凝土结构恢复了

▲从震灾中完美复活的天守阁

◀◀身披盔甲、头戴长鸟帽子的加藤清正雕像

◀本丸御殿，昭君厅

图片提供：熊本城综合事务所

天守阁当年的面貌，为纪念熊本城筑城 400 周年，本丸御殿也于平成 20 年（2008 年）得到了复原。熊本城在平成 28 年（2016 年）的熊本地震中受损严重，在那之后，修复工程持续推进，时隔 5 年，令和 3 年（2021 年）4 月，天守阁已经修复完成。

(271) 俯瞰木曽川的国宝天守之城
犬山城
Inuyama Castle

▶ **日本**／在名铁犬山线"犬山游园站"下车，步行 18 分钟 ▶ 全年均可参观 ▶ inuyama-castle.jp

　　犬山城位居日本爱知县犬山市北边的木曽川以南大约标高 85 米的断崖上，天文 6 年（1537 年）由当地诸侯织田信康修建。犬山城同时拥有日本全国现存最古老的天守，建于小牧长久手之战后的 16 世纪末。元和 3 年（1617 年），德川家康重臣成濑正成当上犬山城主以来，直至

2004 年的约 400 年间，成濑家族曾一直对这座城堡享有所有权。

　　位于顶层的"高栏厅"铺设有红色绒毯，还可以由此走出室外眺望美景。

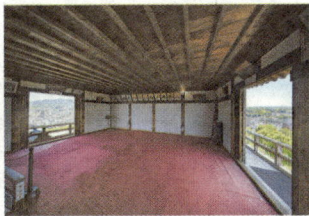

▲犬山城种植有许多树木，春季的樱花雨，秋季的红叶都格外美丽

◀◀在木曽川眺望到的天守

◀天守的顶层"高栏厅"，红色绒毯令人印象深刻

✐ 观光信息小贴士：拥有国宝天守的五座古城分别是犬山城、松江城、松本城、彦根城以及姬路城，始建于江户时代且至今仍然存现的天守共有 12 座，除上述 5 座之外，还有伊予松山城、宇和岛城、高知城、备中松山城、弘前城、丸冈城以及丸龟城。

272 坐落于东京中心绿地的宫殿
皇居
Imperial Palace

▶ **日本**／在 JR "东京站" 下车，步行约 15 分钟 ▶ 通宫殿内仅限不定期特别参观，宫殿外观全年均可参观 ▶ sankan.kunaicho.go.jp

皇居是天皇平时居住的场所，也是各种公共仪式及政务的举行场所。这里本来是德川家族居住的江户城，起源于室町时代，由太田道灌建造，后德川家康入主江户城，先后由家康、秀忠以及家光依次对其进行了大规模改建，江户城也随之成为幕府德川家的宫城，同时，也是江户幕府的政厅。天守阁于明历 3 年被大火烧毁，在那之后便没有再进行过复建。城内御殿曾几度惨遭烧毁，江户幕府结束并由明治天皇取回管治权后，由于本丸与二之丸已不复存在，于是，仅剩的西之丸便顺理成章地成为皇居。西之丸御殿被焚毁后，在原宫殿遗迹上建造了明治宫殿，第二次世界大战期间，明治宫殿被美军炸毁，后又在该遗迹上建造了现在的宫殿。

▲在没有天守阁的江户城，富士见橹成功取代天守，发挥了极其重要的作用
◀◀天皇陛下处理公务、举行国家活动的宫殿
◀使用榉木的正殿 "松厅"，用于各种主要仪式

273 拥有金质虎鲱像的尾张名古屋的象征
名古屋城
Nagoya Castle

▶ **日本**／在地铁名城线 "市役所站" 下车，步行 5 分钟 ▶ 全年均可参观 ▶ www.nagoyajo.city.nagoya.jp

名古屋城自明治时代为止曾一直是德川御三家之一的尾张德川家的居城，装饰有金鲱的大天守阁被誉为武家风书院造双壁的本丸御殿以及宽阔的二之丸庭园等均象征着德川家的威望，被称作近代城郭建筑的最高杰作。第二次世界大战爆发之后，主要建筑物均在战争中惨遭焚毁，但是，

平成 30 年（2018 年），名古屋城本丸御殿的复原计划终于完成，开始对外公开。战后用钢筋混凝土修复的天守阁也决定拆卸重建，实施木造复原工程。

▲战后得到复原的天守阁因老朽化与耐震性的问题而无法入内
◀◀装饰天守阁的金鲱
◀本丸御殿的上洛殿，色彩鲜艳的格窗雕刻与隔扇画十分美观
图片提供：名古屋城综合事务所

✏ 观光信息小贴士：名古屋城计划于令和 3 年（2021 年）秋季重新开放坐落于西之丸的 "西之丸御藏城宝馆"，因为西之丸地区曾经是米仓，所以，那是一座重现米仓外观的建筑，介绍名古屋城的历史并且展示文化财产。

㉗ 大阪的象征
大阪城
Osaka Castle

▶ **日本**／在 JR 大阪环状线"大阪城公园站"下车,步行 15 分钟 ▶ 全年均可参观 ▶ www.osakacastle.net

作为大阪名胜的大阪城曾经是全日本规模最大的城郭,公元 1583 年,丰臣秀吉用了两年七个月的时间和四万民夫建造而成。大阪城在大阪之阵中陷落,见证了丰臣家是如何一步一步被德川家所消灭的,丰臣家走向彻底的灭亡后,德川家在大阪城的遗址上重新筑城。德川大阪城天守于宽文 5 年(1665 年)受到雷击而烧毁,在那之后,一直没有进行复建,但是 1931 年,采用钢筋混凝土结构进行了复原。大阪城复原后,成为日本近代建筑中复兴天守阁的第一号。

㉘ 富有实战性的质朴而刚毅的城堡
松江城
Matsue Castle

▶ **日本**／从 JR 山阴本线"松江站"出发,搭乘湖线巴士,在"国宝松江城·县厅前"下车,步行 10 分钟 ▶ 全年均可参观 ▶ www.matsue-castle.jp

松江城为松江开府始祖堀尾吉晴于庆长 16 年(1611 年)建造,这是日本少数几座木结构的老天守建筑,于 2015 年被指定为"日本国宝"建筑。天守具备附橹与陷阱等防御设施和固守城池所必需的盐仓以及水井等,这说明,松江城在筑城之初就已考虑到了可能面临的实战问题。登上耸立在宍道湖北岸的松江城天守阁,在这里眺望到的湖景可谓绝美。

㉙ 现存唯一山城天守
备中松山城
Bitchu Matsuyama Castle

▶ **日本**／从 JR 伯备线"备中高梁站"出发,乘坐当地巴士,在"松山城登山口"巴士站下车,步行 50 分钟 ▶ 全年均可参观 ▶ takahasikanko.or.jp

备中松山是现存唯一山城天守,坐落于海拔 430 米的卧牛山山顶,是日本现存 12 天守中规模最小、标高最高的一座天守。每年 9 月下旬至次年 4 月上旬的凌晨,会出现云海,天守飘浮在云端的美景享有"空中山城"的美誉。卧牛山东北方向山脉建有云海展望台,因绝美景色而被视作风景名胜区。

㉚ 云海中的天空之城
竹田城
Takeda Castle

▶ **日本**／在 JR 播但线"竹田站"下车,步行 40 分钟 ▶ 全年均可参观 ▶ www.city.asago.hyogo.jp/takeda

竹田城是建在海拔 353.7 米的古城山山顶上的山城,云海景象频繁发生,也被称作"天空之城"与"日本的马丘比丘"。在关原之战后,根据江户幕府"一国一城"的规定,竹田城被废城,因此,虽然没有天守等建筑物,也没有茂密的树林,但是,城墙的石垣与绳张的保存状态都相当良好。

观光信息小贴士:并非随时都可以在因云海而闻名的备中松山城与竹田城欣赏到云海美景,这两座城堡的云海频繁发生期均为 10～11 月前后。如果前一天白天与当天清晨的温差大且当天天气晴朗,出现云海的可能性就很大。

Special
Choice
278

曾经辉煌的莫卧儿帝国城堡

阿格拉红堡

世界遗产
1983

Agra Fort
► agra.nic.in

🇮🇳 印度

▲护城河环城而建的坚固城塞，据说护城河里放生了一条巨大的鳄鱼

红砂岩城墙环绕的大理石之城

　　阿格拉红堡是莫卧儿帝国第三代皇帝阿克巴建造的城堡，原本作为军事要塞建造，但是，在第五位皇帝沙贾汗时期，使用大量白色大理石进行了大规模扩建，使城堡重生为宫殿。城堡一角的穆桑曼·布尔日（囚塔）是沙贾汗的囚塔，他曾因为儿子奥朗则布发动的政变而惨遭囚禁，沙贾汗眺望着已故挚爱皇妃长眠的泰姬陵（→p.215）度过了余生并且最终在此撒手人寰。

▲极尽奢华的大理石装饰
◄穆桑曼·布尔日，沙贾汗被捕后的囚禁场所

Access & Advice

🚆 **交通信息**
以新德里为据点

　　从新德里乘火车到阿格拉红堡站大约需要3小时。从车站出发，通过步行的方式前往城堡，约用时10分钟。

📍 **观光建议**
全年开放

　　收费。提供英文语音导览。

📷 **相关信息**
外周长达2.5公里的城堡内部十分广阔

　　城堡内部看点颇多，即便快速观光，也需要花费2小时。城堡内部无商店，敬请游客注意。

🖊 观光信息小贴士：阿格拉红堡站附近的金纳日巴扎的红砂岩伊斯兰清真寺——贾玛清真寺也是不可缺少的亮点，据说这是印度最大的清真寺，由沙贾汗的女儿建造。

Special Choice 279

由深爱皇妃的皇帝建造的世界最美坟墓

泰姬陵

世界遗产
1983

Taj Mahal
► www.tajmahal.gov.in

印度

▲世界上最著名的对称建筑之一

最爱皇妃长眠的白墙纪念碑

泰姬陵是位于亚穆纳河畔的莫卧儿建筑杰作。这是莫卧儿帝国第五任皇帝沙贾汗为穆塔兹·玛哈尔皇妃建造的陵墓，并非皇帝居住的宫殿。来自伊斯兰教的各地的工匠参与了施工，倾注了天文成本，历时 22 年建造而成。穆塔兹·玛哈尔和沙贾汗长眠的棺材被并排供奉在一座大理石建筑中，上面镶嵌着从世界各地收集而来的珠宝。

▲相邻的清真寺天花板，纤细的几何学图形看起来十分美观
◄也有许多印度游客

🖊 观光信息小贴士：泰姬陵是沙贾汗按照爱妻的遗嘱"我要一座美丽的陵墓"建造的陵墓，有传言称，他曾计划在亚穆纳河对岸用黑色大理石为自己建造一座陵墓。

拉杰普特的骄傲
琥珀堡

世界遗产
2013

Amber Fort
▶ www.tourism.rajasthan.gov.in

🇮🇳 印度

▲茂塔湖畔的宏伟城堡

岩山上屹立的城墙

　　琥珀堡是由统治北印度地区的拉杰普特氏族建造的城堡，城堡坐落于原本就建有城塞的场所，因此，外观十分庄严。城堡的内部与外部形成鲜明对比，精致而华丽。其中，甘尼萨·保罗（甘尼萨之门）用细密的壁画装饰，杰·曼迪尔（胜利厅）饰有镶嵌物和镜子，都非常值得一看，感受王公华丽的皇室生活。

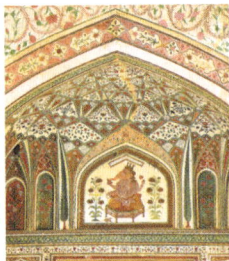

▲深受游客欢迎的大象出租车，每头大象限乘 2 人
◀门上描绘的甘尼萨

Access & Advice

🚆 **交通信息**
斋浦尔附近
　　从斋浦尔出发，搭乘自动人力车（三轮出租车），约用时 30 分钟，还有当地巴士。

🗺 **观光建议**
全年开放
　　收费。现已暂停开放，提供英文语音导览。

📷 **相关信息**
乘坐大象出租车
　　从山麓前往城堡途中，除步行之外，还可以骑大象前往。每逢酷暑，有时会暂停提供这项服务。

　　✏ 观光信息小贴士：在琥珀之后成为王国首都的斋浦尔的街道统一为玫瑰粉色，甚至还因此被冠以别名，被人们称作"粉红之城"，建议在粉红色墙壁环绕的老城区漫步。

融合伊斯兰和印度风格

Special Choice 281

迈索尔王宫

Mysore Palace

► www.mysorepalace.gov.in

印度

▲现在作为博物馆面向公众开放，展出有皇家收藏品

坐落在德干高原的迈索尔宝藏

14世纪末~20世纪中叶，迈索尔王宫是统治迈索尔王国的瓦迪亚氏族的住所。这是一座典型的融合了伊斯兰和印度风格的建筑，被称为印度萨瑟兰风格，历时16年，于1913年竣工。这座宫殿的亮点是一楼名为"婚礼亭"的大厅，巨大的天花板是一个圆顶，用彩色玻璃装饰，周围的墙上绘有描绘十胜节游行的绘画作品。

▲前门的风景也极具震撼力
◄装饰精美的婚礼亭

Access & Advice

🚆 **交通信息**

从班加罗尔出发的一日游

从班加罗尔乘坐巴士3小时。还有火车线路，从巴士站到城堡步行约15分钟。

🗺 **观光建议**

全年开放

收费。现已暂停开放，周日与节日灯火通明。

🍴 **美食信息**

当地甜点

Mysore Pak 是一种远近闻名的印度传统甜食，入口即化，味道淳朴。

✏ 观光信息小贴士：印度三大节日之一的十胜节为期10天，是庆祝叙事诗《罗摩衍那》中的国王罗摩击败魔鬼的节日。在最后一天，模仿魔王罗波那和杜尔加女神的大娃娃会被火箭烧毁。

被称作"地上天国"的红色城堡

德里红堡

世界遗产
2007

Lal Qila / Red Fort
► asi.nic.in

🇮🇳 印度

▲建造德里红堡花了 9 年时间，于 1648 年竣工

旧德里的象征

　　由于从阿格拉迁都，莫卧儿帝国第五代皇帝沙贾汗建造了这座德里红堡。城墙四周环绕着 2.4 公里长的红墙，城堡内部至今依然保留有供人们觐见皇帝的大殿"公众大厅"与贵宾接见厅"私人大厅"等豪华绚烂的建筑物，私人大厅的浮雕和装饰美得令人窒息，柱子上刻有波斯语"如果说地上有天堂，天堂就在这里"。

▲镶嵌有大理石的立柱依次排开
◄私人大厅装饰

Access & Advice

🚆 **交通信息**

新德里市中心

　　在德里红堡地铁站下车即达。搭乘新德里的自动人力车（三轮出租车），用时 10 分钟。

🏞 **观光建议**

全年开放

　　收费。提供英文语音导览。

📷 **相关信息**

旧市街

　　从德里红堡向西延伸的主要街道，可以感受印度的市井生活。

　　观光信息小贴士：德里红堡作为印度的军事设施在一定程度上是禁区，在每年 8 月 15 日的独立纪念日当天，这里都会举行总理演说等活动，至今依然发挥着国家中心的作用。

Special Choice 283

难攻不落的城塞

吉多尔格尔堡

Chittor Fort

世界遗产 2013

► www.tourism.rajasthan.gov.in

🇮🇳 印度

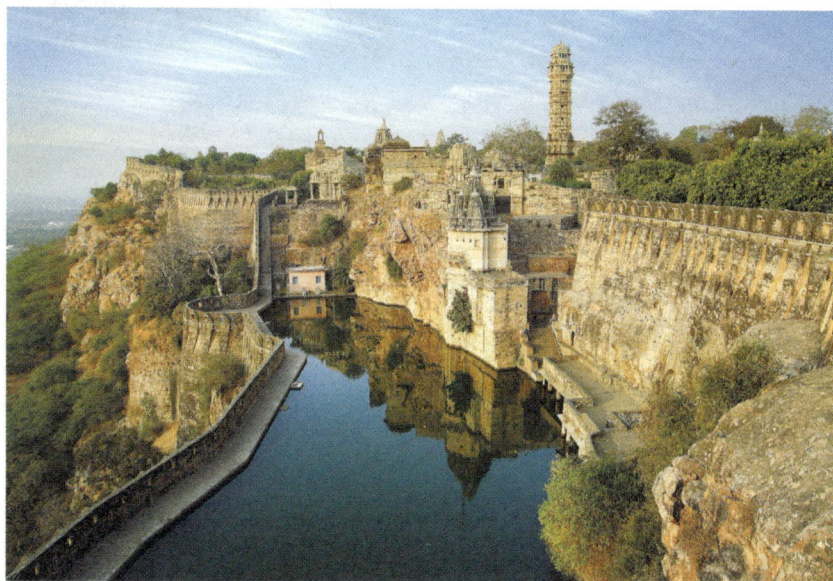

▲小山丘上建造的大规模城塞，曾多次抵御敌军入侵

拉贾斯坦邦最好的城堡之一

吉多尔格尔堡是拉贾斯坦邦乌代浦尔（8世纪~1947年）的都城，14~16世纪伊斯兰军队三次入侵，最重要的建筑物是荣誉之塔（荣耀塔）与胜利之塔（胜利塔）。两者都是在伊斯兰尖塔样式融合印度之前建造的古印度塔，荣誉之塔建于1301年，旨在献给耆那教的创始人，胜利之塔建于1448年，以纪念伊斯兰军队的失败。

Access & Advice

🚆 **交通信息**
乌代浦尔郊区
搭乘火车从乌代浦尔到奇托加尔站约2小时，从车站出发，搭乘自动人力车（三轮出租车）前往，约用时20分钟。

🏛 **观光建议**
全年开放
收费。在城堡的餐厅享用午餐。

🏨 **住宿建议**
周边有好几家酒店
车站和巴士站周围有几家酒店，可以将附近的城镇乌代浦尔作为旅行的基地。

▲9层建筑——胜利之塔

◄城堡内的昆巴斯瓦明寺

✏ 观光信息小贴士：乌代浦尔王室信仰印度教，他们对待其他宗教教徒也一向宽宏大量，因此，昆巴斯瓦明寺等耆那教派建筑也散布在城堡各处。

219

王公如今仍然生活于此

斋浦尔城市皇宫

City Palace

▶ 印度／斋浦尔的中心，从斋浦尔站乘坐地铁到巴迪·肖帕尔站，步行 5 分钟 ▶ 全年均可参观 ▶ www.royaljaipur.in

斋浦尔城市皇宫是在粉红之城（老城区）的核心区域建造的宫殿，现在仍然被用作王公的住所。宫殿的部分区域现在作为博物馆等面向公众开放，可以真实地了解王室绚烂辉煌的生活。其中，迎宾宫殿

（贵宾接见厅）极其细致的工艺装饰颇具看点。入口处是一个银罐，被吉尼斯世界纪录注册为世界上最大的银制品，展示巨大丝绸长袍的展厅内禁止拍摄。万一不小心拍摄，则必须支付罚金，无一例外。

▲ 制作精美的迎宾宫殿
◀◀ 粉红色的城堡在灿烂的阳光下熠熠生辉
◀ 尺寸堪比成年人身高的银罐

湖畔屹立的白色城堡与漂浮在湖面上的皇宫酒店

斋浦尔城市皇宫&水上宫殿

City Palace & Lake Palace

▶ 印度／从乌代浦尔站到城市皇宫，搭乘自动人力车（三轮出租车），约用时 10 分钟，乘船前往水上宫殿 ▶ 城市皇宫一年四季都可以参观，水上宫殿作为酒店运营 ▶ citypalacemuseum.org（城市皇宫）、www.tajhotels.com（水上宫殿）

皮丘拉湖畔的斋浦尔城市皇宫曾经是马哈拉纳的住所，现在分为 4 部分管理，其中一部分是城市皇宫博物院，里面陈列着许多从欧洲与波斯收集的装饰品。此外，还有一部分是皇宫酒店，除了作为王公住

所而被限制入内的区域外，其他区域可供游客入住。漂浮在湖面上的水上宫殿原本是王公宫殿，现在是著名的皇宫酒店。

◀ 俯瞰皮丘拉湖的城市皇宫
▼ 水上宫殿，印度最好的酒店之一

观光信息小贴士：城市皇宫东侧的哈瓦玛哈勒宫（风之宫殿）是粉红之城的象征，从正面望去，是一座庄严的建筑，但是，后侧几乎没有延伸空间，据说，是为了让宫中的女性不露脸就能看到市集而建造的。

286 岩山上屹立的天空之城

梅兰加尔古堡

Mehrangarh Fort

▶ **印度**／从斋浦尔到焦特布尔乘坐巴士 8 小时，从巴士站到城堡，搭乘自动人力车（三轮出租车），用时 10 分钟 ● 全年均可参观 ● www.mehrangarh.org

梅兰加尔古堡坐落于高 130 米的岩山之上，拥有高达 36 米的城墙，城堡建造于 15 世纪中叶。城墙内部至今依然保留有众多宫殿与寺院，其中一些区域作为包含王公收藏的博物馆向公众开放。此外，彰显王公优雅生活方式的花之宫殿与珍珠

宫殿也可以参观。在城堡所在的山丘上，可以俯瞰焦特布尔的街道，这里也被称为蓝城。

▲ 俯瞰整个焦特布尔的标志性建筑
◀◀ 拥有细腻装饰的城堡内部宫殿
◀ 辉煌的珍珠宫殿

287 体验王公的生活

乌麦德巴旺宫

Umaid Bhawan Palace

▶ **印度**／从斋浦尔到焦特布尔乘坐巴士 8 小时，搭乘自动人力车（三轮出租车）从巴士站到王宫，用时 10 分钟 ● 作为酒店营业 ● www.tajhotels.com

乌麦德巴旺宫是一座宏伟的城堡，融合了装饰艺术和拉杰普特风格，始建于 1928 年，历时 15 年建造而成。这座宫殿是世界最大规模的个人住宅，王公至今依然居住于此。其中一半是作为酒店经营的，

所以，即使是普通人，也可以入住。王宫内部环境温馨，酒店工作人员身着受国王看守启发的制服招待客人。维护良好的花园位于客房阳台下方，可以眺望远处的梅兰加尔古堡（→ p.221 上）。一生之中，一定要体验一次王室生活。

▲ 在华丽的宫殿酒店享受王公般的时刻
◀ 宽敞的酒店庭院

✎ **观光信息小贴士**：梅兰加尔古堡所在地焦特布尔是漫画《海贼王 ONE PIECE》中出现的阿拉巴斯坦王国的原型，古堡的形态与老城区内令人印象深刻的钟楼尤为相似。

288 守望古都的巨大城堡

世界遗产 1981

拉合尔古堡
Lahore Fort

▶ 巴基斯坦／拉合尔市中心，从拉合尔地铁巴士的阿扎迪集市广场东站步行约 15 分钟 ▶ 全年均可参观 ▶ walledcitylahore.gop.pk

拉合尔古堡是由莫卧儿帝国历代皇帝建造的巨大建筑，第三位皇帝阿克巴将首都从阿格拉迁出时奠定了城堡的基础，公众观众大厅和虚什玛哈勒是城堡的亮点。虚什玛哈勒的另一个名字是"镜之宫殿"，玻璃碎片嵌入蔓藤花纹图案的细致装饰堪称杰作。

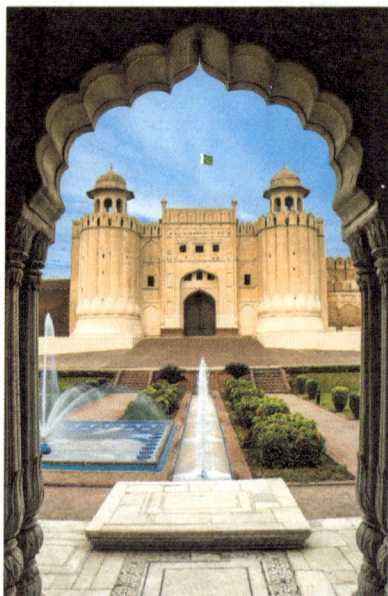

▲大象可以通过的阿拉姆吉尔门
◀虚什玛哈勒的精美装饰

289 印度河流域文明繁荣的古老城堡

摩亨佐·达罗
Moenjo Daro

世界遗产 1980

▶ 巴基斯坦／摩亨佐·达罗有机场，但航班很少，从 100 公里外的苏库尔包车前往是更为现实的选择 ▶ 全年均可参观

摩亨佐·达罗是被誉为世界四大文明之一的印度河流域文明的发源地，公元前 2600 年至公元前 1700 年，这里异常繁荣，据推测，当时曾有 3 万人在此生活。神官居住的城塞被人工建造在了地势相对更高的区域，可以监视普通人居住的东侧一带。

290 难攻不落的要塞

罗赫达斯要塞
Rohtas Fort

世界遗产 1997

▶ 巴基斯坦／从 80 公里外的拉瓦尔品第出发，参加观光团或包车前往是更为现实的选择 ▶ 全年均可参观 ▶ jhelum.punjab.gov.pk

罗赫达斯要塞是由苏尔王朝的谢尔沙阿·苏里建造的坚固堡垒，他击败了莫卧儿帝国，是阿富汗的英雄。要塞建于 1540 年，是防止中亚游牧民族入侵的基地。现在，游牧民族住在堡垒里，形成一个名为莲花村的村庄。

观光信息小贴士：摩亨佐·达罗使用了很多大小相同的砖块，是以高度精密的都市计划为基础建造的城市。尤其是灌溉系统取得了巨大进步，水道、污水排放系统以及公众浴场遗迹至今依然完好保存。

291 绰号粉红宫

阿赫桑曼济勒粉红宫殿
Ahsan Manzil

▶ 孟加拉国／达卡老城，从面向布里孔加河的码头步行5分钟
▶ 全年均可参观 ▶ beautifulbangladesh.gov.bd

　　阿赫桑曼济勒粉红宫殿从外面看是鲜艳的粉红色，是一座绰号"粉红宫"的宅邸。宫殿建于1869年，是达卡领主纳瓦布家族的住所。现在，作为博物馆，宫殿内部展出具有高历史价值的藏品，面向公众开放，宫殿庭院也维护良好。

292 莫卧儿帝国时期未完工的城堡

拉尔巴格城堡
Lalbagh Fort

▶ 孟加拉国／达卡老城，从达卡中央车站出发，搭乘人力车（三轮出租车），用时15分钟 ▶ 全年均可参观 ▶ beautifulbangladesh.gov.bd

　　拉尔巴格宫是莫卧儿帝国第六代皇帝奥朗则布之子穆罕默德·阿扎布建造的城堡，在防御设备暂未完成的状态下，工程中止，取而代之，庭院与庙宇等的内部建设却得以推进。观众厅和土耳其浴室所在的2层建筑现在已经成为博物馆，展示有武器与绒毯等。

293 作为佛教都市获得繁荣　世界遗产 1982

波隆纳鲁沃宫殿遗址
Royal Palace Ruins of Polonnaruwa

▶ 斯里兰卡／从科伦坡乘坐巴士到波隆纳鲁沃大约需要5小时30分钟，乘坐城市巴士约5分钟即可到达宫殿所在的老城区 ▶ 全年均可参观

　　波隆纳鲁沃是一座古城，在1017~1255年期间一直是斯里兰卡的首都。这里作为亚洲领先的佛教城市之一获得繁荣，泰国和缅甸的僧侣也曾来朝圣。在老城区的城墙内部，遗迹汇集，当时的荣华展露无疑。帕拉克拉马一世的宫殿有7层高，房间数量曾多达50间。3层及以下区域是

砖瓦结构，4层以上为木造结构。潘迪亚王朝进攻波隆纳鲁沃时被烧毁，只有砖瓦结构区域有幸留存至今。

▲帕拉克拉马一世宫殿的废墟，建造之初的高度为现在的2倍
◀◀举办行政活动的阁议场的遗迹
◀尼桑卡玛拉王子的浴池

　　✏ 观光信息小贴士：租赁自行车参观波隆纳鲁沃宫殿遗址效率更高，每个遗迹前都有放自行车的空间，游客也可在住宿设施租用自行车。

拥有绝美景观的空中宫殿

锡吉里耶

世界遗产
1982

Sigiriya
▶ www.sigiriyafortress.com

🇱🇰 斯里兰卡

▲ "锡吉里耶古城",建在岩山上的天空之城

岩山上建造的王宫

迦叶巴一世(477~495年在位)建于5世纪的锡吉里耶遗址由岩石上的要塞化王宫遗迹、环绕王宫的水路与庭园以及充当贮藏设施的都市遗址构成。弑父的迦叶巴一世害怕在他继位后遭到自己兄弟的报复,在锡吉里耶的一座岩山上建造了兼作军事设施的皇宫,那便是"锡吉里耶古城"(海拔约370米),据说火道内的岩浆形成于15亿至25亿年前,是硬化的岩颈。

▲ 墙上美丽的壁画——《锡吉里耶妇女》
◀ 通往王宫的狮子门

Access & Advice

🚆 **交通信息**
从丹布勒出发

从科伦坡乘坐巴士到丹布勒大约需要4小时30分钟,转乘前往锡吉里耶的巴士约45分钟。

🗺 **观光建议**
全年开放

收费。有许多来自科伦坡的观光团。

📷 **相关信息**
通往顶部的楼梯

通过楼梯通往顶部,单程用时30~40分钟,建议在相对较为凉爽的上午前往。

✏️ 观光信息小贴士:锡吉里耶博物馆与售票处位于同一栋楼,博物馆内介绍了锡吉里耶古城与人的关系。

Special Choice 295

马拉王朝宫殿

旧王宫/拉利特普尔

Patan Royal Palace Complex

世界遗产 1979

尼泊尔

▲面对杜巴广场的旧王宫

"美都"的纽瓦尔艺术杰作

帕坦位于尼泊尔首都加德满都南部，是在加德满都盆地的 3 个马拉王国（加德满都、帕坦、巴克塔普尔）存在的时代曾繁荣一时的古都。正式名称是拉利特普尔（美都），纽瓦尔文化蓬勃发展的艺术之城。杜巴广场以东是一组建于马拉王朝 17~18 世纪的纽瓦尔建筑，印度教寺庙在西侧排成一列，历代国王生活的旧王宫内部有接见厅与客厅等。

▲国王的居住用宫殿——桑达里宫院，中央区域是沐浴场
◀帕坦博物馆的院落

✏ 观光信息小贴士：仅帕坦就有 55 座主要寺庙，市民崇高的信仰之心展露无疑。在这个小镇生活了很长时间的纽瓦尔人在艺术方面表现出色，雕刻与绘画专业人士也非常多。此外，规模不同的节日庆典也非常多。

225

296 尼泊尔王国的前中心
哈努曼多卡宫
Hanuman Dhoka

世界遗产1979

▶ **尼泊尔**／加德满都市中心,位于杜巴广场,从机场乘坐出租车约 30 分钟 ▶ 全年均可参观 ▶ www.hanumandhoka.gov.np

　　尼泊尔首都加德满都市中心的杜巴广场人潮拥挤,除了古老的皇宫外,还有许多印度教寺庙等宗教建筑,哈努曼多卡宫是一座建于 17 世纪左右的马拉王朝时期的皇宫,拥有纽瓦尔式木雕横梁窗框的美丽的传统建筑与带有西式白色阳台的建筑相结合。因为在王宫正门有一尊印度教猴神哈努曼的雕像,所以,被称为哈努曼多卡宫。现在,这里已经成为一座宫殿博物馆。

▲ "哈努曼"指印度教中的猴神,"多卡"指大门
◀ 杜巴广场在 2015 年的地震中遭到严重破坏
◀ 广场的一个角落是湿婆神的化身卡拉拜罗的石像,一天当中,前来参拜的人们络绎不绝

---

297 爪哇建筑的杰作
克拉通(王宫)
Kraton

▶ **印度尼西亚**／从日惹站乘坐出租车约 10 分钟 ▶ 全年均可参观(午后闭馆) ▶ www.indonesia.travel

　　1790 年,王宫建成为统治日惹的历任苏丹的住所。哈孟库布沃诺十世至今仍然居住于此,王宫的传统得到了继承。王宫的部分区域现在作为博物馆面向公众开放,展示了历任苏丹使用的家具、陈设以及爪哇岛上独有的服装和匕首。

▲ "金座阁"天花板上的金莲花
◀ 北侧与南侧的入口不同,是一座复合体王宫

✏ 观光信息小贴士:日惹是保留皇宫文化的爪哇古都,除了坐落于核心区域的王宫之外,周边还有其他世界遗产,例如,婆罗浮屠寺庙群、普兰巴南寺庙群等许多具有很高历史价值的考古遗址,非常值得一看。

298 作为最高司法机构发挥职能
古代司法庭遗迹
Kertha Gosa

▶ 印度尼西亚／巴厘岛东部，参加岛内观光团可以高效地进行环岛游 ▶ 全年均可参观

　　古代司法庭遗迹位于巴厘岛东部最大的城镇，克隆孔的塞马拉普拉市。这里是巴厘岛八国宗主塞马拉普拉王朝的政府办公室所在地，坐落于石块堆积的高地之上，是一座拥有厚重屋顶的建筑。Kertha Gosa 是一个梵文词，意思是法庭，自王朝时代至 1942 年，作为最高法院来裁决在村一级无法解决的问题和罪行。据说水上浮宫凉亭曾是皇室的休息场所，有令人惊叹的卡马桑式天花板画，例如，罗摩衍那神话。

▲ 池塘环绕的司法机构
◀◀ "凉亭"是塞马拉普拉王朝时期皇室休息的建筑，于 1940 年得到修复
◀ 以宗教教义为主题的卡马桑式天花板画

299 至今仍有王族居住
乌布王宫
Puri Saren

▶ 印度尼西亚／从巴厘岛的中心库塔乘坐穿梭巴士 1 小时 ▶ 全年均可参观

　　乌布王宫位于巴厘岛艺术村乌布市中心。这里曾是王政时代的政治与经济核心，乌布王宫有巴厘岛风格的建筑和花园，建于德约科达·普图·坎德尔勋爵的时代（1800~1823 年）。巴厘岛八大皇室之一至今仍然生活在王宫，前庭等区域现在面向公众开放，游客可以充分感受当时的生活场景。据称，拥有壮观雕刻的宫门"科里·阿贡"由巴厘岛著名画家蓝帕德制造而成。

▲ 王宫的必看点是雕刻装饰的宫门
◀◀ 可以感受当时华丽生活的王宫内部
◀ 王宫内随处可见的精细的雕刻群也是一大看点

　　观光信息小贴士：乌布王宫大门前院每晚都会举行被称作巴龙舞或者黎弓舞的传统巴厘岛舞蹈表演，此外，乌布还有很多博物馆，游客可以在这座艺术村接触到巴厘岛绘画。

作为史迹公园重生的水上宫殿

乌穹水上皇宫

Taman Soekasada Ujung

▶ **印度尼西亚** ／巴厘岛东部，参加岛内旅游观光团或包车游览更为高效 ▶ 全年均可参观

乌穹水上皇宫是巴厘岛东部海滨小镇乌穹的皇家水上王宫，1921年，由卡朗阿森的最后一位国王建造。除了当地建筑师之外，一位荷兰建筑师也参与了设计，该建筑具有欧式风格。皇宫曾在两次大地震中惨遭破坏，但是，2004年时，周边得到了修复与完善，作为史迹公园重生。

◀◀ 维护良好的园内盛开有五颜六色的热带花卉，例如，九重葛
◀ 与水融为一体的欧式建筑
▼ 有客厅、客房以及儿童房等

国王至今仍然居住的新王宫

王宫／吉隆坡

Istana Negara

▶ **马来西亚** ／吉隆坡市，从双子塔乘坐观光巴士15分钟 ▶ 不可参观 ▶ www.istananegara.gov.my

马来西亚每个州都有一位名叫苏丹的国王，国王每5年换位一次，新即位的国王会居住在王宫。2011年，新王宫在吉隆坡北部的惹兰·杜塔落成。吉隆坡王宫是国王居所，因此，内部无法参观，但是，正门前的广场会有众多观光游客前来造访。清晨，这里还会举行卫兵换岗交接仪式。

每逢举行仪式或者节日，晚上都会点亮霓虹，景色格外亮丽。以前的王宫作为"皇家博物馆"面向公众开放，游客可以参观国王宝座厅与办公室等。

▲ 有黄色圆顶形屋顶的皇宫
◀◀ 可以与守卫王宫门的骑马卫兵拍照合影
◀ 坐落于旧王宫的博物馆内部，旧王宫位于吉隆坡中央车站东侧

🖊 **观光信息小贴士**：黄色是马来西亚的皇室颜色，王宫现在通常会使用黄色作为主色调。王宫内旗帜升起时，表示国王身处王宫。

缅甸最后一个王朝

旧王宫/曼德勒

Mandalay Palace

🇲🇲 缅甸

▲完美重现的王宫，前面的白色建筑是国王使用的泳池

贡榜王朝皇宫

　　曼德勒，缅甸仅次于仰光的第二大城市，是自古以来作为伊洛瓦底江的交通枢纽而繁荣昌盛的贡榜王朝的都城。于1861年建造而成的旧王宫坐落于单边长约3公里的正方形地块，由高8米的城墙环绕。王宫周围有护城河，需要通过东西南北4座桥梁进入王宫内部。在第二次世界大战中，王宫的所有建筑均惨遭烧毁，只保留了城墙。1990年，建筑的部分区域得到复原，面向公众开放。

Access & Advice

🚃 **交通信息**

曼德勒市中心

　　从仰光乘坐夜间巴士或火车14小时，从曼德勒站步行10分钟到旧王宫。

🗺 **观光建议**

全年开放

　　收费。外国游客只能经由东侧入口进入。

🍴 **美食信息**

开胃辣米线

　　曼德勒的特产——曼德勒米线，将辣酱拌入米线后食用。

▲由护城河环绕四周

◀被英国掠夺的一些宝藏现在在V&A美术馆中展出

✏ 观光信息小贴士：旧王宫以北的曼德勒山（236米）是曼德勒最大的圣地，整座山丘都是寺庙。从位于顶部的曼德勒最古老的佛塔的露台上，游客可以俯瞰古老的王宫和城市景观。

越南最后一个王朝的皇宫

顺化皇城

世界遗产 1993

Đại Nội
▶ vietnam.travel

🇻🇳 **越南**

▲越南第一个世界遗产，可以感受到浓厚的中国风情

据说是仿照北京故宫建造的皇宫

顺化皇城是于 1802~1945 年的 143 年间掌权长达 13 代的阮朝的皇宫，东西约 620 米，南北约 640 米，高约 7 米，周围环绕有约 2.5 公里的城墙，外侧还建有护城河。东西南北四个方向分别建有宫门，约 3.6 平方公里的广阔占地中，包括正殿太和殿在内，矗立着能够完美彰显宫廷文化的众多建筑。其中大多数建筑在越南战争中被毁，但修复工作仍在进行当中，现在有很多建筑都很好地传达了往事风情。

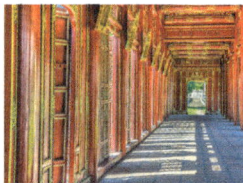

▲太和殿后方，坐落于皇城遗迹处的红色回廊
◀外观厚重的王宫正门

Access & Advice

🚆 **交通信息**

顺化中心

从胡志明市乘飞机到顺化大约需要 1 小时 30 分钟，皇宫距顺化新城 5 分钟车程。

🗺 **观光建议**

全年开放

收费。提供语音导览。

🍴 **美食信息**

顺化牛肉面

麻辣汤底与米粉、牛肉的完美搭配令人无法抗拒，还可以将自己最喜欢的蔬菜当作配菜。

观光信息小贴士：坐落于王宫附近的"顺化宫廷古董博物馆"由凯丁皇帝于 1923 年建造，收藏并且展示有阮朝使用的宝座、服饰以及日用品等贵重的宫廷藏品。

Special Choice 304

柬埔寨王国的象征

王宫/金边

Royal Palace of Phnom Penh

柬埔寨

▲拥有高棉风格屋顶的宏伟加冕礼堂

柬埔寨国王的居所

金边王宫位于洞里萨河沿岸，现在依然是国王的居所，也是王室重要活动的举行场地。1870年建造之初，王宫曾是一座木造建筑，但是，1919年，法国占领统治期间，在西索瓦国王时期由法国建筑师设计并且重建为现在的建筑。王宫内的大多数建筑均不允许入内，但是，外观可供游客随意参观。从入口大门进入，游客会看到一个法式花园。坐落于花园中央的即位殿拥有一座高59米的尖塔，这里也是加冕仪式与国王生日等活动的举行场地。

▲面向大街的胜利之门
◀表演柬埔寨传统舞蹈的宴会厅

Access & Advice

🚋 **交通信息**
金边市中心
搭乘发自金边站或中央市场的嘟嘟车（三轮出租车）约用时10分钟。

🗺 **观光建议**
全年开放
收费（与相邻的银塔可共用一张通票）。提供导览。

📷 **相关信息**
王宫的着装要求
王宫禁止身着膝盖外露的短裤、裙子以及无袖衣物入场。

🖊 观光信息小贴士：可以凭皇宫门票进入的寺庙"银塔"于1892~1902年在诺罗敦时代被建造为王室寺庙，地板上铺设有5329块银板。

许多泰国人都时常到访的曼谷发源地

大皇宫/曼谷

Special Choice 305

Grand Palace
► www.royalgrandpalace.th

🇹🇭 泰国

▲ 节基皇殿融合了欧式和泰式风格

拥有200年历史的泰国皇宫

王宫不仅是国王的居所，还是包含役作处所与寺院在内的面积广阔的复合设施。1782年，却克里王朝的创始人拉玛一世指定曼谷为泰国首都，开始建设曼谷王宫，之后又逐渐增建了各种各样的建筑物。现在，王族并未居住在王宫，役作处所的功能也已经丧失，但是，官方依然将其作为王宫，举办各种仪式与庆典，内部参观仅限于阿玛林宫和节基皇殿内的盔甲·铁炮博物馆等有限区域。

▲ 玉佛寺是泰国最负盛名的皇家寺庙
◄ 很有威慑力的夜叉

Access & Advice

🚆 **交通信息**
曼谷市中心
位于曼谷，当地巴士来来往往，有很多来自素坤逸等主要地区。

🗺 **观光建议**
全年开放
收费。还可以进入玉佛寺和皇家纹章·货币博物馆。

📷 **相关信息**
卧佛寺
位于路南的卧佛寺有一尊42米长的金色卧佛。

232　观光信息小贴士：王宫和玉佛寺不会长期闭馆，每逢国王与王太后的生日等与王室相关的节日和佛教活动，会暂停开放，因此，务必请游客加以注意。此外，前往观光时，禁止身着皮肤与身体线条外露的服装，否则将被禁止入内。

拉玛六世居住的宫殿
306

披耶泰宫

Phya Thai Palace

▶泰国／曼谷市中心，从战胜纪念塔出发，通过步行的方式前往，用时 10 分钟 ▶ 全年均可参观 ▶ www.phyathaipalace.org

　　泰国王室第一次留学欧洲的拉玛六世对西方文化着迷，被誉为推动泰国西化的国王。帕蒙库特·克劳医院内的披耶泰宫所呈现出的罗马式、哥特式风格以及壁画等，深受西洋建筑的影响。宫殿与建筑物众多，看点颇丰，最古老的特瓦罗萨帕罗

姆宫是拉玛六世的母亲绍瓦帕·蓬西王后居住的宫殿。

▲披耶泰宫的中心，最重要的宫殿——皮曼查克里宫
◀◀晚上灯火通明，异国情调浓厚
◀拥有细腻装饰的内部

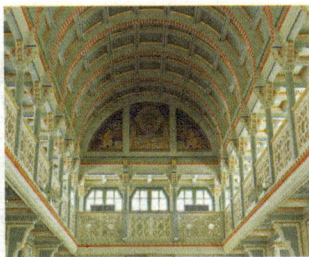

历代国王们的夏季离宫
307

邦芭茵夏宫

Bang Pa-In Palace

▶泰国／从曼谷乘坐巴士 1 小时 30 分钟到邦芭茵夏，搭乘嘟嘟车（三轮出租车）从巴士总站到皇宫，用时 5 分钟 ▶ 全年均可参观 ▶ www.royaloffice.th

　　邦芭茵夏宫是位于大城府以南约 20 公里处的一座独立宫殿，自 1637 年由大城府第 24 代国王帕昭巴塞通建造以来，这座宫殿一直是历代国王们避暑用的别墅。1767 年被缅甸军队俘虏后无人看管，由却克里王朝的拉玛四世和五世重建，宫殿内散布有泰式风格、中式风格以及文艺复兴风格等不同建筑风格的宫殿。

▶◀中式风格宫殿——"天明殿"
◀随处可见的美丽浮雕
▼左侧的建筑"凉亭"是最大的看点

观光信息小贴士：披耶泰宫附属的"Cafe de Norasingha"采用古典建筑，是前来朝拜国王的客人的等候区。包括饮料和甜品在内，还提供泰式和西式便餐。

233

308 王室巡礼时的逗留场所
拉玛六世皇宫
Sanam Chandra Palace

▶泰国／从曼谷搭乘火车约 1 小时 30 分钟到拉玛六世皇宫站，从车站出发，通过步行的方式前往宫殿，约用时 10 分钟 ▶全年均可参观 ▶ www.tourismthailand.org

　　拉玛六世皇宫坐落于曼谷以西 60 公里处，是位于佛统府的宫殿群，总面积约 1.4 平方公里。皇宫是王室前往世界最高佛塔"佛统佛塔"巡礼时的临时逗留场所与别墅，建于 1907 年。宫殿群的核心"皮曼帕托姆宫"是一座西式建筑，但处处都是精致的泰式装饰。

　　皇宫拥有众多客房，曾一直作为迎宾馆使用，"查理蒙孔艺术宫"是拉玛六世国王的生活之地。

▲代表性建筑物——查理蒙孔艺术宫
◀◀萨玛吉木卡马特宫殿
◀查理蒙孔艺术宫和马利·拉查拉塔·邦兰宫由运河上的一条走廊相连

309 王室家具与日用器具的展出场所
世界遗产 1995
琅勃拉邦国家博物馆
Luang Prabang National Museum

▶老挝／琅勃拉邦市中心，从琅勃拉邦国际机场乘坐出租车 15 分钟
▶全年均可参观 ▶ tourismluangprabang.org

　　琅勃拉邦国家博物馆原本是 20 世纪初为西沙旺王及其家人建造的宫殿，当时，法国殖民了整个老挝，只有琅勃拉邦作为"保护国"持续保有王室政权。1975 年，王族制度瓦解后，这里作为博物馆面向公众开放，王室曾一直使用的家具、日用器具以及日用品等均在此展出。接见厅内陈列有历代国王的半身像，墙上描绘了 20 世纪初琅勃拉邦的生活风光，馆内有供奉着老挝最神圣的佛像勃拉邦佛的金色大厅"勃拉邦厅"。

▲了解琅勃拉邦的历史
◀◀一座诉说澜沧王国辉煌的建筑
◀勃拉邦厅供奉着最崇高的勃拉邦佛

　　✎ 观光信息小贴士：琅勃拉邦，整个小镇都被列入《世界遗产名录》，是繁荣的澜沧王都。坐落有 80 座以上的寺院，清晨可以看到乞食的僧侣，普西山是俯瞰城市景观的景点。

310 作为博物馆都市而闻名
希瓦

世界遗产 1990

Xiva

▶ 乌兹别克斯坦／从塔什干乘飞机到乌尔根奇机场大约需要 1 小时 40 分钟，从机场乘出租车约 1 小时到希瓦，还可以转乘巴士，约用时 2 小时 ▶ 自由参观 ▶ www.uzbekistan.travel

被墙壁包围的希瓦自古以来就作为绿洲城市而繁荣，丝绸之路上的商队也会在这里停靠，位于城墙内的老城区"伊特察思·卡拉"中有未完成的该镇象征"尖塔"与保留有 10 世纪木柱的"朱马清真寺"等 50 余座历史性建筑物，并且还散布有 250 余处古老的民居。

◀◀ 伊特察思·卡拉的城墙
◀ 用明亮的蓝色瓷砖装饰的尖塔
▼ 中心的尖塔是希瓦最高的伊斯兰霍加尖塔（约 45 米）

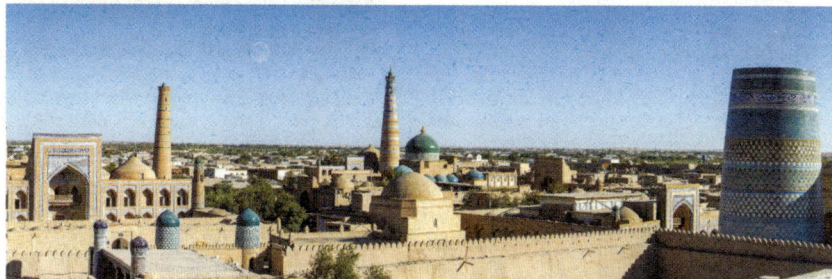

311 大蒙古国冬宫
博格达汗宫博物馆

Богд хааны ордон музей

▶ 蒙古／乌兰巴托市，从乌兰巴托站乘坐出租车约 15 分钟 ▶ 全年均可参观 ▶ www.bogdkhaanpalace.mn

博格达汗宫博物馆原本是 1893~1903 年间建造的木质宫殿，最终建成为蒙古末代君主博格达汗的冬宫。1961 年之后，这里成为博物馆，展示有 20 世纪初博格达汗和唐多德鲁姆王后坐的两个宝座与其他国家献纳的标本等。

312 曾发挥军事作用
圣地亚哥古堡

Fort Santiago

▶ 菲律宾／马尼拉市中心，从高架铁路中央车站步行约 20 分钟 ▶ 全年均可参观

在西班牙和美国统治菲律宾的时期，圣地亚哥古堡曾发挥了重要的军事作用。自 1571 年起，城堡的建造历经 150 年之久。城堡曾在战争中遭到破坏，但是，经过维护，现在已经成为公园，还有菲律宾民族英雄何塞·黎刹纪念馆。

观光信息小贴士：据说，起源于乌兹别克斯坦的绣布苏扎尼，在每个地区都有不同的图案，希瓦的图案是一种富有东方情怀的植物。有靠垫套、手提袋以及小袋等各种苏扎尼商品发售，最适合用作旅游纪念品。

美观与功能性兼备的近代要塞
星形要塞

15 世纪，出现了威力强大的大炮，甚至可以击破中世纪的城墙，伴随这一变化，城堡的建造也不得不做出新的改变。为了应对这一形势，星形要塞应运而生。通过在星形要塞各角突出的稜堡部位设置大炮的方式实现了多点无死角射击，截至 19 世纪中叶，此类要塞数量猛增，曾一度得到大规模建造。

▲埃尔瓦什（葡萄牙）的星形要塞被列入《世界遗产名录》

㉛㉓ 环绕城市的星形要塞
纳尔登
Naarden

▶荷兰／距阿姆斯特丹中央车站约 25 分钟车程，在 naarden bussum 火车站下车，转乘巴士约 10 分钟 ▶自由参观，博物馆全年均可参观 ▶ www.vestingmuseum.nl（博物馆）

纳尔登是阿姆斯特丹东南约 20 公里处的一座要塞城市，拥有 6 座稜堡，外侧还环绕有护城河，以铁壁防守而著称。通过 20 世纪后半叶的修复工程，纳尔登现在几乎已经完全得到复原，其中一座稜堡可以作为荷兰堡垒博物馆在里面参观。

㉛④ 建于荷兰独立战争期间
布尔坦赫城
Vesting Bourtange

▶荷兰／距格罗宁根站约 35 分钟车程，在温斯霍滕站换乘巴士约 25 分钟。在布尔坦赫城下车，步行约 10 分钟 ▶全年均可参观 ▶ www.bourtange.nl

布尔坦赫城是 16 世纪后半叶建造的五角形要塞，位于德国边境附近，长期作为重要塞活跃在历史舞台上，但是，19 世纪中叶，这种要塞形式已落后于时代，后逐渐作为村落得到了利用。现在，作为村落的同时，这里还是一座野外博物馆。

㉛⑤ 戊辰战争最后舞台
五稜郭
Fort Goryokaku

▶日本／从 JR "函馆站" 出发，搭乘市营巴士约 20 分钟。在五稜郭公园入口下车，步行约 10 分钟 ▶全年均可参观 ▶ www.hakodate-jts-kosya.jp（五稜郭公园）、www.goryokaku-tower.co.jp（五稜郭塔）

五稜郭是 1864 年建造于现今北海道函馆市的一个星形要塞城郭，1866 年，江户幕府灭亡，旧幕臣并不甘心失败，武力征讨投降军并且占据此地，成立虾夷共和国继续对抗新政府，从而引发箱馆战争。现在，这里已经改建为五稜郭公园并且对外开放，从紧邻的五稜郭塔可以明显地看出星形结构。

㉛⑥ 美国最古老的石头堡垒
圣马科斯城堡
Castillo de San Marcos

▶美国／距离圣奥古斯丁历史中心约 10 分钟步行路程 ▶全年均可参观 ▶ www.nps.gov/casa

圣马科斯城堡建于 1695 年，当时佛罗里达还是西班牙的殖民地。这座城堡为保护圣奥古斯丁镇而建，作为石造要塞，拥有美国最古老的历史。现在，城堡已经作为国家公园得到了良好的维护。

✎ **观光信息小贴士**：五稜郭塔是 1964 年为纪念五稜郭建城 100 周年而建造的高 60 米的塔，目前的塔楼是第二代，于 2006 年启用。高度达 107 米，是初代塔楼的近一倍左右。

世界神奇的城堡和宫殿327座

美　洲
American continents

数字为本书中的项目编号

317 魁北克会议的舞台
芳堤娜城堡
Le Château Frontenac

▶ 加拿大／从魁北克宫站步行约 15 分钟 ▶ 作为酒店营业 ▶
www.fairmont.com/frontenac-quebec

　　芳堤娜城堡在俯瞰圣劳伦斯河的小山上，是法国文艺复兴风格的宏伟建筑，建于 1893 年。这座城堡由铁路公司建设而成，目的是让富人阶级使用本公司的铁路，据说这里也是世界上出镜率最高的酒店。在那之后，城堡曾多次增建，中央塔楼便是 1924 年扩建后的产物。

英国首相丘吉尔和美国总统罗斯福在第二次世界大战期间会晤的魁北克会议就是在这里举行的。

▲魁北克市地标
◀◀城堡前厅前的长廊
◀城堡前的魁北克殖民地之父塞缪尔·德·尚普兰的雕像

318 北美最大规模的大要塞
魁北克要塞
世界遗产 1985
Citadelle de Québec

▶ 加拿大／从魁北克宫站步行约 18 分钟 ▶ 全年均可参观，建议在线预约 ▶ lacitadelle.qc.ca

　　魁北克要塞是坐落于戴蒙岬角的一座大堡垒，可以俯瞰圣劳伦斯河。自法国殖民时代以来，该地区就建造了军事设施，现在可以看到的星形要塞建于 1820 年至 1857 年间，为保护英国的加拿大殖民地免受美国入侵而建造。现在，这座要塞依然以北美最大规模而著称，同时，也是魁

北克皇家 22 团的驻地。夏季时，这里还会举行卫兵换岗交接仪式。

▲现在依然有士兵驻屯的大要塞
◀◀达尔豪西门一直没有改建，车辆无法通行，是唯一保留原貌的城门
◀夏季每天上午 10:00 举行的卫兵换岗交接仪式

238　　观光信息小贴士：魁北克市是 1604 年由塞缪尔·德·尚普兰开创的小镇，这座城市最初是法国殖民地，但由于在 18 世纪的法印战争中战败，这里最终成为英国领土。即使在今天，魁北克的官方语言还是法语。

319 夏威夷王国荣耀与悲剧的象征
伊奥拉尼宫
Iolani Palace

▶ 美国／夏威夷首府火奴鲁鲁，搭乘威基基观光巴士，在卡美哈美哈国王雕像站下车，步行约 3 分钟 ● 全年均可参观 ● www.iolanipalace.org

伊奥拉尼宫是一座夏威夷王宫，建于 1882 年，位于欧胡岛。这座宫殿在欧洲建筑的影响下建造，室内通过各国王室馈赠的美术工艺品进行了装饰。1893 年，宫殿成为推翻夏威夷王国的舞台，2 年后的 1895 年，最后的王后莉莉乌欧卡拉妮在宫中的"幽闭厅"幽禁了约 8 个月的时间。在那之后，宫殿被用作政府办公地，从 1978 年开始，作为博物馆面向公众开放。

▲伊奥拉尼宫是美国唯一的王宫，在卡拉卡瓦国王的授意下建造
◀◀周五正午过后，夏威夷皇家乐队会再次举行免费的蓝天音乐会
◀夏威夷王宫门口的国徽，下方是夏威夷箴言"Ua mau ke ea o ka ʻāina i ka pono"（大地生命永存于正义中）

320 俯瞰墨西哥城的城堡
查普尔特佩克城堡
Castillo de Chapultepec

▶ 墨西哥／墨西哥城，在地铁 1 号线查普尔特佩克站下车，步行约 7 分钟 ● 全年均可参观 ● mnh.inah.gob.mx

查普尔特佩克城堡是墨西哥城西部一座小山上的城堡，18 世纪末，作为副王的夏季住所建造而成，在城堡上眺望到的市内景色十分美观。1864~1867 年，这座城堡曾是墨西哥第二帝国皇帝的宫殿，1885 年之后被用作总统官邸，自 1935 年总统府迁至洛斯皮诺斯以来，作为历史博物馆面向公众开放。

◀◀曾被用作莱昂纳多·迪卡普里奥主演的电影《罗密欧与朱丽叶》的取景地
◀第二帝国时代，曾作为皇帝的宫殿得到了大规模改建
▼建在拥有广阔场地的查普尔特佩克公园内

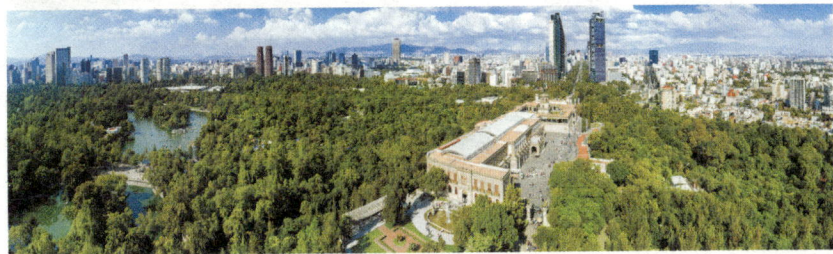

✎ 观光信息小贴士：1935 年，以查普尔特佩克城堡过于豪华为由将总统官邸搬到了洛斯皮诺斯，2018 年洛佩斯·奥夫拉多尔总统上任时，又认为洛斯皮诺斯过于奢侈，因此，将官邸搬到了国家宫殿。

239

321 坐落于水路沿岸的要塞
哈瓦那老城及其防御工事
Old Havana and its Fortifications

世界遗产 1982

▶ **古巴**／乘坐出租车或哈瓦那巴士之旅从哈瓦那新城前往老城
▶ 全年均可参观

古巴首都哈瓦那在 16 世纪时正处于西班牙的殖民化进程，大航海时代，为防止英国、法国等的海盗船袭击，在海湾入口处建造了要塞。现有的摩洛要塞、拉卡巴尼亚堡、福尔萨要塞以及蓬塔堡垒作为哈瓦那及其防御体系被列入了世界遗产，所有区域均可进入内部参观。

◀◀ 面对摩洛要塞、负责保护水道入口的蓬塔堡垒
◀ 福尔萨要塞被护城河包围
▼ 建在海港入口处的摩洛要塞

322 反复与海盗战斗的场所
圣费利佩德拉拉要塞
Castillo de San Felipe de Lara

▶ **危地马拉**／从巴里奥斯港乘坐出租车和船约 1 小时 30 分钟到甜河
▶ 全年均可参观

圣费利佩德拉拉要塞是坐落于伊萨巴尔湖畔的一座堡垒，同时也是通往加勒比海的交通枢纽。要塞在西班牙国王费利佩二世的授意下建于 16 世纪，经常被用作与英国和荷兰等海盗的交战场所，现在可以看到的要塞是 1644 年建造而成的。在那之后，也曾几度扩建与改建，但是，最终于 19 世纪遭到了放弃。

323 哥伦比亚七大谜团之一
圣费利佩要塞
Castillo San Felipe de Barajas

世界遗产 1984

▶ **哥伦比亚**／从波哥大乘飞机到卡塔赫纳大约需要 1 小时 20 分钟，从卡塔赫纳市中心步行约 20 分钟 ▶ 全年均可参观

圣费利佩要塞是俯瞰卡塔赫纳镇的大堡垒，卡塔赫纳是因采矿业与奴隶贸易等繁荣的南美北部的代表性港口，这座堡垒建于 1657 年，以保护该镇免受英法军队的攻击。

观光信息小贴士：在哈瓦那的四座堡垒中，摩洛要塞和拉卡巴尼亚堡坐落于与老城区一水相隔的对岸。目前，水道下有一条海底隧道，可以通过隧道到另一边（不可步行前往）。

Special Choice 324

采用精巧技术建造的空中都市

马丘比丘

Machu Picchu

世界遗产 1983

► www.machupicchu.gob.pe

🇵🇪 秘鲁

▲ 如果从入口处爬上陡峭的斜坡到遗址，就会来到一个可以俯瞰整个马丘比丘的观景点

失落的城市、国王的离宫

　　马丘比丘建于库斯科西北 75 公里、海拔 2350 米的高地，是为数不多的幸免于西班牙人破坏的印加城市遗址之一。1911 年由海勒姆·宾厄姆三世发现，作为"空中都市"引起了轰动。最初这里曾被认为是印加隐村，但据说这实际是一座印加皇家别墅，建于 1450 年左右，在印加第 9 代皇帝帕查库蒂时期建造，可以看到太阳神殿、国王别墅以及王女宫殿等建筑。

▲ 据说是印加国王在马丘比丘逗留时使用的别墅
◄ 沿山体斜面建造的梯田

Access & Advice

🚆 **交通信息**

转乘火车和巴士

　　从库斯科乘坐出租车约 15 分钟到波洛伊站，乘火车约 3 小时 15 分钟到马丘比丘站，转乘专用巴士前往马丘比丘约用时 25 分钟。

🗺 **观光建议**

参观必须预约

　　收费。全年均可参观，不可在遗迹入口购票。可以在马丘比丘村的文化事务署购买，有人数限制，因此，最好在网站上提前购买。

✎ 观光信息小贴士：华纳比丘山坐落于马丘比丘遗址的北部，可以登顶，从顶部看到的马丘比丘遗址十分壮观，登山所需时间往返共计约 2 小时。

325 秘鲁行政中心
秘鲁总统府
Palacio de Gobierno del Perú

世界遗产 1988

▶ **秘鲁**／利马市中心，在 Metropolitano（铰接式巴士）塔克纳站下车，步行约 10 分钟 ▶ 不可参观 ▶ www.gob.pe

秘鲁总统府坐落于利马老城中心，是武器广场上的一座宫殿，起源于以侵略印加帝国而为人所知的弗朗西斯科·皮萨罗于 1535 年建都利马时所建的建筑，从那时起，这座宫殿便一直被用作秘鲁历任总督的住所，现在可以看到的建筑是 20 世纪 20—30 年代改建而成的，被用作秘鲁政府与总统公邸，每天 12:00 还会在建筑前举行卫兵换岗交接仪式。

▲ 近 500 年来，作为秘鲁政府，发挥了核心作用
◀◀ 站立在入口前的卫兵，还会举行卫兵换岗交接仪式
◀ 在武器广场，还有大教堂和利马市政厅

---

326 发动政变的总统府
拉莫内达宫
Palacio de La Moneda

▶ **智利**／圣地亚哥市中心，在地铁 1 号线拉莫内达站下车即达
▶ 参观必须预约

拉莫内达宫是智利总统府。这是一座创建于 1805 年的新古典主义风格宫殿，从 1845 年开始，一直被用作总统官邸，moneda 与英语中的 money 为相同词源，意为硬币。建造之初，这座宫殿原本是硬币铸造所并且因此而得名 moneda。这里作为 1973 年智利政变的背景而闻名，宫殿被奥古斯托·皮诺切特领导的军队轰炸，燃起大火，当时的阿连德总统便殒命于此。

▲ 匀称分布的新古典主义宫殿，政变后又得到了恢复，很难想象当时的样子
◀◀ 每隔 1 天举行一次卫兵换岗交接仪式
◀ 宫殿前的广场上还有喷泉

观光信息小贴士：萨尔瓦多·阿连德总统是因《幽灵之家》而闻名的南美代表性小说家伊莎贝尔·阿连德的叔叔。

Special Choice 327

阿根廷总统府
玫瑰宫
La Casa Rosada
► www.casarosada.gob.ar

🇦🇷 阿根廷

▲玫瑰宫坐落于曼努埃尔·贝尔格拉诺骑马雕像后

五月广场的粉红色宫殿

　　玫瑰宫是位于布宜诺斯艾利斯市中心的阿根廷总统府，在西班牙语中意为"玫瑰色豪宅"，现在的建筑落成于 1878 年。除内部可以参观之外，宫殿的地下现在已经成为一座博物馆，还可以看到布宜诺斯艾利斯建国之初建造的堡垒遗迹。许多政客在面向五月广场的阳台上发表演讲，音乐剧《艾薇塔》便在这个阳台上拍摄了演唱《阿根廷别为我哭泣》的场景。

▲种植有棕榈树的"名誉中庭"

◄ 装饰华丽的白厅

Access & Advice

🚆 **交通信息**
布宜诺斯艾利斯市中心
　　在地铁 A 线五月广场站下车即达。

🧭 **观光建议**
仅限团队游
　　免费。仅限周六参团游览，需要预约。

📷 **相关信息**
Tangueria
　　市内有许多举办探戈表演的 tangueria，让布宜诺斯艾利斯的夜晚充满活力。

　　观光信息小贴士：2020 年 11 月去世的足球运动员迭戈·马拉多纳的遗体曾被安置在玫瑰宫，以进行吊唁。马拉多纳率领阿根廷国家队赢得了 1986 年墨西哥世界杯，与队员们在阳台上捧起了冠军奖杯。

243

项目策划：王佳慧　虞丽华
统　　筹：北京走遍全球文化传播有限公司　http://www.zbqq.com
责任编辑：林小燕
责任印制：冯冬青
封面设计：中文天地

图书在版编目（CIP）数据

　　世界神奇的城堡和宫殿327座/日本《走遍全球》编
辑室编著；吕艳译.--北京：中国旅游出版社，
2022.8
　　（走遍全球. 旅行图鉴系列）
　　ISBN 978-7-5032-6938-7

　　Ⅰ.①世… Ⅱ.①日… ②吕… Ⅲ.①城堡—世界—
图集 ②宫殿—名胜古迹—世界—图集 Ⅳ.①K916-64
②K917-64

　　中国版本图书馆CIP数据核字（2022）第053782号

北京市版权局著作权合同登记号　图字：01-2022-0773
本书插图系原文原图

本书中文简体字版由北京走遍全球文化传播有限公司独家授权，全书文、
图局部或全部，未经同意不得转载或翻印。
GLOBE-TROTTER TRAVEL GUIDEBOOK
World's Fantastic Castles and Palaces 2021~2022 EDITION by ARUKIKATA. CO., LTD.
Copyright © 2021~2022 by ARUKIKATA. CO., LTD.
Original Japanese edition published by ARUKIKATA. CO., LTD.
Chinese translation rights arranged with ARUKIKATA. CO., LTD.
Through BEIJING TROTTER CULTURE AND MEDIA CO., LTD.

Planners & Editors & Writers：Donguri House, Arnica(Mayumi Suzuki),Naomi
Tominaga / Design：Oldies / Map：Donguri House / Cover Design：Akio
Hidejima / Proofreading：Hidenori Mishina / Special Thanks：All Editors of
Globe Trotter Travel Guidebooks / Producers：Yukari Fukui,Takashi Miyata

---

书　　名：世界神奇的城堡和宫殿327座

作　　者：日本《走遍全球》编辑室编著；吕艳译
出版发行：中国旅游出版社
　　　　　（北京静安东里6号　邮编：100028）
　　　　　http://www.cttp.net.cn　E-mail：cttp@mct.gov.cn
　　　　　营销中心电话：010-57377108，010-57377109
　　　　　读者服务部电话：010-57377151
制　　版：北京中文天地文化艺术有限公司
经　　销：全国各地新华书店
印　　刷：北京金吉士印刷有限责任公司
版　　次：2022年8月第1版　2022年8月第1次印刷
开　　本：889毫米×1194毫米　1/32
印　　张：8
印　　数：1-4000册
字　　数：358千
定　　价：108元
ISBN　978-7-5032-6938-7